市政制度

张慰慈◎著

安徽师范大学出版社
·芜湖·

图书在版编目(CIP)数据

市政制度 / 张慰慈著. — 芜湖 : 安徽师范大学出版社, 2018.4
ISBN 978-7-5676-3379-7

Ⅰ. ①市… Ⅱ. ①张… Ⅲ. ①市政学 Ⅳ. ①D035.5

中国版本图书馆CIP数据核字(2018)第034179号

市政制度　　张慰慈◎著
SHIZHENG ZHIDU

特约策划:李宗楼
　　　　　郭敬东
责任编辑:陈　艳
装帧设计:任　彤
出版发行:安徽师范大学出版社
　　　　　芜湖市九华南路189号安徽师范大学花津校区
网　　址:http://www.ahnupress.com/
发 行 部:0553-3883578　5910327　5910310(传真)
印　　刷:江苏凤凰数码印务有限公司
版　　次:2018年4月第1版
印　　次:2018年4月第1次印刷
规　　格:700 mm×1000 mm　1/16
印　　张:17.5
字　　数:261千字
书　　号:ISBN 978-7-5676-3379-7
定　　价:118.00元

张慰慈

出版说明

安徽师范大学前身是1928年创建于安庆市的省立安徽大学，1946年更名为国立安徽大学，1949年12月成建制迁至芜湖。后几经更名，1972年，经国务院批准，正式定名现校名。在90年的办学历程中，一大批知名的专家学者、社会贤达先后汇聚在菱湖之畔、镜湖之滨，著书立说，弘文励教。其中，五四时期重要的思想家、中国现代政治学研究的开拓者和中国市政学研究的开创者——张慰慈先生，于1930—1931年受聘省立安徽大学法学院政治学教授，兼任校务会议委员、校图书馆馆长①。

张慰慈（1891—1976），曾于1912—1917年留学美国，获爱荷华大学博士学位，回国后受聘北京大学最早的政治学教授。在《新青年》《每周评论》《努力周报》《东方杂志》等五四时期重要刊物上发表了大量时政文章和研究论文，出版了《英国选举制度史》《英国政府纲要》《政治学大纲》《政治概论》《市政制度》《宪法》《政治制度浅说》等著作。受聘省立安徽大学期间，主讲"市政""政治学概论""欧美政治制度"等课程，并重新修改出版《政治学大纲》（商务印书馆1930年，第八版），同时出版《宪法》（商务印书馆1930年）和《政治制度浅说》（神州国光社1930年），用于法学院授课。

《市政制度》是在张慰慈关于市政问题系列研究论文基础上出版的

---

①参见《安徽省立安徽大学一览》（民国十九年九月）第1页、第15页，安徽师范大学档案馆（1930-XZ-1）档案。

市政研究专著，是在他的博士论文《美国市政之委员制与经理制的历史与分析》之后具有代表性的市政研究成果，民国十四年九月（1925年）由上海亚东图书馆出版，民国十七年十月再版，为民国初期最早研究市政制度的著作。该书由胡适作序，胡适十分肯定并高度赞扬这部著作，认为“这部专论市政制度的书，是一部很好的市政研究的引论。……这部书的特别长处在于不偏重制度的介绍，而兼顾到制度背后的理论与历史。单绍介外国的制度，而不懂得这些制度的意义，是没有益处的。但制度的意义不全在理论的如何完美，而在他的历史的背景，——在他的如何产生。慰慈的书的长处就在这里。……我希望慰慈这部书能引起一部分国民的注意，……根本了解现代的城市生活的意义与性质”。

为弘扬前辈学术之精神，激发后学传承与发展，借90年校庆之际，整理出版张慰慈的《市证制度》，以利我们重新阅读。在大力推进哲学社会科学繁荣发展的今天，发掘张慰慈市政学研究的闪光之处，对加强现代城市管理与研究有着启示性意义。

安徽师范大学出版社

2017年11月

《市政制度》序

胡　适

我的朋友张慰慈博士在美国留学时，他的专门研究是市政制度；他的博士论文的题目就是“美国市政之委员制与经理制的历史与分析”。他现在著的这部专论市政制度的书，是一部很好的市政研究的引论。他这部书的后半很详细地叙说市政的具体组织，末两章还介绍他所专门研究的委员制与经理制。但这部书的特别长处在于不偏重制度的介绍，而兼顾到制度背后的理论与历史。单绍介外国的制度，而不懂得这些制度的意义，是没有益处的。但制度的意义不全在理论的如何完美，而在他的历史的背景，——在他的如何产生。慰慈的书的长处就在这里。

慰慈在这书的绪论里说：

凡一种民族没有建设城市的能力，其文化必不能十分发达。

这是最沉痛的话。他又说：

文化史上最重要的一步是从乡村的生活变化到城市的生活。

现在中国的情形很像有从乡村生活变到城市生活的趋势了。上海，广州，汉口，天津等处的人口的骤增，各处商埠的渐渐发达，都是朝着这个方向走的。我们这个民族自从有历史以来，不曾有过这样人口繁多，生活复杂的大城市。大城市逼人而来了！我们怎么办呢？我们有没有治理城市的能力呢？

在过去的历史上看来，我们可以说，我们这个民族实在很少组织大城市的能力。远的我们且不说；就拿北京做个例罢。北京的市政全在官厅的手里。有能力的官僚，如朱启钤之流，确然也曾留下一点很好的成绩。但官僚的市政没有相当的监督是容易腐败的。果然十年以来的北京市政一天坏似一天。道路的失修，公共卫生的不讲究，是人人都知道的。电灯近来较明亮了；然装电表是非运动不可的。自来水管的装置是要用户出重价的；并且近来有人发现自来水内“每十五滴含有细菌六百个，且有大肠菌”。（十四年七月二十六日的中央防疫处的报告。）近年更妙了；内务部和市政公所争先恐后的竞卖公产，不但卖地皮过日子，并且连旧皇城的墙砖也一块块地卖了。最奇怪的是北京市民从来没有纳税的义务；连警察和公立中小学的经费都由中央筹给。舞弊营私的官厅不敢向市民征税；不纳税的市民也不敢过问官厅的舞弊营私！

前三年，政府有把北京市政改归市民自办的话了。于是三个月之中就发生了七八十个北京市自治的团体，大家开会，大家想包办北京的市政。一会儿，这七八十个想包办北京市政的团体又全都跟着京华尘土飞散了，全都不见了！

北京如此。其余的大城市的市政大都是受了租界的影响而产生的。上海闸北与南市的市政历史便是明例。我们固然不满意于租界的市政；但那些毗连租界的区域的市政实在更使我们惭愧。几十年的模仿何以竟不能使我们的城市有较好的道路，较完备的公共卫生，较完备的交通机关呢？

过去的成绩如此。我个人常想，我们的大城市的市政上的失败有一个根本的原因，就是我们虽住在城市里，至今还不曾脱离农村生活的习惯。农村生活的习惯是自由的，放任的，散漫的，消极的；城市生活所需要的新习惯是干涉的政治，严肃的纪律，系统的组织，积极的做事。我们若不能放弃乡间生活的习惯，就不配住城市，就不配做城市的市民，更不配办市政。例如去年北京军警费无着落，政府倡议征收北京房捐；然而终不敢明白征收，只敢举行一次“劝捐”。后来有一班市侩政客假借什么团体名义出来反对，就连这“劝捐”也不敢举办了！这一件事真可表示我们的乡村习惯。

慰慈在这书里说：

近来美国政治观念的改变大概是向那条所谓“工具主义”的路上跑；这就是利用城市政府的组织，想达到个人幸福和社会安宁的目的；例如要求城市为人民设备种种方法，使他们能利用种种机会，得到最高度的幸福，满足他们美术上的需要。最完备的公共卫生设备，最清洁的自来水，最贱价的和最完备的交通设备等等，变成了城市人民所应得的权利。

我们离这种“工具主义的市政观念”还远的很咧！我希望慰慈这部书能引起一部分国民的注意，能打破他们的乡间生活的习惯，能使他们根本了解现代的城市生活的意义与性质。我们若不彻底明白乡间生活的习惯是不适宜于现代的城市生活的，我们若不能彻底抛弃乡下人与乡村绅士的习惯，中国决不会有良好的市政。

十四，八，九[1]，序于北京

①指1925年8月9日。

目　录

附　录　张慰慈市政制度研究系列文章

第一章　绪　论

凡大群人民，聚居在小小一块地方，统称之为城或城市。城之周围有一堵墙，叫做城墙；城外四周有一条沟池，叫做城壕；城之上有楼，叫做城楼，以备瞭望城以外的一切情形。这就可以见得古代筑城的用意原为避免一切危险，保护城内人民的安宁。古代的城只是一种保卫的地方，行政长官均留驻在内，所以有京城，省城，府城，和县城的区别；在扰乱的时候，乡间人民也可以进城避免兵祸。古代的军器均是非常简单。所以在乱世的时候，一堵城墙大可以保护城内人民的生命财产。这不但中国的城有这样一种作用，就是古代欧洲各处的城也有同样的用意，伦敦巴黎在最初的时候也有一堵城墙围起来的。但在欧洲各国，以后因为工商业的发达，人民大都均集聚在城中，过城市的生活，城墙范围以内的地方就渐渐的不够用了，所以就不得不逐渐推广到城墙以外的地方。当时又因为各项军器的进步，一堵城墙就失去其从前的效用，没有保护的能力，欧洲各城因此就早已把城墙拆去。城的地位也就因之而更变。

市就是买卖杂聚处的地方。凡聚集货物为买卖的地方均称之为市，例如《易经》上所说的“日中为市”，现在北京城内的夜市，大市，小市等类。在从前的时候，“城”和“市”这两个字是很有区别的：古代的“城”是保卫的地方，是行政长官留驻之处；“市”只指一切的商场。只因城是一种保卫界，其中的人民总是较多于别处，所以一切市场大都均在城墙范围以内。以后又因为商业的发达，商场的推广，从地方推广到全国，再从全国推广到全世界，往往全城以内的人民大都均以商业为生，所以有许多省城或县城，如广州，天津，上海之类，均已变成极大的商场。因此，城和市原有的区别此刻早已失去了，我们尽可以把“城”和“市”这两个字连起来用，作为人群聚居地方的代名词。

在法律上，各国的城市均有一种特殊的地位，和特别的权利，为其余各乡区所没有的。各国城市在法律上的地位极不一致，其定义也完全不同，并且又非常复杂，这种问题我们可以暂不讨论。在普通人民的眼光中看起来，城市这名词又非常宽泛，无论极大的首都，或极小的乡镇，均笼统的叫做城市。但从事实上着想，所谓城市也只是人类社会中的一种，这种社会非得有几种特别的要素，方能和别种社会有所区别。我们如果把城市的特质细细分析起来，就有三种主要的要素。

（一）地理的　有一块确定的地方，其中大部份的空地均已造满房屋。

（二）社会的　有大群的人民，很稠密的居住在这块范围很小的地方上。

（三）政治的　有一个地方政治机关，管理该地方上的公共事务。

把这三个要素合并起来，我们就可以下一个城市的定义：“城市是一个人民众多的社会，占据一块确定的，房屋稠密的地方，并有一个有组织的政治机关。”除了各国法律上所规定的各别的特点之外，这个定义把城市所有的特质完全包括在内了。

城市的重要早已为大家所承认。并且现今的学者又一致承认欧洲的文明是城市的出产品，举凡一切物质方面的，或思想方面的进步，均发生于几个人口稠密的城市，然后再从城市之中传布于各处。所以在各种社会哲学观念之中，从亚里士多德直到斯宾塞，城市和国家进化这个问题均占了极重要的地位。各哲学家对于这问题虽有各种各样的见解，但他们的兴趣总一致集中于城市一方面。古代希腊和罗马人民生活，完全是一种城市的生活，他们甚而至于觉得在城市的范围以外，生活是万不能完备的。当时国家的范围只是城市的范围，所以那时候的国家就叫做“城市国家”，兼有国家和城市的二种特质。那时候的一切生活，只是城市的生活；那时候的文化，也只是城市的文化。到了中世纪的时候，各处的城市却就衰败了，这是因为日耳曼人民向来靠农业为生，不惯城市的生活，他们侵入了罗马以后，就觉得那种不自然的城市生活非常讨厌，并把城市看做一切罪恶，一切恶习的中心点，所以极力主张恢复那种简单的自然生活。在这种状况之下，希腊罗马那时候的兴盛城市就没有存在的余地。直到工业革命时代，经济的进化和城市的发达发生了连带关系以后，人民对于城市的观念才有一种根本的改变。到了现代那种进化的哲学观念发生后，城市又变成文化的中心点。

这是人民对于城市的观念的变迁。我们如果从历史事实一方面着想，我们就可以晓得那人民的聚中确是文化进步的最主要原动力。城市的发达当然也有危险和弊端连带的发生出来，但这也是进化中所不能免去的事实。凡文化愈进步，人民的自治力愈不能缺少。有许多民族只因缺少自治能力，所以到了文化进步的时候，只能得到其弊病，而不能得其益处，其结果就使这类的民族不能存立于世界上。

在世界文化史上，人民集中在一处和文艺及科学发达的连带关系确是很显明的。有了城市中那种接近的生活，分工制度就能实行；有了分工制度，人民生产力就能增加。凡人民的生产力增加了一次以后，各种新的需要也发生了，同时人民又能享受各项新的快乐。在上古时代，凡一切劳力的事务大都均由奴隶执行，所以社会上就能渐渐的发生一种工艺阶级，专为那般富有阶级服务，使他们享受人生乐事。富有阶级既因分工制度，能食他人之力，而过安逸的生活，他们就有余暇，专任研究一切文艺，从智识方面贡献于社会。我们时常以为那种乡间的清净生活可以使人民的精神愉快，可以发展人民的思想能力；我们同时却往往忘记那种烦恼的城市生活大可以磨利人民的智识，发展一切的天能，鼓动商务方面的动作，提醒人民的互助精神。

智识进步的主要原动力也是从城市一方面得到的。为大多数人民着想，一种继续不断的刺激是必不可少的。有了这样的刺激，他们才能多少有些智识方面的活动。那般过惯孤独生活的人民，必不能有多大的智识上的进步。我们只须观察那种孤居在乡区的人民的智识程度，就能明白这一层。智识进步的第一个要件就是人民间的互相接触；但这类的接触只有在人口众多的城市才能发生。现今城市中的社会生活就可以证明那种智识方面的激动力是从外界发生的；其最重要的要素就是摹仿性，摹仿社会中主要人物的一切举动，一切言行。风俗的发生，也只是实行摹仿性的一个例。只有风俗能使社会中群众人民有一致的行动，只有风俗能维持社会上的秩序。但社会上必须有了大群人民聚居在一处，人民间又有互相的关系，风俗方能发生。

凡一种民族，没有建设城市的能力，其文化必不能十分发达。从各种游牧民族所经过的历史，我们就可以证明这一层。游牧人民没有建设城市的能力，他们的职业不能使他们群居在一处；他们既不能群居在一处，城市的发生当然是不可能的。在梵文之中，连“城市”这一个名词都没有的，梵文中和“城市”这名词最相近的一个字是Vastu，其意义就是居住的地方。

文化史上最重要的一步是从乡村的生活变化到城市的生活。在现今西欧各国，城市确是社会组织中最高的一种。至于那乡村生活变化到城市生活的主动力，历史家的意见各不一致；概括的说起来，我们可以把他分成两派。照第一派的观念，城市生活之所以能发生，是因为人民间的关系日渐接近；人民间的关系之所以能日渐接近，是因为他们有一种共同的宗教观念，共同的宗教观念是城市人民的主要团结力。照第二派的观念，最初的城市只是一种保卫界，是邻居农民在危险时期的藏身之所。

从历史的事实方面着想，这二种观念自然较为妥当。共同的宗教观念只是经济的和社会的需要的结果，人民群居在一处，他们就不得不有一种共同的宗教观念，但共同的宗教观念却不是人民集中的主要原因。最初的所谓城只是上边所说的那种以城墙围起来的地方，是人民的藏身之所，以后就变成人民久居的地方，一切的市场也在其中发生了。但同时人民的经济状况也得要经过一种极大的变更，人民必须从游牧的生活进化到农事的生活，城市才能发生。除此之外，还得要有几种天然状况，适宜于人民集中，人民才能建设城市。所以城市的发生，一定在几处特别的地方；但人民久居的地方，也不是随便可以变成城市的。例如山岭区域是不宜于人民集中的。在这类地方，宜于耕种的区域是很有限的，并且个人的耕地又为森林或牧场所隔绝，不能连接起来。在古代的文化之下，平原的地方也不宜于建设城市。这类的地点特别是适宜于畜牧之用。只有大河流域的地方，四周围还有天然的防御，如山岭或沙漠之类，方能适宜于城市的发生。这类的区域一定是肥沃的地方，其出产品定能供给大群人民的食料。并且邻近山岭地方的游牧人民又时有侵入之患，河流区域中的农民非得有同力合作的能力，互助的精神，方能保护他们的平安，不致为游牧人民所灭绝。这种种情形就是城市发生的主动力。古代希腊的城市就是这样发生的。并且在古代历史上，时有农业人民建筑城墙和城楼，防御邻居部落的侵入，保护他们农村的安宁。城墙范围以内地方往往就逐渐变成大群人民的居住所。这样区划以后，从前的农村就变成以后的城市。

但这种变迁的重要，直到了近代才显露。各国国民的生活和国民思想均大受其影响，现代各国政府组织所根据的政治观念，经济生活的主要特质，现代社会的特点，均因城市发达而发生的。爱国心是出源于人民依附土地的观念；但依附土地的观念，却因城市生活的影响而更加强盛。虽则从游牧时代进化到农业时代的时候，人民依附土地的观念已经发生了，但农业的发达也是受到城市的影响。直到农业出产品的销路逐渐增加，城市逐渐推广，人民在农事方面所用的工作是很有限的，那种依附土地的观念，也是很薄弱的。人民如果能够记忆那种长期的极困难的争斗，对于已往所费的心力有一种感悟，对于将来的进行存一种牺牲的决心，那末，他们才能有爱护土地的观念。最初的农民往往没有这样一种观念。城市发生后，就同时发生一种新的经济的和社会的关系。在从前纯粹的农业时代，每一家族均能自食其力，不依靠外界的供给。各项职业间的分工制度尚未发生。以后有了确定的市场，各种人民就能各就他们所擅长的几种工业，各做各的事务，一切工商业方面的分工制度制因之发生了，人民间的关系也就复杂了，而依附土地的观念也渐坚实了。城市就变成一种土地单位，是各种工人销售出产品的地方，又是富有地主的娱乐场。从这种新的经济关系，和新发生的一切娱乐，人民的居住所就有一种新的意义。公民观念，及其附带的那种爱恋土地的观念就能实现。并且那种爱恋土地观念也不单限于个人所有的财产，如农业时期的状况。因为城市是各种经济机会的中心点和娱乐场所，人民就往往把全城的土地作为住所。各个人不单是一块小小土地的住户，却是城市的居民，简单一句话，就是一个市民。

这种经济的，和社会的关系的发展还有一种重要的结果，这就是社会习惯和人民礼貌方面所受到的影响。语言文字也确定了，并且又能确实表示各种人民的状容。比方“乡下人”和“城里人”这两个名词不但是指乡间和城市人民的区别，并且又指那种粗俗的和文雅的人民的区别。上述的那种摹仿性在一切风俗，习惯，和礼仪方面的势力是非常的大。文雅的社交形式是由几个大财主或大地主所提倡的。他们同时又是政治上的领袖，所以凡是他们所提倡的，总能有极大的效果，我们只须观察现今社会中的状况，就可以明白这类领袖所占的重要地位。每个阶级，甚而至于各阶级中的各派别，各有各的领袖，凡是社交方面的一切标准均由这班领袖所规定的。每个阶级又时时摹仿上一个阶级的一切行动和一切礼貌。这种摹仿性虽是人性中的一个弱点，但从社会学方面着想，却是进步的主动力。摹仿性能统一各种人民的习惯和行动，并且其影响也不单限于城市的范围以内。各城市中的各阶级往往互相交换他们社交方面的和行动方面的新标准。这尤以京城和省城间的关系为更甚。所以在古代，雅典人民的风俗为全希腊人民所摹仿的；罗马人民的行动是意大利半岛上各城市人民的模范；现今的伦敦巴黎等是其余各城市的模范。

明白了城市发生的结果，我们就能明白城市生活在文化史上所占的重要地位。新的经济生活是由城市发生的；新的政治观念，新式的社交形式，新的交换意见方法，也是均由城市提倡的。“讨论”就变成政治生活中的主要势力，起初只是一个阶级中人民间的互相讨论，以后却把讨论的范围推广，包括全体人民。凡是演说家，或诗人，或哲学家，决不致于没没无闻，凡有意思发表，总能得到听众的。这样的结果虽须经过几百年的历史，才能达到，但其动机却早已发生于最初筑城的时期。

第二章　城市的发达

城市问题是一个社会问题，也是一个政治问题。城市中这许多人民究竟是怎样集合起来的？城市人民究竟有什么样的特质？这种种问题完全是社会问题。但城市问题并不是一个单独的社会问题。每一个城市又必有一个政治的组织，处理其中的一切事务；又因为城市人口稠密的缘故，这种组织又须和那乡村的政治组织不同。现今人民均一致承认这城市的政治问题有特别的性质。这是因为城市人民的特别性质而发生的。我们在这本书内所讨论的，是从政治方面，讨论城市问题，就是城市政府的组织，及其职权，并在全国政治上所占的地位，但是我们同时也得要注意到城市的社会问题，约略讨论城市发达的主要原因，和确定城市人民的特质，因为这种种问题和城市的组织及其余一切市政问题均有连带的关系。

现今各国城市日渐增加，并且各城市中的居民又日渐加多，所以确定城市中的一切状况，和根据于这种状况，而规定一种最适宜于城市的政府组织，是很急需的。至于有了多少人民，才能算是一个城市，却没有绝对的标准。万国统计学会，从一八八七年以后，称人口满二千人以上的地方为城市。照从前德意志帝国的统计册，人口在二千人以下的地方是乡区，二千至五千人的地方是乡镇，五千至二万人的地方是小城市，二万至十万人的地方是中等城市，十万人以上的地方是大城市。美国则以人口满八千以上的地方为城市。我国前清《城镇乡地方自治章程》第二条规定“市，镇，村，庄，屯，集等各地方，人口满五万以上者为镇；人口不满五万者为乡”。这章程中所谓镇，就有城市的意义。最近民国时代的市自治制又规定“市自治团体以固有之城镇区域为其区域，但人口不满一万人者，得依乡自治制办理”。这就可以见得城市人口的多寡，原无一定的标准。但大概说起来，我们可以照万国统计学会的规定，把二千人的数目作为城市人口的最少限度；因为凡满二千人民的地方，其中一切状况总是和那乡区的情形有所区别，不能一概而论。

城市的发达是十九世纪下半期的一个特别现象。在一七九十年，美国人口的总数是三百九十二万九千二百十四人。当时住于人口满一万以上的城市，只有十二万三千五百五十一人，占全国人口总数中的百分之三有余。在一八九一年，澳洲人口的总数是三百八十九万九千八百九十五人，与百年前的美国人口数目相等，但同时住于人口满一万以上的城市，却有一百二十六万四千二百八十三人，约占全国人口总数的百分之三十三有余。这就可以见得在一百年之内，城市膨胀的比例竟在十倍以上。一七九十年的美国和一八九一年的澳洲同是新开辟的殖民地，其状况也大略相同。但这两处城市的情形却有这样的不同。我们再从美国一方面说，也可以看出近来城市膨胀的趋势。在一八九十年，美国城市人口占全国人口总数的百分三十六又零一；在一千九百年增加至百分之四十又零五；在一九一十年，又增加到百分之四十六又零三；在一九二十年，又增加到百分之五十一又零四；总计这三十年的变更，城市人口竟增加了百分之十五。同时美国大城市的数目，也大大的增加。在一八九十年，美国总共有十五个人口满二十万的城市；到了一九一十年，这样的城市增加到二十八个。在一八九十年，人口满十万的城市共有二十八个，人口满五万的城市共有五十六个；到了一九一十年，人口满十万的城市增加到五十个，人口满五万的城市增加到九十八个。至于各城市人口的增加，更其利害，在一千九百年至一九一十年间，美国有二十多个城市，其中人口的增加差不多从一倍至二倍半之多。

这不单美国是这样的，世界各国均有同样的趋向。关于世界各国城市发达的统计，要算惠白的《十九世纪城市发达史》（Weber，The Growth of Cities in The Ninteenth Century）这本书最详细，最精确。这书是于一千八百九十九年出版的，虽则此刻稍为觉得陈旧些，但其中调查的精确，此刻还没有别种书籍可以比得上，并且城市的发展却在十九世纪下半期，所以这书的内容，此刻还能适用。今将惠白所调查的列表于下，借以表示世界各国城市膨胀的趋势。

国名	英国	苏格兰	澳洲	比利时	和兰	普鲁士	美国	法国	丹麦	西班牙	意大利	加拿大	瑞士	奥国	日本
年代（一八〇〇年间）	一八〇一	一八〇一	（一八九一年以前无统记）	一八一〇	一七九五	一八一六	一八〇〇	一八〇一	一八〇一	一八二〇	（一八八一年无统记）	（一八五一年以前无统记）	一八二二	一八〇〇	一八九〇以前未详
城市人口占全国人口的百分率	二一·三	一七·〇		一三·五	二九·五	七·二五	三·八	九·五	一〇·九	一四·〇			四·三〇	四·三七	
年代（一八五〇年间）	一八五一	一八五一		一八四六	一八四九	一八四九	一八五〇	一八五〇	一八四〇	一八五七		一八五一	一八五〇	一八四三	

续 表

国名	英国	苏格兰	澳洲	比利时	和兰	普鲁士	美国	法国	丹麦	西班牙	意大利	加拿大	瑞士	奥国	日本
城市人口占全国人口的百分率	三九·四五	三二·二		二〇·八	二九·〇	一〇·六三	一二·〇	一四·四	一九·六	一六·二		八·五	七·三	五·八	
年代（一八九〇年间）	一八九一	一八九一	一八九一	一八九〇	一八八九	一八九〇	一八九〇	一八九一	一八九〇	一八八七	一八八一	一八九一	一八八八	一八九〇	一八九〇
城市人口占全国人口的百分率	六一·七三	四九·九	三三·二	三四·八	三三·五	三〇·〇	二七·六	二五·九	二三·六	二九·六	二〇·六	一七·一	一六·五	一五·八	一三·一

上（原文为“右”，校者注）表分一千八百年间，一千八百五十年间，一千八百九十年间三个时期，列记各国人口满一万以上的城市人民占全国人口总数的百分率，以证明城市人口膨胀的趋势。

城市发达确是十九世纪所发生的新现状。例如在英国，一八二一年至一八五一年这时期是人民集中于城市的时期，其中又以一八二一年至一八三一年，和一八四一年至一八五一年，这二十年的时候为更甚。在这时期中，英国城市中人口增加的速率，均是从前所未曾有过的，有几个城市人口的增加率竟超过百分之六十。这是工业发达的时期。进口的棉花从五千一百万磅（一八一三年），增加到二万八千七百八十万磅（一八三二年），又增加到四万八千九百九十万磅（一八四一年）。这又是铁路建筑的时代。英国第一条铁路是于一八三十年建造的，到了一八四十年共有八百英里铁道，到了一八五十年增加到六千六百英里。法国城市的发达较迟于英国；在法国，直到了一八三一年城市有发达的趋势，到了一八五一年，城市人民就大大的增加，一直增加到一八七一年，暂时停顿数年。法国城市的发达，也和英国一样，是与工业革命同时发生的；但在法国，工业革命是发生于一八三十年政治革命以后，比之英国，稍迟几年。德国直到了一八五二年，城市才有发达的趋势，尤以过了一八八十年以后，城市人口就大大的增加。这是因为在德国，工业革命是过了一八四十年才发生的。直到了一八五十年，德国还只有五千八百五十六公里的铁道。但工业革命却于一八四八年的时候就已告竣。以后又在一八七一年战胜法国，达到政治统一的目的，工商业的发达就非常的迅速，城市发达的速度，也非往时所能比得上了。再从各国的大城市着想，英国伦敦差不多有了两千年的历史，但其中五分之四的人民均于十九世纪增加的。从一八五十年到一八九十年，德国柏林发达的速度较之美国纽约更甚。现今法国巴黎和一千八百年那时比较起来，已增加了五倍。从一八九十年以后，意大利罗马增加了百分之五十。俄国彼得堡也于一百年之内增加了五倍。印度孟买（Bombay）在一千八百年只有十五万人口，到了一八九十年就有八十二万一千人口。日本东京在十九世纪末了的二十年之内增加了八万人口；大阪也差不多增加了四倍。埃及克路（Cairo）从一八五十年后也增加了一倍。

所以城市的发达确是现代文明的特点。无论欧洲，亚洲，和非洲均有同样的趋势。我们中国虽没有精确的人口统计，但在这几十年间，各处城市中人口的增加，如广州，上海，汉口，天津等，却是人人所共知的。所谓城市问题，是新近发生的问题。近来工商业逐渐发达，城市人口逐渐增加，这城市问题也就逐渐复杂，我们就不得不去注意到这个问题，细心研究解决这问题的各方面。历史上永未曾有过一个时期有这样大部份的人民过城市的生活，如此刻的状况。这就要讨论到城市发达的原因，为什么从前的所谓城市不能像现今的城市这样的发达。明白了城市发达的原因，也能帮助我们解决城市方面的各种问题。

一国人口的众多却不是城市发达的原因。例如印度人民是很多的，但印度城市人民只占全国人口总数中极低的百分率。又如澳洲人民是很稀少的，但澳洲城市人民却占了全国人口总数中极高的百分率。这是因为在印度，人民大都是以农业为生的，并且他们的农业方法又极幼稚，完全依靠人工而不用机器。所以印度的土地虽很肥腴，出产丰富，但为供给全国人民食料起见，凡能工作的人民不得不从事于农业；大概的说起来，差不多没有什么人可以废去农业而从事于别种职业。换句话说，乡区土地差不多需用全体人民耕种，直到将来农业方法改革以后，人民永没有集中于城市的机会。澳洲的情形却与印度大不相同，其中的土地是不宜于耕种的，或者因为太干燥而无可开垦，或者因为离市场太远，农业出产品不便于销售。但澳洲的土地却很宜于畜养牛，羊，马之类，并且一切牲口和羊毛等类的销路，又是非常之广；所以其结果就使澳洲变成一种畜牧场，但畜牧事情是非常简单，极少数的人就能执行一切事务；同时关于销售这项大宗出产品的事务却甚复杂，非有极多的人不能执行。并且这种畜牧事业的利益又是很大，别处的人民往往移居澳洲做这项的生意。因此，澳洲沿海各处，发生了几个很大的商埠，其中的人民大半均以销售牲口和羊毛为生的。所以澳洲的工业虽未十分发达，但其中的城市却甚发达了。

从印度和澳洲的状况看起来，我们就可以明白那城市的发达与否并不依靠全国人口的多寡，却全靠一国的经济状况为定的。一国的经济状况如果能使一部份人民脱离农业的生活，靠别种职业为生，那末，城市就有发达的机会。在从前工商业未曾发达时候，当时所有的商务完全是限于一个地方的，只有那种有附属土地的国家方能有范围较广的商务，方能发生城市：这种属地也许是附属于城市的，如古代的城市国家，威尼斯（Venice）就是一个例；也许是附属于一国的，城市只是其中的一部份，例如古代的罗马在统一意大利半岛以后的情形和现代的各民族国家。

但从世界商业发生以后，全国的土地均可以变成那种有城市性质的地方，在这样的国家往往有极大的城市，其中人民均以工商业为生，同时却没有附属的土地。这样的国家，也许没有充分的耕地能供给全国人民的食料和各项工业的原料，因此，不得不依靠别处每年运进一切的食料和原料。英国的情形就是这样一个例。在二十世纪的初期，英国的城市人民已经占了全国人口总数的百分之七十二。所有的食料大半均是从美国和澳洲运来的；工业方面主要的原料，棉花，也是从美国运来的；铁质原料是从西班牙运来的。英国虽不能在其境界的范围以内产生足够的食料和原料，但英国却有方法供给极稠密的城市人民的一切需要。从政治方面着想，英国的地位也许是很危险的，但从经济方面着想，也未必有很大的不方便之处。美国的铁矿和麦地虽在其疆界范围以内，但其出产地均在西部，和工业中心点的距离相去甚远，比之英国的情形，也没有大方便之处。

总结一句，我们可以说，只有一国的经济状况能使一部份人民不靠农业为生，城市才有发达的可能。如想使人民脱离农业的生活，却还得要有两种主要的状况：第一，采用新式的改良的农事方法，使一部份人民工作所得的出产品就能足够供给全国人民的需要；第二，开垦的那种新的和较肥的土地，产生各种食料和原料。没有这种状况，工商业决不能发达；工商业不发达，城市也决不能发达。除此之外，当然还有别种方法也能改变人民的职业，使他们从农民变成工人，比方在一个时期工人所得的工资较高于农民能得到的利益，农民也许能为极高的工资所引诱，去农务工；但同时农业方面因缺少农工所受的损失，如果没有补救的方法，或者改良耕种的方法，增加田地的生产率，或者从别处运进食料，其结果必使食料的价格增加，那般去农务工的人民就有得不偿失的痛苦，将来势必至于恢复他们的农业生活。所以这类的方法决不是永久的。

农工的缺乏也往往能使农务方法的改良。人民脱离农业大都是工商业改良的结果；工商业方面的机会多，利益大，人民就想改变他们的职业，藉以增加他们经济上的利益。英国在十八世纪的时候就有这样一种情形。当时纺织机发明后，纺织业就大大的发达，多数农民就脱离了农业的关系，迁移到城市，进工厂工作。农工就因之缺乏，农业的方法就不得不改良。有许多公共的田地也就开垦了，并且耕种的方法较之从前大有进步；所以农工虽较从前减少大半，但农田的出产却反而有增无减。每亩地所产出的麦，从十七英斗增加到二十六英斗。畜牧事业也采用了新的科学方法，每头牛的重量平均从三百七十磅（一七一十年）增加到八百磅（一七九五年）。

农业方面种种的改良是因农工缺少被逼出来的，但耕种的方法逐渐改良后，农工的需要也能逐渐减少，从此以后，大部份的人民均从那种新发生的工商业中寻生活，不必像从前那样专以耕种为生。英国在一七七十年间，务农的人民占全国人口总数中的百分之四十二，到了一八四一年间，只占了百分之二十二。自从十八世纪末了，工厂设立后，需用工人之处就增加了，一切的工资也就增加，农工的工资也不得不同样的增加；所以那般务农的人民更不得不力求改良，处处想用机器代替人工，借以减轻他们的负担，同时那班因农业改良而无工可做的农工也能改变他们的职业，从工厂中求生活。

在那种新开辟的人口稀少的国家，新式耕种方法的效率是非常之高。在美国的那种大麦场，四百个农工的工作就等于那种旧国家中，如法国这样情形，五千个小地主的工作。所以在这种新国家，其中人口稀少，而人民大都均以农业或畜牧为生，只因其所采用的方法是极新式的，又是效率极高的，所以工商业虽不大十分发达，城市人民占全国人口的百分率，比之那种工商业较为发达的旧国家更高。在那种旧国家，人民有种种的旧方法，旧习惯，以后经济状况因工业革命而改变，他们决不能一时一刻改变他们的经济生活，他们必须等候好久的时候，方能逐渐改变他们的方法，使之能适宜于新的经济状况。在新国家中，这样的困难情形是没有的，人民没有旧方法和旧习惯，他们立时立刻可以采用那种最新式的耕种方法。这种新国家确能代表经济进化史上一个较进化的时代。澳洲就是这样一个例。那边的城市大概还有继续发展的可能。美国也是这样的，他们农业方面的出产品大都均是销售于外国的，并不是专为供给本国人民的。美国虽则还是一个农业国，但城市的人口近来也增加得非常之快。将来美国城市人民的数目定必超过于乡区人民的数目。

所以照现今的经济状况而论，城市人口较多于乡区人口确是一种寻常的，并且是永久的现状，无论在新国家，或旧国家，这样的现状是免不了的。乡间一切情形如能改良，乡区人民当然有增加的希望，但是新的市场不能开辟，旧的市场不能推广，乡间人民增加以后，他们的竞争势必至于较之现在更加剧烈，乡间的生活恐不容易过了。推广农业出产品的销场是增加乡区人口的主要条件；城市的发达又是推广农业出产品的销场所必不可缺少的。城市发达以后，才能一方面改良商务，能和别国竞争；又一方面能减低物质，增加人民的消费能力。

以上所说，只是城市发达的原因。我们如想明白城市人民的性质及其余一切情形，我们还得要进一步，另外提出一个问题，这就是为什么大群人民聚集在几块特别的地点？

这个问题的答案是很多的，概括的说起来，人民因为种种原因，移居在一块地方，城市就因之而发生。人民或因生育的关系，生在一块地方，就住在这块地方；或因血统的关系，不得不住在一处；或因某处有特别的利益，所以从别处移入，聚居在这块地方。生育或血统的原因虽很重要，但与城市发达的关系却不甚大；因为在十九世纪以前，各处城市中的公共卫生和其余一切与人民生死有关系的问题均不大注意，因此，凡在人口稠密地点，人民的死亡率往往超过生育率。如果别处人民不因种种原因移入城市居住，城市人民只有减少，决没有增加的理由。

换句话说，只有人民从外边迁入进城市，城市才能发达。但人民不但须迁移到一处，他们还得要久居在一处。这就是说他们迁移的目的必须有一种永久的性质。人民移居在一处的目的大概可以分成五种：（一）宗教的，（二）教育的，（三）商业的，（四）工业的，（五）政治的。人民因为这种种原因，聚居在一块特别地方，城市就此成立。比方在印度南部，有一个城市叫做Trichinopoly，只因附近地方有著名庙宇一所，大群人民时常至此烧香，所以在这处附近地方，就聚居了三万余人，这城市就成立了。又如美国的华盛顿，我国的北京只因是政治的中心点，所以近来也非常发达。英国的牛津完全因为牛津大学的关系，所以能成立。

但世界上大部份的人民均是以劳力为生的，所以这经济方面的目的确是人民行动的主要标准，多数的城市大半均因工商业方法的关系才能设立，才能维持其现状，所以工商业和城市的设立及市民性质方面的关系，非得从详讨论不可。

第三章　工商业和城市的发达

工业和商业是城市发达的两种主要原因。但工业和商业却有连带的关系，商业不发达，工业也决不会发达的。没有商业，一切的工业只能供给本地方上的需要，其销路是有限的。工业之所以能发达，全靠商业推广其销路；商业之所以能发达，全靠交通的方便。交通的方便又得要靠政府有维持社会秩序，保护人民的能力。在城市发达的时候，人民必须已经进化到一种较高的文化时期，那时候一切的战争是不常发生的，那时候的政府确已有维持治安的能力。所以城市的发达与否确能表示一国人民的政治能力，及其文化的程度。

工商业是依靠交通的，凡工业中心点定必接近交通的要道。交通的道路可以分做水路和陆路，或者分做天然的和人为的道路。人造的商路也许是水路，也许是陆路，苏彝士运河，巴拿马运河，均是极著名的，影响极大的人造的商路。河流可以开深，道路和桥梁可以建筑，就在山岭之中，也能开筑隧道便利商人的往来。

但各种商路大概不是继续不断，从起点至终点，其间毫没有间断之处。在从前的时候，这种间断之处是很多的。陆路往往须改为水路，水路又须改为陆路，陆路又有平原大道，山区小路，沙漠路途的区别。水路有内地小河和大洋的区别。凡经过这种地点，陆路须改水路或水路改陆路，一切货物均须改换装运的方法；比方在平原大道用车辆，在沙漠之中用骆驼，在内地小河用小船，在大洋用海轮。这种种地点就叫做交通方面的间断之处，并因一切货物须在这种地方改换装运，所以有许多人民就聚集于此，专为那班过路商人搬运货物。这类地点在交通方面当然是很方便的，又因工人众多，所以一切工业就很容易发达，到了后来差不多均变成城市。

交通上的间断之处均是天然的，但人力却有废除这种间断之处的方法。欧洲和亚洲交通的历史就可以证明这一层。在古代时候，欧亚交通的路途是以小亚细亚的海岸为起点，以优夫拉底（Euphrates）为终点。古代的大城市，如地中海沿岸的梯埃（Tyre）和西敦（Sidon），优夫拉底河流方面的巴比伦（Babylon），均发生于这两处。以后因有航海方面的进步，欧亚的交通差不多可以全用海路，其中只有从尼罗河（Nile）到红海间小小的一条陆路，亚利山大利亚城市（Alexanderia）就发生了，因为这是从地中海运来的货物所必须起运的地点。后来威尼斯（Venice）和真拿阿（Genoa）把持了东方的商务，这两处地方就变成欧洲方面分销东方货物的中心点。到了十五世纪时候，又发现了一条新的航路，这是完全一条海道，环行非洲南部，再向北直达亚洲；当时又因航海方法的进步，所以这条路线就能适用。但从此以后，威尼斯，真拿阿均日渐衰败；沿大西洋海岸的立斯彭（Lisbon），就变成欧亚交通的中心点。在十九世纪中间，苏彝士运河建筑后，地中海方面的城市又占了重要地位，特别是马赛（Marseilles），真拿阿，和内泼耳（Naples）。同时又因航业工程的进步，较大的海轮也建筑了，所以欧洲北部，如德国和比利时沿海地方也能与东方通商，而该处也就有大城市发现。照以上所举的例，我们就可以明白，凡大城市发现的地点差不多均是交通间断之处。

人工的能力在于改良交通的道路，并减少那种天然的间断之处。铁路通行后，交通上间断之处就减少至最低度，小城市就没有存立的机会，大城市就日渐发达。世界的商业，长途的交通道路，均能使几个大城市日渐膨胀。城市的商业愈趋向于世界商业方面，交通的路程愈长，大城市的膨胀也愈快。

现代的商业处处受人力的影响，决没有像从前那样的受天然状况的支配。铁路和关税均能影响于商业的进行，和城市的发达。关税也是交通路程上的间断之处。一国的关税区域的范围如果是很小的，交通上间断之处也很多，很大的城市一定是不多的。一国的关税区域如果是很大的，就是国家的政治组织已经完备了，那末，税关的数目一定很少，其中的城市定必较大。国家也能利用税关制度限制或鼓励大城市的发达。政府如想鼓励人民集中在几个少数的大城，他们就须减少进口的海岸，减少税关的数目。政府如想使人民散处各地方较小的城市，他们就须增加进口的海岸，并设立那种特别制度，使进口货物运到内地后，才由税关人员查验，收取税款。铁路之影响于城市的发达，更是人人所知的；非但铁路的建筑能免除交通方面种种的间断之处，并且各铁路又能在规定运货价格的时候，有左右城市发达与否的能力。

总而言之，依照现今世界商业的趋向，和长途的交通道路，大城市愈趋愈大，小城市愈没有发达的机会；但因税关和铁路运货价格而发生的影响确能抵抗这样的天然趋势，使大城市不致过分的发达，小城市也不致于过分的受到种种阻力。

工商业的连带关系是显而易见的；商业发达后，工业自然能发达，商业不发达，工业也无从发达。以上所述，只是商业与城市的关系。我们再述工业和城市的关系。

最初的一种工业叫做家庭工业，就是一家以内所需用的一切物品均由该家族自行制造，自行供给，这类的工业大半均由妇女执行。每一个家族均是一个自给的团体。当时是没有商业的。第二期的工业叫做村庄的工业，当时也有了分工的制度，各项人民各自执行各的特别职业，村庄的鞋匠，村庄的铁匠，村庄的裁缝，差不多均已发现了。在那种村庄的工业制度，各家族已经不是完全自给的团体，各人各本其所长，各做各的事，并将其所产生的物件和别人交换别种需要物件，所谓“易交而退，各得其所”。一种近于商业性质的交易已经发现了，一种范围较大于家族的社会已经成立了。这就是村庄工业和家庭工业制度的区别。但这两种制度也有相同之点，这两种工业均是供给范围极小的团体的需要，那时候即使有些商业，这种商业的范围也是很小的，决不能使人民群聚一处，建设城市。

但有几处地方因有特别情形，各项职业的界限却逐渐分开，各项职业的事务也逐渐增加，一个鞋匠，或铁匠，或裁缝，往往因生意的发达，不能单独的执行那种种事务，所以他们就不得不雇用工人，帮助他们做事。以后各项工人逐渐加多，他们就各自成一团体，欧洲中世纪时所发生的基尔特（Guild）或工会，就是各项工人的团体。在从前的家族工业制度，妇女是主要的工人，到了村庄工业制度时代，男子在工业上的地位就较重于妇女，工会制度发生后，一切重要工业大半均在男子手中。这是因为当时发生了许多新工业，从其性质一方面着想，实非妇女的能力所做的，同时又因农务的逐渐改良，一小部份男子尽有余力从事于工业。

工会制度发生后，经济史上所谓那种工艺制度也就发生了。当时一切工业也均在家庭之中执行的，但各种制度和从前那种家庭工业制度却又有很大区别。家庭工业制度的特点就是各家族各自供给各的需要，和外界没有什么多大交易；工艺制度的特点是由各家族人民各自制造各种物品，他们将其出产品出卖于别人，再把出售物品所得的金钱买进各种所需用的货物。各行工人大半均为雇主工作，一切原料和工资由雇主供给，各种出产品也由雇主在市场上销售。在机械未曾发明之前，一切工作均以人工为主体的时候，工艺制度是工业史上最重要的一种制度。中国的工业到了此刻还未曾脱离这种工艺制度。只因一切工作均在家庭中做的，这工艺制度决没有影响于城市发达的能力。直到了工业再进化一步，从工艺制度变到工厂制度，城市才能发达。

工厂制度之发生，是因制造方法用了蒸气力，和各项机器的发明，如纺织机等类。在从前工艺制度的状况之下，工人可以在家等候别人把工作送上门来做；工厂制度实行后，工人须到各处工厂里边去寻工做，这就是这两种制度的区别之处。工厂设立后，一国的工业势必至于集中在几处，人民集中和城市发达就是工厂制度的结果。在世界各国工厂制度成立后，大城市决不会不发达。

但工业和商业的影响，在城市发达一方面，也有一种显明的区别。大凡商业有一种向心力能使大多数人民集中在几处，发生几个最大的城市，各小城市却未必能得到商业发达的利益；工业决没有这样一种永久的向心力，工业的发达也能同时使那种小城市发达。所以从一八八十年至一八九十年的时期，美国一百二十五个城市人民的增加率是百分之四十七又零七，其中二十八个最大城市人民的增加率是百分之四十四又零九，其次级城市人民的增加率，就是满二万五千人口以上的，是百分之五十八又零九。英国从一八八一年至一八九一年的时候，最发达的城市是从二万至十万人口的城市。这两个时期就是英美两国工业最发达的时期。德法两国因为特别情形，所以其结果和英美两国稍有不同。法国政府利用了建筑铁路的方法，特意使巴黎尽量的发达。但从事实上说，在一八六一年至一八九一年间，凡满十万人口的城市增加了百分之四十七，从二万至十万人口的城市增加了百分之五十，十万以上的城市增加了百分之四十七，从十万至二十万人口的城市只增加了百分之四十二。在德国，柏林的发达超过其余各城市。这是因为柏林是那时候新成立的德意志帝国的京城，所以其发达还有政治的原因。

凡大城市的人民多数以商务为生，小城市的人民大都以工业为生。照美国第十二次户口调查册，全国共有一百六十个满二万五千人口的城市，其中居民的总数是一五，六七四，一八一人。城市居民总数中有职业的人共八，四二〇，九〇九人，其中有百分之二十九是以商业和交通为生的，百分之三十九是以工业为生的。在纽约，商业人民占全城有职业人民中的百分之三十七；工业人民也是百分之三十七。在芝加哥，业工的有百分之三十三，业商和交通的有百分之三十五。在旧金山和波斯敦，业商的均多于业工的。但在内地的小城市，业工的往往多出于业商的有两倍余。

这是工商业和城市发达的关系。

第四章　城市发达的结果——社会的

大凡市政学者往往偏重于城市行政一方面，把全副精力研究各种行政方面。但这一方面的城市问题是浮面的，不澈底的；城市生活方面的各种势力，括包社会的和政治的，才是决定城市进步的标准。所以我们在讨论城市政府组织和城市行政之前，还得先从社会方面和政治方面讨论城市发达的结果，就是城市发达后，人民生活的各方面究竟受到什么样的影响。

城市发达时候最显著的社会现象，就是乡间人民继续不断的移居到城市中过生活。在最初时候，人民总觉得城市生活的道德方面是很坏的，所以他们对于城市发达的现象就非常的反对。照欧洲十八世纪时候的宗教观念，城市是一切罪恶的中心点。那时候英国清教徒极力想做到的就是要避免城市方面的引诱力。法国的哲学家也大声疾呼的高唱“回复到自然”的调子。就是现今的政治哲学对于那种发生城市的文化，还免不了有一种悲观的态度。

我们如果理会了社会进化的路程，明白了城市生活的实情，我们对于城市万不致于有悲观的态度。但在十八世纪，和十九世纪的上半期，欧洲各国城市的状况确实是很不满意的，无怪发生那种悲观的态度。直到了十九世纪初期，城市中的死亡率是非常之高，除了乡间人民移植到城市之外，没有别种增加城市人口的方法。从十八世纪欧洲社会哲学家的眼光中看起来，死亡率超过生育率是城市的特点，西欧各国实有逐渐灭亡的危险。

这种理论是根据于从前的状况而发生的，现今的哲学还不能完全脱离这样的观念，并且那种反对城市的理由也均是由此发生的。但这种理论所根据的状况此刻已经完全更变了。现代城市中公共卫生的进步非但使生育率超过死亡率，城市人口能天然的增加，不必依靠乡区的移民，并且城市中的状况实较胜于那乡区中的情形。除了法国还没有更变那十八世纪的情形，其余各国的城市人民均有天然增加的趋势。在法国十六个大城市之中，有六个不能从其内部人民的生育上增加其人口。法国城市人口增加的总数中，有百分之八十七是从乡间移殖来的。照统计学者的计算，一万个巴黎人民只能生育五千九百六十九个人民。依此而推，到了第十八代以后，全部人民中一个也不能生存了。在瑞典，奥国，匈加利的城市，生育率均超过死亡率。在英国，城市人口的死亡率较高于那乡间人民，但城市人民的生育率也较高于那乡区；所以城市和乡区人民的自然增加率约略相等。在美国，因公共卫生的进步，城市人民的自然增加率较高于那乡区。所以对于城市的那种旧观念此刻早已失去其根据了。这几十年的经验就可以证明各社会尽有能力使其状况适合于城市生活，并可以减少疾病的原因，增加人民的生育力。

我们无论把那乡区人民继续不断的移殖到城市的现状，看做一种社会的进化，或看做一种社会的退化，这种运动决不是立法的能力所能阻止的。现今社会的势力非但增加城市吸引乡区人民的能力，并且同时还减轻那乡区中种种经济的和社会的束缚力。在欧战以前的三十年时期之内，欧洲各国农产的价值均有跌落的趋向。虽在许多地方，农产的价值也有暂时的增加，但其大概的趋势确是向下跌落。这是因有两种原因：第一，新地的开垦，农产出产品因之增加；第二，耕种方面的种种新方法，一方面增加农业的出产品，又一方面减轻农业的成本。所以只有上等农田中的农民才能维持他们的生活；凡下等农田中的农民势必至于受天然的淘汰，不得不另筹生计。还有一层，各处小农民逐渐减少，所有农地又逐渐归并到几个大地主手里，农工的销路就日渐减少。这也是乡间人民迁移到城市的一个原因。在英国三岛，三分之二的土地在一万二千四百七十七个地主手里。

我们如果把乡间的和城市的状况约略比较，我们就明白为什么大家愿意迁移到城市居住。乡间一切状况差不多是日日如此，年年如此，毫没有所变动，人民就觉得这种永远不变的生活非常乏味，非常无聊。城市生活却有种种的快乐，种种的刺激，种种的变更。在乡间人民的眼光中看起来，这两种生活确有天渊的区别。他们对于城市方面的吸引力，实无抵抗的能力。并且城市的快乐又可以不用化钱，个个人都可以享受的：热闹的街道，极大的市场，公园和一切公共地方均可以随意游览。所以凡在休息的日子，或空闲的时期，城市人民总能有无尽期的娱乐机会。再加以城中的工资又高，工作的时间又短，和乡间比较起来，相差实非浅鲜，城市人民那能不增加呢？

除了这种种社会的原因之外，还有别种经济的原因，也能引诱乡间人民迁移到城市居住。城市中工业方面的机会这样多，各种各样的人才均有发展他们能力的机会。所以那班有才能的和勇敢的人民总不能永居在乡间。城市中教育的机会也多于乡间，非但普通学校制度较乡间为完备，并且城市中还有各种职业学校，公共陈列所，公共图书馆，公共演讲等，乡间的所谓智识阶级自然愿意到城市去利用这种种机会，增加他们的智识。在欧洲各国，那种强迫的征兵制度也是城市发达的一个原因。照欧洲各国的风俗，凡乡间人民在当兵时期之内总是驻扎在城市。他们享受了几年城市的快乐生活，到了服务期满的时候，他们就不愿还到乡区过那种无聊生活，所以他们就往往久居在城市了。

这种种原因合并起来，其势力是非常之大，所以城市的发达实无法可抵抗的。从前欧洲各国曾觉得这一种社会的变动是很危险的，所以曾经用过种种方法，极力想维持乡间的现状，阻止城市无限制的膨胀。普鲁士一八七二年和一八七六年的法律，英国一八八八年的法律，法国一八九四年的法律，均以改良乡区政府为目的，其作用想增加人民对于地方政治的兴趣，使他们能居留在乡间。有时候各国还想改良乡间的教育，藉以发展乡民的智识，使他们有抵抗城市引诱力的能力。有时候各国还想用强迫的方法，阻止人民离开乡区。直到了一八九一年，普鲁士议会中还曾提出一种议案，限止人民自由迁移的权利。凡没有能力的，或经济不充足的人民，不得自由迁移到城市。但各国这种种方法均没有发生效力，城市发达的速率还是有增无减。这就可以见得人民从乡间迁移到城市的现状是社会方面的一种大变更，是没有方法可以抵抗的。这种变更当然有种种的危险，但也是进化中所不能避免的事实。

凡个人的进化，或民族的进化，均必须经过一个环境变更的时期，人民或人群如能同时变更他们自己的种种情形，使之能适宜于新的环境，他们方能生存。生活状况经过了一次的变更，人民不得不改变他们的旧观念，旧举动，不得不有一种新的行动，新的责任。那班顽固不变的，不适于时势的人民势必至于为种种天然的，或人为的势力所淘汰。这就是所谓“天演物竞，适者生存”。天然的淘汰方法就是种种疾病或恶习；人为的淘汰方法是刑法或救济贫穷的法律。

人民受刑法的处分，就是因为他们不能适应于新环境，所以常有轨外的行动。这是一种淘汰方法的例。照普通的观念，城市人民的道德观念总没有乡区人民的那样好；城市中犯罪的人数总较多于乡区，就是一个证据。在英国，每一万个农民中，有七个人曾有犯罪行为；每一万个市民中，就有九个罪人。法国的统计也大约相同，每一万个农民中有七个罪人，每一万个市民中就有十四个罪人。

但仔细分析起来，我们就觉得城市和乡区的环境完全不同，所以这种犯罪的统计也不能一概而论；并且城市和乡区两处犯罪的种类，也有完全不同的性质，我们更不能依照犯罪的统计表，武断的判定城市人民的道德比不上那乡区人民。在人事罪一方面，如杀人，殴打，强奸等，城市人民和乡区人民所犯的次数约略相等；但在物事罪一方面，如盗窃等类，城市人民所犯的确实较多于乡区人民。这是因为在城市之中，人口众多，人民间的关系也非常深切，侵犯别人财产权利的机会也较多于乡区。所以凡是商业上一切不诚实的举动发现得非常之多。并且城市中的分工制度又达到极点，那般富户人家雇用了大群的仆从，执行各种细小事务，因此，偷窃的机会确是很多的。我们万不可以从罪案的统计而就断定城市人民的道德观念。人事罪才是确定道德观念的标准；物事罪是完全发生于城市的特别状况，不能作为道德观念的标准。从社会进化的观念方面着想，城市的情形就可以证明那般缺乏道德根据的，没有自治能力的人民不能生存于新环境之中，他们只配去过牢狱的生活。再从个人方面着想，凡没有自治能力的人民就不得不被种种势力所淘汰，如果一个社会中的人民均没有自治能力，全体社会的人也势必至于逐渐淘汰，唯一的救济方法就是由外界加入那种新的较为良善的份子。从乡间迁移到城市，人民在环境方面须受一种极大的变更，城市中为恶机会的增加就是环境更变的一种表示。人民必须有极大的自治能力，极高的道德观念，方能抵抗种种新环境中的恶势力，方能改变他们的观念和行动，使之适应于新环境的需要，方能有生存的机会。

城市中人群聚居，人民间互相依靠为生的状况，也不是乡区所有的。人民的密度逐渐增加，个人行动和全体社会福利相接触之点也逐渐增加。我们每天生活的经验，就可以证明这一层。在乡区之中，每家的卫生状况完全是每家的事，和乡区社会没有什么直接的关系，至多有一种间接的极远隔的影响。但在城市，这种情形就完全不同了。城市中有一所不卫生的和不清洁的房屋，全体社会须受到直接的障碍，甚而至于社会的康健都不能保持。卫生标准的不规定，工业方面的效率势必至于减低，工人性命也许活不久长。社会上最不能抵抗这种状况的人却须受到最大的影响。富有的人民有种种避免的方法。但那般贫穷人民是无法可避免的。他们所居住的是那种租钱最贱的小房屋，这种房屋总是连接在一处，占据城市中的一个区域。他们想避免邻居人家的影响，是万万做不到的。凡人民愈穷，互相依靠的地方越多。每家平居所执行的日常家务均与全区人民的安乐和康健，发生直接的关系。

在城市环境之中，个人的行为决不能如在乡间的那样为所欲为。比方乡间的农田尽可以由各农民自由处理；除了几种极少数的不重要的限制外，社会向不干涉农民的自由行动。但在人民稠密的大城之中，像乡区那种同样自由行动权利就立即可以发生极危险的影响。在上海这样的大城，人民居住的房屋又小又拥挤，并且又极不清洁。到了夏季的时候，传染病一发生，人民死亡者就不知有多少。这就可以见得人民的环境变更后，他们还没有发生一种社会责任观念，他们还没有晓得在个人行动方面，有较高的标准的需要。等到社会中较为进步的，较为明白的份子逐渐尊重了那种所谓社会观念，社会责任的观念方能发生。这个目的达到了，最后的一步就以法律的手续，强迫那般无智识人民遵守行为方面的种种新标准。但在现今的时候，社会上只有极少数的份子能够约略明白个人行为和社会福利的密切关系。从表面上看起来，以法律执行个人行为的新标准当然是一种侵犯人民自由权利的举动。在我们中国这样的国家，数千年的积习总是提倡那种个人主义和家族观念，政府管理权力的增加是极其困难的。

我们如能将城市的状况仔细分析一下，我们就觉得城市生活所需要的那种新的个人行为标准只改变了“自由权”的观念，并不侵犯人民自由的范围。我们往往把自由权看做自由行动的意义，把政府管理权力的增加作为政府专权的行动。照普通人民的眼光看起来，“自由”是一个绝对的名词，是一种确定的永远不变的观念。风俗的压制是不大觉得的，人民不把各种风俗或习惯作为侵犯个人自由的行动，但各种法律的限制就看做有这样一种性质了。在进步的社会之中，个人选择的范围确有增加的趋势。需要的增加，满足这种需要的机会的扩充，是社会进步的主要要素。人民集中后，一切智识上和工业上的激刺就有发展的可能，人民各种各样的需要逐渐增加，工业的范围也逐渐推广，个人消耗方面选择的范围也大有增加的趋势。我们日常在城市中所吃的，所穿的，所用的，及职业的种类，娱乐和智识上的机会，总不是乡间所能比得上的。关于这种种事物，城市人民的选择范围，总较大于乡区人民。选择范围的扩充确是进步的要件；但同时对于个人，对于社会，均有新的危险。

全体社会对于个人的选择，是利害相关的。个人方面种种不正当的行动，非但使个人受到种种损失，就是全体社会也须受其影响。工人的工资增加后，这种危险也更大。这是因为人民的进款愈多，他们选择的范围也愈大，他们做有益事务的机会当然增加，但同时做那种有损无益的事务的机会也加多。如果人民在职业，食料，和快乐方面的种种选择，与社会福利方面不至于有所损害，政府当然不应该干涉——这样的干涉非但是不须的，并且还是一种极端的压制。但是人民方面也得要有了极大的自治力，辨别善恶的能力，方能选择那种正当的，有益无损的事物。全体人民中有这样能力的人确是很少的。欧美各国在十九世纪初期的经验确实可以给我们一种很好的教训，当时欧美各国对于工业，对于城市事务，大半取放任主义，其结果就发生种种弊端，危及全社会人民的安宁和康健。所以城市的一切食料，须先由城市政府的专员查验后，方能出售。这是为防止商民把种种不卫生的食料欺骗人民，防止人民贪口贱价，任意买食。一切房屋的建筑也得经城市政府规定种种标准，使人民不致于受那种不卫生房屋的祸患。但政府管理权的推广也经过了极长的宣传时期，才达到目的。为时势所逼迫，那种十八世纪时代的自由观念不得不更变。此刻已经过了一世纪的时候，这种观念的更改还没有完备。个人行为和社会福利到处还发现冲突之处。人民太注重于个人的权利，他们往往不能明白个人和社会的关系。

在中国，人民向没有公共的观念，每人只顾自己的方便，不晓得顾全别人的利益。所以在马路上，无数汽车，马车，洋车，横冲直撞，站岗的巡警不能执行马路章程，行人处处有极大的危险。行人走道之处，时有住户或店铺堆积各种物件，阻碍行人的来往道路。但普通人民却把这种情形看惯了，很少有人提出抗议，行人的走道塞住了，他们只得走马路。这种种现状确与城市全体人民的利益很有妨碍的。城市的环境决不是和乡间的环境一样的，市民的行为和道德观念也决不能和乡间人民相同。在城市之中，人民必须处处想到他的一切举动，将于全体社会方面有何影响。比方我把我的洋车在马路中间一停，后面来的车不及停止，势必至于把我的车冲翻，大家受到损失。又比方我的家中不讲求卫生，什么东西都是污秽不堪，非但我家人民须发生种种疾病，就是邻居人民，甚而至于全区人民也将受到我家污秽的影响，而传染各种疾病。所以城市人民的个人行动须以社会福利的标准为定夺。

以上所说只从个人方面讨论个人行动和社会全体所发生的关系。但全体社会也能影响于个人方面。个人和社会总是互相为因，互相为果，无一时可以脱离关系的。以下是从社会方面讨论社会的行动和个人所发生的关系。文化从乡间的孤独状况进化到城市的团体生活，人民依靠物质环境的程度也大大的变更。人民的密度增高后，种种人为的环境发生了，那种天然的物质环境就无存在的余地。城市中一切的公共建筑品，如街道，自来水，沟渠等类，均是供给那天然环境所不能供给的需要。城市的职务增加一次，人为环境的发展也进一步。从人民改造环境的能力，就发生极重要的结果，因为从此以后，社会进化的责任全在于全体社会的肩背上。为大多数的人民着想，环境的提高或降低的问题是由全体社会决定的。这就是说全体社会给人民什么样一种环境，人民就过什么样一种生活。欧美各国这几年来城市方面的种种改良，早已改变了大部份人民的生活。城市中各区的交通也便利了，电车变成一种娱乐工具，也是一种交通的方法。人民的眼光也因之而放大了，人民对于各种公共事务也就能关切了。

欧美的经验是从积极方面证明城市环境的改良，同时又可以改变人民的态度，和人民的观念。我们还能从消极方面证明城市环境的不良能使人民放纵于各种各样的恶习气。我们就拿娼妓这一种营业做一个例。我国各城市中娼妓营业的发达是大家所承认的。大家晓得这种营业的伤风败俗，消磨人民的志气，耗费人民的财产，对于个人，对于社会，均有极大的祸患。虽则时常也有人出来提倡废娼运动，其结果总不能有什么效果。妓馆是我们中国的一种社会制度，是人民的娱乐中心点。这是因为照现今的社会状况，除了妓馆之外，城市中差不多没有什么别种娱乐场所。大多数人民的家庭中又毫没有乐趣。在旧式的家庭，一切的举动均依照陈旧的仪式，徒务虚伪，而不从事实上增加家庭的天然乐趣。在那种所谓新式的家庭，多数的家妇只学到了西洋妇女的皮毛，只晓得从奢华一方面装面子，日日打牌，夜夜跳舞，对于治理家务的方法，什么都不晓得，其结果使多数的家庭乱七八糟，不像一个样子。在这类的家庭中，当然完全没有什么乐趣可说。社会一方面也不晓得创设种种有益的娱乐场，使人民能够避免那种劳神伤财的娱乐。城市生活的改良完全靠制度方面的改革，完全靠创设种种有益的娱乐，决不能依靠那种种空泛的辩论和运动。好公民和坏公民的区别全在于他们怎样利用他们的闲暇时间。好公民总是做种种有益的娱乐；坏公民只晓得嫖赌吃著。但同时社会方面也必须创设种种有益的娱乐场所，人民方有这样的机会，否则他们势必至于固执那种旧式的，伤风败俗的娱乐。这种大规模的改革必须由全体社会一致的提倡，一致的执行，方能有永久的和良好的结果。

从个人和环境关系的分析，我们就能得到一种根本原则：凡各级人民的道德观念和政治标准是被生活环境所影响的，环境方面一有更变，道德观念和政治标准也得因之而更改；环境的更变又只是全体社会的势力所能做到的。我们中国政治上的改革确实没有从这方面着想，所以无论怎样的改革，总不能有一种澈底的办法，而政治的状况反而愈弄愈糟，弄到了现今那种不可收拾的局面。推测其中的原因，约有三种重要的阻力：就是人民遗传性，懒惰性，和无智识。这其中又以那种遗传下来的一切观念和行为的标准为最重要，因为这是懒惰性和无智识的根源。至于环境和人民的观念或风俗不能适合，是很容易指出其中相抵触之处，但确定其中种种阻碍势力的性质是不大容易的。

凡各种政治革新的运动，总有一个主要的共同之点，就是那般改革家总想极力提醒人民的理智，使他们明白改革的必要。照改革家的观念，人民如能明白这一种政治组织或行政方法比之那种组织或那种方法，较为经济，或较为易于发生效力，改革的目的就是能立即达到。从前欧美各国市政方面的种种改革运动，如清洁街道的运动，清洁水源的运动，公共卫生的运动等，均根据于这种理智上的辩论。他们把城市政府看做一个极大的实业公司，也以谋利为目的。但这样的提倡永不能得到所期望的结果。改革家也就灰心到极点，觉得那般城市人民缺少道德，缺少公民常识，而无法可想的。他们却不能明白凡一切公共事务的改革，非有全体人民的一致行动，决不能有什么结果，几个人的单独提倡，同时没有得到公众的赞助，永不能发生真实的影响。

还有一层，政治行动的结果是很不确定的，并须过了长久的时期方能发现。所以普通人民对于这种事务往往漠不关心。至于他们自己的私事，其结果是很显明的，很切近的，用一分工夫，有一分的结果，什么事都可以预先算定。所以人民凡遇到私事和公共事务发生冲突的时候，他们总是极力注意于他们的私事，而置公共事务于不顾。所谓“公而忘家，国而忘私”的观念决不是随便可以印入普通人民的心理中，同时必须有两个主要条件，方能发生这样的观念：第一，人民的眼光必须放大放远，能看出将来的结果较重于现在的和暂时的结果；第二，人民必须有牺牲个人目前利益的精神，愿意放弃自己的私利，和社会上同样的人民同力合作，达到将来全体福利的目的。在城市的环境之中，这种精神是改革运动所必不可缺少的。

城市环境改革完备后，人民心目中才有一种理想的城市。个人的生活就和全体社会的生活有不能分离的趋势。在人民的眼光中看起来，城市不单是生命和财产的保护者，却是维持他们生活程度和种种快乐的工具。我们所希望的城市民治主义是一种快乐生活的民治主义，并不是现今那种机械式的选举权的民治主义。

第五章　城市发达的结果——政治的

我们可以从各方面讨论城市发达在政治上所发生的影响。我们可以研究城市生活和人民的政治思想或政治行动所发生的关系，或者我们可以讨论城市发达对于全国人民的政治生活所发生的影响，这两个问题的性质是各别的，一个是心理学上的问题，一个是政治学上的问题，所以我们把这两个问题分开来讨论。

讨论第一个问题，我们须研究那环境的影响，就是对于个人或人群的智识，天性，和欲望所发生的影响。城市生活确实可以改变人民的思想和行动，使他们一切的观念和动作发生种种的特点，这就是乡间人民和城市人民的一种区别。现今各国城市人民的种种政治观念和行动决不是乡间人民的那种观念和行动，这其中的区别是显而易见的。但这种区别却也不致于过分有什么根本上的不同。我们要晓得现今各国思想方面的一切观念和习惯是发源于从前的乡区生活时代。社会遗传性的势力到了现今还是非常强盛。城市人民如想继续不断的改革他们的观念，使之适宜于城市生活的状况，我们必须极力抵抗那种社会遗传性，逐渐消灭其势力。现今城市生活方面的种种缺点大都均是出源于个人行为的标准不能适合于城市中的新环境。我们虽能看出城市和乡区人民的不同情形，但这种区别只是新近发生的，只是一种根本改变的一个起源，将来的城市人民势必至于有一种根本的改变，打破从前的旧观念，创设种种适时的新观念。

人民从乡间的环境改变到城市的环境以后，他们的政治观念免不了受到一种根本的变更。凡新环境对于旧有的习惯和行为的标准，总有一种破坏的趋势，这是社会进化的根本原则，从乡间生活改变到城市生活也有这样一种破坏性质的趋势。所以从许多哲学家的眼光中看起来，城市生活只有一种破坏的能力，把一切旧有的观念，习惯，和信仰完全打破。这样概括的论调当然是很欠斟酌的，没有确实的根据。但直到了现今时代，城市的成绩确实只有打破那种在乡区时代所发生的社会的和政治的标准，这是无可讳言的事实。我国城市还不能算十分发达，这种破坏的趋势还不能十分显露。但欧美各国的事实却是很显明的。我们举美国政治观念的变更来做一个例。

当美国政府最初成立的时代，人民对于政府取一种消极的观念，把政府职权的范围缩小到最低的限度。他们把政府看做保护财产所有权的工具，在这个范围之外，政府的一切举动就作为侵犯人民自由权的行动。这样一种观念确是当时环境和经验的结果。在英国的殖民时代，美国人对于英国殖民政策非常仇视，他们就觉得政府的权力是很可怕的，处处可以侵犯人民的自由权。在那时候的状况下，人民对于政府的态度当然是消极的，以为政府的权力非限制不可。并且那时候人民的性质又和以后的人民极不相同。凡开辟新地方的先锋队总是那般最能独立的，最能奋力处置各类事务的人民。他们的独立精神决非别种人民所能比得上的，他们对于政府的各种计画向来不能表同情的。他们所主张的是一种极端的个人主义。有了这样的人民，又有了英国政策的那种经验，再加上当时的生活完全是乡区的生活，人民对于政府那种消极的态度自然是万不能免的结果。

以后美国人民逐渐增加，各处人口的密度也逐渐增进，人民对于政府的观念也就不得不改变。第一种的结果就使人民觉得那种公共事务确有政府干涉的必要。为维持公共卫生起见，为提高人民的道德观念起见，人民不得不受政府法律所支配。人民日常生活的经验就可以证明那种无限的个人自由权的危险。因此，政府职权的范围就能向前推广一步。社会上人民间的相互关系日渐密切，个人行动和全体社会幸福相接触之处日渐加多，个人自由权的标准也不得不因之而更改。这是政治观念和社会行动间最重要的，并且是第一次的接触之处。

至于那种政治上的不干涉主义，和个人自由行动观念，在乡间也许还能暂时存在，但在城市生活之中，却万无成立之余地了。城市生活的状况逼迫人民改变其政治观念。极端的个人自由行动的弊病是非常之多，社会上各级人民又觉得政府的干涉是万不可少的，所以政治观念也就很容易的更变，毫没有发生什么重大的冲突。政府职权第一次的推广是在于公共卫生方面，因为关于这项事务，政府的管理是最急需的。新政治观念第二步的发展在于推翻那种旧式的自由竞争观念。在守旧派的美国人民眼光中看起来，自由竞争是商务上最重要的原则，是一切进步的目标，也是效率的保障。但从城市发达以后，城市人民就逐渐觉悟这自由竞争原则的种种缺点。城市中一切实业公司的合并，和那种“托辣斯”的发生，特别是那种种和公共利益有关系的事业，如电车，电灯，自来水等，就使人民明白那实业和社会间的真确关系，较之种种学理上的讨论，其效力更大。美国社会在最初的时候，总以自由竞争的原则对付这类的实业，使他们随便设立同类性质的公司，自由在一个区域之内竞争，人民于短时期之内，当然能得到贱价的利益，但不久这种种同类性质的公司就觉得这样方法的不经济，不能得到利益，因之立即发现归并的计画，把所有的同业合并起来，组成极大的专利公司，随意规定极高的价格。这类经验的教训影响于城市人民的政治观念极大，从此以后，他们对于政治的干涉实业，决没有像从前那种的不信任态度。他们往往反而提倡，反而要求政府方面的种种干涉。

城市环境的性质，与人民和环境间的互相关系，也是政治思想改变的一个主动力。城市环境决不像乡间环境那样的自然，城市环境完全是一种人为的环境，随时可以由个人的或人群的行动，随意更改。

各大城市的历史确实可以证明环境状况从根本上变改的可能，这种更变又能影响于全体社会的康健，道德，和幸福。全体社会改变环境状况的大权力能在城市人民的政治观念方面，发生极有势力的影响。在这几十年之内，美国城市职务的推广却是人民改变他们对于城市态度的表示。这并不是说美国城市有趋向于城市社会主义的状况。近来政治观念的改变大概是向那种所谓工具主义这条路上跑，这就是利用城市政府的组织，想达到个人幸福，社会安的目的，例如要求城市为人民设备种种方法，使他们能利用种种机会，得到最高度的幸福，满足他们美术上的需要。最完备的公共卫生设备，最清洁的自来水，最贱价的和最完备的交通设备等类，变成城市人民所应得的权利。

美国人民对于政治观念的改变可以直接追溯到城市生活的影响。同时我们还可以指出人民对于政府组织的观念也受到同样的影响，也有同样的变更。美国政府的组织，无论是联邦政府的，或各邦政府的，均是根据于英国十八世纪的政治哲学，其中的主要观念就是三权分立制度，箝制和平衡制度等。权力集中是英国十八世纪时候中等阶级人民所最怕的，他们总想把政府权力分配给各机关，再使这个机关监督那个机会，那个机会箝制这个机关，他们总以为采用了这种方法，才能防止政府的专权，才能保护人民的自由。在他们的眼光中看起来，分权制度是保障个人自由的主要条件。美国殖民人民把这种政治观念看做民治主义的根本原则。又因为他们曾经受过英国殖民政府的种种虐政，他们更觉这种分权主义的刻不容少了。他们以为殖民政府之所以能侵犯人民自由，实行种种虐政，是因为行政方面权力太大，立法方面权力太小，所以立法部没有箝制行政部的能力，所以行政部能专权，能为所欲为。因此，美国那时新设立的联邦政府和各邦政府均以这分权制度为根本原则。

美国最初的城市政府却没有采用这种原则。这是因为美国的一切政治观念和政治制度均是从英国方面移植来的。那时候英国政治思想方面最盛行的学说虽是这种分权观念，在英国，这种观念却永未曾在城市政府方面实行过。那时候英国所通行的城市政府是一种集权于市议会的制度。美国最初的城市政府也就是这一种组织。以后因为城市的逐渐发达，新问题的逐渐发生，这种英国式的市议会集权制度就不能对付种种新发生的城市问题；又因为这种集权制度和当时所通行的民治观念似乎不大适宜，所以十九世纪的初期就有城市政府改组的运动。当时人民对于城市政府的性质均不甚明了，并且城市还未曾十分发达，普通人民均看不到城市方面种种特别需要，须采用一种适宜于城市特别状况的政府组织；只因为当时联邦政府和各邦政府的组织均是一种分权制度，他们就摹仿了联邦政府和各邦政府的组织，改组城市政府。他们又确信这种分权制度能保障人民的自由权，和一切的民治制度；以后城市方面发生了种种不良的结果，他们万不能想到这种制度的不能适用于城市的特别状况，他们至多以为组织上还有未尽善尽美之处。所以他们只从组织方面更改又更改，不澈底的研究这种制度是否适宜于城市所须对付的特别问题。根本问题未曾解决，无论怎样的改革，总是改不出什么结果，所以直到十九世纪末了时期，美国城市政府的状况是腐败不堪的。

到了十九世纪末了的几十年，美国人民就逐渐觉悟了，觉得那种职权分开的，责任又分开的制度，万不能对付城市中的一切复杂问题。工业的发达，特别是那种私有实业公司中的管理方法，使人民注意到那种职权集中的，责任集中的制度的益处。并且城市行政方面有几种事务确与几种公司事务很有相像之处，人民的普通常识就使他们把公司组织方面的经验，运用到城市政府一方面。实在说起来，城市政府确有实业公司的性质；实业公司的目的是谋事业的发达，使股东多分几个钱红利，城市政府的目的是谋城市的发达，使市民享受种种幸福。市民在城市的地位如同股东在公司中的地位。所以从实业方面发生的习惯，如集权的组织，就使城市政府在组织方面受到极大的影响。市议会权力的缩小，市长职权的增加，是政治观念改变的最主要一步。人民觉悟了那种互相争权的，各机关时常冲突的制度决不能保障个人自由权利；政府各机关的互相扶助才能使市政有进步发展的希望。为保障行政的效率起见，执政者必须有全权执行那立法机关所决定的政策。人民公意对于城市政府组织观念的更改又影响到美国联邦和各邦政府方面。这几年来各邦政府的改组运动均从减少邦立法部的职权，和增加邦长的权力人手。邦长又有任命和罢免各种行政委员会的权，所以他对于全邦的行政，有确实的监督权力。权力的集中当然又能发生责任集中的结果，以后政治上如有什么弊病发现，人民就能确定某人是应当完全负责的。

以上所述是从美国的历史证明城市发达的政治结果。但城市发达的政治结果不单限于政治观念的改变，和政府组织的更改。除了这种直接的影响之外，还有种种间接的影响，也能追溯到城市中的智识状况。在城市之中，人民间互相接触之处增加后，他们智识方面的激刺也逐渐增加。旧文化所根据的种种风俗和习惯决不能抵抗那智识发达的城市人民的批评。自由讨论和自由批评一切旧习惯旧风俗的机会又是非常之多，无论在市场上，或在别种公共地方，只须有人民聚集在一处，他们总是免不了发生各种的意见，互相交换各人的观念。人民的政治思想就决不能像从前那样的一致，各种各样的观念均有发现的机会了。这种状况确是进化的表示。人民的眼光放大了，智识增加了，他们决不能像乡区人民的那样固执自己的偏见，对于别人的不同观念，毫无容纳的余地。政治观念方面的宽容大量精神就从此发生了。所以各国的政治运动大都均发源于城市，并且又只有在城市之中，各种政策能得到各种人民从各方面的讨论和批评。但有许多学者却就因此而断定城市的影响只有那种消极的破坏，没有积极的建设能力。

照这般学者的观念，凡政治思想上的大革命均发源于城市，但从新制度的建设方面着想，城市的能力却非常薄弱。他们往往又举出巴黎对于法国政治生活所发生的影响，作为他们的观念的证据。在无论那一国，无论那一个城市决没有像巴黎在法国政治史上所占那样的重要地位。巴黎的地位确是很特别的：一半是因为法国的中央集权制度，政治上一切举动向例是从巴黎发动的；一半是因为巴黎是法国政治和智识的中心点，所以各种各样的人才均从全国各处移入，藉以发展他们本能的机会。无论在政治方面或在社会生活方面，法国全国各省均是以巴黎为模范的。从法国十九世纪的历史上，我们可以得到一种结论，就是法国制度所根据的一切原则是由各省的守旧势力所维持的，而几次革命及其余的政治上的大变动均发源于巴黎。巴黎如果有了决定法国全国政策的全权，恐怕政治上的情形较之现在也许更加不稳固。

我们如想明白城市对于全国为什么有这样大的影响，我们必须从环境的更改对于人民思想和举动所发生的结果着想。乡区人民迁移到城市后，他就觉得那环境方面的根本改变，他是完全处于一种新生活的状况之下；这种新环境，和新生活能立即在他向来所有的种种观念方面发生一种反动，使他弃绝一切旧有的风俗和习惯。这样一个人总是非常激烈的，他的思想和行动总是趋向于消极的破坏一方面，决不能从积极的建设一方面入手。他必须经过这个长期的消极的破坏时期，方能渐渐的改变他的观念和思想，使之适合于城市的新环境；只有到了这个时期，他的思想和行动才能趋向于积极的建设一方面。但在中间的过渡时期之内，他总是趋向于政治的激烈主义，只有破坏的方法，而没有建设的能力。还有一层，城市中种种的极端状况，如社会状况的不平等，政治权的不平等，智识能力的不平等，是城市人民日常经验中的一部份；这种状况确能打破他的平等观念，销磨他的民治精神。经济上的和社会上的不知足又能增加人民对于种种旧习惯旧观念的反动力。

有了这种种势力，无怪各国革命运动的原动力在城市发生了。法国几次的革命均发源于巴黎。德国在欧战以前，城市是社会民治党和其余一切反对政府派的产生地。在英国和美国，对于现今状况最激烈的批评也是从城市发生的。我国前清末年的革命运动，也是发源于城市，并以城市为中心点，以后革命的发动又在城市。民国成立后，人民对于政府所提出的种种抗议也是发源于城市。但我们决不能把现代城市那种消极的破坏举动看做城市的特性，这种情形只是从乡区文明进化到城市文明的过渡时期中的特质。等到将来发生了那种适合于城市的思想和观念，国家的制度必定能稳固，并且其进化的程序又未可限量。这种新思想和新观念必定如从前在那乡区生活时代所发生的同样的确实，同样的趋向于积极方面。我们如果能够领会了城市生活的种种需要，创设了那种适宜于解决城市问题的政府组织，那末，城市就能在政治思想方面有积极的建设。

如果城市生活和政治思想的关系确有上述的那种性质，从乡区生活逐渐改变到城市生活的现状当然是很重要的。城市人口增加后，政治团体中就发现了一种新的势力，能打破固有的政治标准，并能影响到民族的生活。容易为新思想所影响，是城市人民的特质，但他们对于那种根本问题，却没有一种根深蒂固的观念。各国的政党均承认这种事实，所以他们总想用种种方法限制城市人民的政治势力。执政党所最害怕的是城市，因为一切暴烈的行动和过激的思想均从城市发生的。即使城市人民的观念是赞成一党的主张，这一党也不愿意使城市在议会中的代表额数和其人口成一比例。政党为自卫起见，万不肯增加城市的代表权，致使将来受其祸患。凡政党政策在城市中总须受各种人民从各方面的批评，所以很容易发生不利于执政党的种种运动。各党对于城市方面的政治观念，非常的不信任，所以他们总把城市代表的额数限制到最低限度。美国各邦宪法之中，甚而至于有一个城市的代表额数不能超过多少数目的规定。欧洲各国虽没有宪法上的规定，限制城市代表的额数，但同时却有别种方法也能发生同样的结果，因城市的发达，各处人民时有增加或减少的变更，大概城市人民总是增加，乡间人民总是减少；除非选举区域能依照各处人民的增或减，随时变更，各处代表的额数决不能和其人口成一比例。

例如德国在欧战以前，其选举区域自一八七一年后，永未曾有过澈底的修改；照当时的规定，每一个下议员代表十万零三千人民。以后因城市人口的增加，每一个议员所代表的单位，改为十三万一千人。但柏林议员所代表的单位，在一八七一年，是十三万八千人；在一八九七年，增加到二十八万人，在二十世纪的初期又增加到三十五万人。这就可以见得在德意志帝国初成立时候，柏林就已受到不公平的待遇；以后柏林的人民虽大大的增加，而其代表和人口的比例也就逐渐加高。至于德国其余各城市的代表额数当初确实和其人口成一比例；在一八七一年，凡超过十万人口的城市人民占全国人口总数的百分之六又零九，他们的代表额数也占代表总额数的百分之六又零八。到了一八九七年，城市人口占全国人口总数的百分之十三又零九，但其代表的额数却未增加。在法国，城市在下议院的代表额数总算还公平，全国十二个大城市人口占全国人口总数的百分之十一又零九，其代表数占代表总额数的百分之十一又零三。但上议院的选举区是省，每省有乡区，也有城市，而城市中心点却不能依照其人口数目，得到一种比例的代表额数。英国选举制度的改革更有长期的历史。在十九世纪的初期，英国南部的农区占有政治上极大的势力。北方人口稠密之处只能举出四百四十九个下议员中的一百三十一个。这种不公平的状况直到了一八三二年和一八三四年的选举改革法通过后，才约略改正。就从一八三二年以后，南北方在政治上所占的势力还不十分公平，北方的一个议员代表十三万五千人民，南方的一个议员只代表十二万八千人民，这种状况还须经过长期的奋斗才算消灭。一八三二年的选举改革法是第一步，以后还须经过一八六七年，一八八四年，和一九一八年的选举改革法，各区域代表的额数总算能和其人口数目成一比例。

以上所说是城市发达和政治思想，政治行动，所发生的关系，所以一国的宪法和政府的举动同时也免不了受到极大的影响。直到以后城市人民能够改变了他们的思想和行为的标准，使之适合于城市的状况，各国政治生活中总有不稳固的情形。种种扰乱的政治状况均发源于那城市的破坏的趋势。人民对于政府的态度，也因这种状况的更改而逐渐改变。在现今时代，我们已经承认城市权力推广的必要。自由竞争和放任主义的种种弊病，使人民不得不赞成城市政府增加其管理权力，谋全体社会的幸福。政府的行动和个人自由间已有了一种新的平衡。

第六章　城市的特点

城市和乡区比较起来有种种区别。比方我们从城市人民中随意选择一万个人，再从乡区人民中同样的随意选择一万个人，这两种人民定必有种种社会的特质。举凡男子和女子的数目，他们的年龄，各项职业的性质，生育率，死亡率，婚姻率，各人的进款，有产和无产阶级的比例，智识和道德观念等均是各不相同的。从社会性质方面剖解起来，现今的城市确有种种特质。今将城市的特点约略总结如下：

（一）城市是工商业中心点，以资本和劳工为其生产方面的主要要素，不像那乡区人民专靠土地为生的。

（二）城市人民中以中年人民为最多数。这是因为城市中一切机会较多数于别处，所以凡是刚出校的一般少年往往到城市里去寻生活。这般人民又可以算是全国人民中的精华，他们均是年少力强的人，既有能力，又肯冒险。因此，城市中就觉得有一种特别的空气，凡一切冒险的，进步的，和激烈的事务，城市人民无不乐于去做的。其结果就使城市变成一种极活泼和急进的地方。不像那乡区人民只知死守他们老祖宗的陈旧方法，不肯稍有革新的行动。

以全国人口统计起来，各国的男子大概均较多于女子。但以城市的人口计算起来，男子和女子的数目却与全国人口的情形相反。在城市之中，女子总较多于男子，并且这般女子大半又均有职业。这当然是因为城市中工厂林立，女工的需要较多于别处，所以多数成年妇女均到城市中求生活。只从经济方面着想，女子工作当然是有利无弊的。未嫁的女子可以自食其力，不必依靠家庭为生。已嫁的女子也可藉以辅助家庭经济。但从别方面着想，妇女出外工作却有种种的影响。非但家中的小孩无人照顾，并且城市的家庭，只因父母时常出外工作，决不能像乡间那种家庭有同样的状况。

（三）严格的说起来，所谓家中乐趣在城市中是决不能多见的。凡从乡间移居城市工作的那般少年男女，对于他们乡间家庭的观念，早已薄弱不堪。但从城市的状况着想，他们又很难在这种新环境之中，设立新家庭，发生新家庭的关系。多数人民均居住在寄宿舍或饭店等处。加以城中的房租浩大，极少数人民能租居一所宽敞房屋，使他们的小孩能享受多少家中乐趣。只有在农区地方，家庭才是人民的中心点。在那种地方，人口稀少，又是散处于各处，一切寄宿舍或饭店决不能有买卖可做，除了家庭工作之外，妇女也决不能有别种工作的机会，所以无论男女只有在家中过活，家庭间一切关系当然是很深切的。但在城市，无论男女均很容易的寻到工做，为便利起见，他们往往就寓居于旅社或饭店。就是那般和父母同居的少年男女，对于他们家庭，也往往没有多大感情，他们另有别种寻乐之处。一家的人口又往往于早饭后，各自散处于各地方，各做各的工作，直到晚间才回家。日日如此，年年如此，所谓家庭的生活，家庭的乐趣那能发生呢？

因此，城市中的所谓家庭决不是乡间的那种家庭，其名称虽还相同，但其性质早已更变了。城市中还有种种娱乐场所，如戏馆，公园，热闹的街道，酒馆和饭店，种种的俱乐部和游艺场，可以引诱人民费去他们的金钱和时间。又加以生活的困难，费用的浩大，普通人民均不能维持一所美观的住宅，多数房屋均是狭小又嘈杂，很难使人安居于内，决不能像在那乡间，每家的住宅大都均有极大的院子，各有各的树木和花草，既清洁又安静。城市人民往往没有一定的永久的住所，从这处迁移到那处是常有的事；乡间农民往往终身终世居住在一定地点。

（四）在城市之中，什么物件都是人造的，既没有天然风景，又缺少天然的物品。森林早已斩伐完了，就是有几棵树木，也均是人民种植的，不是天然生长的。到处都是工厂，继续不断的制造种种非自然的出产品。并且什么物件大都又均是机械制造的。凡人民目所见到的是机械或机械的出品，耳所听到的是机械的或别种不自然的声音，所吃所穿所用的大都均已经过了好几次或几十次的机械工作。总之，城市中的生活是一种机械的生活。人民本身也差不多变成机械中的一部份。但是人民过惯了这样的生活，他们就觉得人力有战胜天力的本能，除了天气的变更，死亡疾病的发生无可挽回之外，其余什么事情都是人力所能做到的。在城市人民的眼光中看起来，人民的势力是最大的势力，群众是他们所最崇拜的上帝。

（五）城市是刺激力最大的地方。凡目所见到的，耳所听得的与其余一切日常所接触的事物，均能激刺人民的知觉和心理。所以凡在城市居住的人民，总是思动而不思静，差不多没有一时刻可以安安稳稳的过他们的生活。他们不做这样，就想那样；一件事务做完了，第二件事务就跟上来了。这是因为人民间的接触最能激刺一个人思动的心理。城市中人民这样多，事务那样繁，各人那能不受到种种激刺力的影响呢？

（六）城市状况表示人民生活上极端的状况。在城市之中，有最富有的人，也有最贫穷的人；有种种的天才，如大哲学家，大科学家，大美术家，大音乐家，大商家，大实业家，同时也有一无所能的，没有智识的下等愚民；有大慈善家和大改革家，同时也有罪孽深重，恶贯满盈的盗贼。那般极等聪明的天才，和受过高等教育的少年，往往到城市里发展他们的材具；但是那般不合格的，无耻的下等人民，因为无面目见他们的家长和邻居，也往往到城市里去藏匿他们的羞耻。全国人口中的精华在城市，所有那般变态的人民也在城市。

从城市方面的各种刺激力，及其极端的状况，往往发生一种趋向，使那般普通人民过一种浮面的生活，忽而受到这种刺激力的影响，忽而又受到那种刺激力的影响，对于各种事物，永不能像乡间智识阶级的有那种澈底的思想。同时又另外发生一种有连带关系的趋向，就是那般普通人民往往为社会环境所压服，自己永不能发展各人的个性。他们受了各种势力的压制，万不能有自由活动的余地。这两种趋向就可以使城市人民心神不定，忽而这样，忽而那样，自己毫不能拿定主意。凡一切动人听闻的字句，和浮面的观念，均能在城市中占极大的势力。

还有一层，在城市中，善恶杂处，良莠不齐，那般心地明白的人民自然有辨别善恶的能力。但各种恶势力，确能引诱大群人民使他们无法脱离其范围。凡年少无智人民日常见惯听惯各种恶习惯和无耻行动，往往对各种事实的性质，缺乏辨别的能力，并且种种恶环境又能引人入邪，使他们至死不悟。但那般正直的，立志为善的人民总不致于受到恶势力的影响，并且在城市那种极端状况之下，他们反而有种种极好的模范，种种的鼓励，和为善的机会。所以只有城市之中，特著的人才才能有充量的发展他们的天才的可能。

（七）各国的大城又往往是各种民族杂处的地方。近来因交通的方便，商务的发达，人民迁移到别国居住者日多一日，他们大都以城市为居留地。所以各大城市中大概均有各民族居住的特别点。在中国各大商埠，各外国人民有他们各别的租界；就是在欧美各大城，各国人民也往往自然而然的聚居一处，各该处不久就变成各该国人民居住的特别地点，例如美国各大城有中国城，有意大利人的区域等类。再从本国人民方面着想，各种各级人民也往往有居住的特别地点，如富户区域，穷人区域，银行街等类。这种情形一方面确有种种方便之处，使同种族同阶级的人民能相互扶助，不致于发生什么障碍之处；但从全城人民方面着想，确又使他们互相隔绝，很难互相了解各方面的观念，永没有同化的机会。

（八）城市生活还有一种特别的状况。在城市之中，人民对于他们左右邻居往往连姓名都不知道，其余的事更不必说了。“各人自扫门前雪，不管他人瓦上霜”确是现今城市的状况。千人之中只有一二个人能在马路上指得出某人是张三，某人是李四。在一条街上居住的人民，出进时常见面的人往往终年终世不交一语。同一职业的人民也许各不知各的姓名。那种所谓“四邻的观念”在现今的大城市之中早已完全消灭了。

在欧美各国，警察方面对于人民的一切举动，确是很注意的，并且又把各人的姓名，住址，职业，疾病和死亡，和小孩的生育，调查得非常仔细。这种种重要事实的调查确是很有价值的统计，是社会发展的一种标准。但这种政府的调查与个人间的相互关切是毫不相关的。

个人方面和社会方面最有价值的制度，第一种是家庭，第二种是邻居。在现今的城市，家庭的观念已经非常薄弱，而邻居的观念又早已没有存在的余地。这是很不幸的。将来我们如果想从社会方面改良城市，实不得不从改良这两种制度入手。

（九）城市生活是各人相互扶助相互依靠的生活。在乡间，各农民晚上所点的灯，是他自己的油灯；所饮的水是他自己井里的水；对于盗贼和火灾，须由他们自己小心保护。但在城市，一切交通，自来水，电灯，沟道，秽物秽水的处置，消防和警察，传染病的防御，食料的查验，甚而至于空气的清洁与否，和小孩的游戏场，均须依靠城市人民的合作。各个人日常的需要，一切的便利和安乐，均是他自己所不能供给的，自己所做不到的。他必须依靠全体人民的智识，忠信，和公共精神，才能维持这种种需要。

（十）城市人民的出产力是较高于乡区人民。这是因为工商业的发达，机械的发明，城市人民处处以人力战胜天力，增加他们的生产力。所以城市人民能担负较重的赋税。

我们从政治方面讨论这城市问题，不得不注意这城市在社会方面的特点。因为政治问题不是一个单独的问题，有怎样的社会，才有怎样的政治。我们虽不能确定政治状况和社会情形究竟那一种是因，那一种是果，但这其间的连带关系确是人人所承认的，并能从各国已往的经验和事实所证明的。又因为各国的经济状况各不相同，各国各城市人民的经济生活各不相同，这一国解决城市问题的方法也许是很合宜的，同样的方法在第二国也许完全不能适用；这一个城所采用的方法也许很适宜于该城的情形，同样的方法同在这一国内的别城也许完全不能适用。只因各处状况不同，政治问题决不能有一种普通的解决方法；各种政治方法也不是包医百病的“百效膏”，“万应油”。所以我们研究政治，必须预先确定了社会上的实情，然后再讨论那种方法可以用，那种方法不能用。

城市的政治问题约略可以分成三大类：（一）城市在一国政治组织中所占的地位，（二）城市所执行的职务，（三）城市政府的组织。凡关于这种种问题，城市人民的确实状况是很重要的。我们必须预先确定了某城市人民究有怎样的能力，究能担负怎样的职务，我们才能决定某城市在一国的政治组织中所应当占的地位。我们如果根据于某城市的各种情形，确定该城市有自治的能力；我们万不能同时就决定这城市的自治制度到处可以适用。又因为各国的情形不同，我们万不能根据于某国城市有什么样的地位，而推定别国的城市也应当有这样的地位。所以我们用比较的方法研究各国城市制度，我们必须根据于实地观察，和各种统计表报告，确定各国城市的实在情形；凡从一种状况所研究出来的结论，非得再经过一番慎审的调查，仔细的考察之后，方能用之于别处或别国情形不同的城市。

城市的职务问题也当用同样的方法解决的。某城市所应当执行的社会职务，全以该城市人民的性质为标准。如果一个城市中的多数人民均有地产或房产所有权，城市才能执行赋税方面的和公债方面的大权。如果多数人民均没有房产所有权，他们就不能觉得赋税的担负，更不能晓得浪费浪用的结果。这样的城市有了增收赋税或发行公债的大权，这城市政府势必至于采择浪费浪用的政策。如果城市之中，多数已嫁妇女均各有职业，每天不能在家居住，他们的小孩势必至于无人照顾，不免发生种种疾病或意外损伤；在这样状况之下，城市就不得不执行那种保护小孩的职务。如果城市中的居民非常拥挤，极多的人民往往同居在一所小屋，那末，城市对于公共卫生方面的职务就不得不加倍注重，方能免去传染病的蔓延，保障全城人民的康健。但同时却有几种共同职务，是各城市所必须执行的，例如设立警察，保护市民的治安；设立学校，教育市民的子弟等类。

城市人民的性质，对于城市政府组织实在的情形，也有极大的影响，政府组成的实在情形和那法律上所规定的组织情形往往发生不符合之处。这是因为人民有时候受了那种错误观念的影响，往往在法律上规定一种不适于实际情形的政府组织。这样的政府组织势必至于逐渐由法律范围以外的势力所改变，其结果就使实在情形不合于法律上的规定。比方照现今城市的状况，政客把持市政的事实是免不了的，那末，法律上无论怎样的规定一种民治的政府组织，这种政客把持政权的弊病总是要发生的。凡政府组织的实在情形和法律所规定的政府不能符合的时候，城市行政方面的种种事物决不能有良好的效果。这种缺点的发生，大都均因不明白城市的实在情形，采用一种不适用方法，其结果就使执政人员的责任不分明，民治的目的不能达到。因此，我们研究城市的政治问题之前，不得不预先确定城市的社会状况。

第七章　城市在历史上的地位

城市在欧洲历史上所占的地位可以分做三个时期。第一个时期是古代的城市，叫做城市国家。第二个时期是中世纪末了的城市，当时城市的地位是和别种行政区域相等，也是中央政府行政区域的一种。第三个时期就是现代的城市，城市有几种特别的权利，是别种行政区域所没有的。所以现代的城市虽则是中央行政区域的一种，但同时却又是地方自治的机关。我们先讨论城市国家的地位。

欧洲在上古时代，人民团体的团结力是血统。凡一族的人民，大概均崇拜一个神，信仰一种宗教；因为便于祀神起见，他们就聚集在一处，把庙宇祭坛等类造起来，组织一个城市。这种城市是完全独立的，凡中央政府和地方政府所应尽的职务，和应有的权力，均兼而有之。所以叫做城市国家，其意义就是兼有城市和国家的两种性质。例如希腊和罗马的城市。

希腊文化完全是城市的文化。希腊人民的思想完全集中于城市方面，在希腊人民的眼光中看起来，他们民族的历史是从城市设立后才发生的。他们有一种社会契约说的观念，以为在最初的时候，人民由一种天然的势力聚合在一处以后，城市就产生了。这样一种城市起源学说虽没有事实上的根据，但却可以证明那城市在当时思想中所占的重要地位。

雅典的发达是受到环境的影响。雅典的地点是在一块大平原的中间，三面是山，一面通海。这样的地方当然有天然的保障，可以为那种较为进化的部落的藏身之所。在雅典的四周，土地是非常肥膏，气候又非常适宜，许多主要的农业均能种植。矿区也很多，又和人民居住的中心点很相近。那时候主要的工业是陶器，多数人民均能从这项工业方面得到工作。该处又附近海口，一部份人民能从航业方面发展。

这样天然的和经济的状况就是雅典发达的原因。实在说起来，希腊的乡区永未曾发展其个性，在当时的政治方面，乡区毫没有什么影响。所谓公民只是城市国家中的一份子，政治上所有的情形完全是依照城市的需要而设计的。乡间的土地所有权也全在城市人民手中。农业是由奴隶执行的，其出产品也完全送进城市，供给城市人民的需要。凡人民如被迫在乡间居住，是他们最大的耻辱。雅典公民是当时人民所希望达到的目的。

在现今的时代，我们很难猜度当时的状况，社会所有政治和别种职务，完全由城市收吸殆尽。当时政治，社会，和宗教的制度尚未分立，而城市又执行一切的职务，所以当时城市的生活实在非常发达，决非现今的城市所能比得上。因此，希腊城市的社会和政治生活方面种种事实是非常重要，而其政府的组成及其行政方法却反而不十分重要。当时城市的情形，和现今的城市有根本上不同的性质，所以也万不能相比的。在城市国家最初的历史，行政组成方面的根本原则大概就是君主政体，当时又发生一种世袭的贵族制度，把持政治上所有的职任，特别阶级发生后，政府职务也就有分立的趋向。君王就不得不把他的一部分职权委托于他的大臣执行。这样的举动却是从君主政体变化到贵族政体的动机。凡受君王所委托政权的那般人往往把他们的职位看做一种财产权。一种贵族阶级就从此成立，把持雅典所有的一切政权；逐渐又变成一种最腐败的寡头政体，由少数贵族存了自私自利的观念，操纵政权。希腊其余的城市也大都经过同样的从君主政体变到贵族政体，再变到寡头政体的状况。

古代雅典以后又进化到民治政体。这是因为经济方面的变迁，社会各阶级间的关系也因之而改变，政体方面也受其影响，发生根本的改变。这种种改变的主要原因是工业阶级在工业方面的地位日渐重要，他们在社会方面的权力也日渐增加。当时执政者和富有阶级的种种需要日渐增加，种种的物品均须由那般智识较高的工人制造，方能适合人民的需要。这般工人就是由普通的奴隶中选择出来的，但以后他们在工业上的地位日渐重要，他们的社会权利也同时增加。雅典社会领袖的一举一动，并他们所规定的种种时髦样式，均为一般人民所摹仿，所以一切上等物品的销路就日渐推广。工人得到了经济上的独立，他们就能同时得到社会方面的解放。但当时又须经过长期的冲突，这种事实才能得到法律上的承认。法律和社会状况的不符确是扰乱治安的主要原因。所以那时候的立法者苏伦（Solon　耶稣纪元前六三八年至五五八年，约在中国东周时代）极力想调和法律和事实，使之能符合。第一步就是把参与政治的权力给与那般已经达到经济独立的人民。所谓社会的解放就是取消一切的债务，无论是关于土地方面的，或是关于人民身体方面的债务。这大群释放的奴隶得到了政权以后，政治的组织就不得不有根本上的改革，第一次的人民议会就从此设立了。从这时候起直到雅典民治主义极盛的时代，其间发生过许多的人民议会，并且其中所包括的人民数目又屡次增加。当时雅典的人口约共二十万，但其公民团体所包括的，至多也不过十分之一。所有一切重要问题，均须交付公民大会讨论。同时还有一个常设的委员会，由公民大会选举的，共有委员五百人，执行行政方面的普通职权。雅典能够这样的推广公民权利，同时却又并未因之而发生政治上的无政府状况，就可证明雅典人民的政治能力。这确是雅典对于政治制度的重要贡献。

当时的观念和我们现今的观念极不相同，我们可以将其不同之点约略指出。在雅典和欧洲古代其余的城市，个人是完全在社会势力之下的。除了社会全体的幸福之外，个人的幸福决无成立的余地。希腊人民决不能容纳个人利益和社会利益相冲突。直到斯多亚派（Stoics）哲学发生时，希腊思想中永未曾有过那种不能消灭的，不能分离的权利观念。个人行动须适合于社会生活，就是社会行为的主要原则。那时候的社会生活确是很光辉的，但家庭生活适与之相反，比较起来，是很不发达的。在现今的社会，我们非常注意于家庭生活，对于社会的公共生活，往往漠不关心。个人的全副精力完全用在家庭方面。人民总觉得社会上那种公共快乐万万比不上家庭中无穷无尽的快乐。但在希腊城市之中，种种公共的社会快乐增加人民依附土地的心理，发生那种爱护本土的思想。

这是希腊城市国家的大概情形。我们再说罗马及意大利其余各城市的状况。

罗马的土地，天气，和其余的天然环境确没有像雅典的那样适宜。但罗马所处的地位却是意大利半岛的中心点，并且罗马和地中海区域各处的交通却又甚便利。罗马的土地虽不十分肥膏，但却也能供给大群人民的需要。罗马城市设立的历史已经无可考据了。但在最初的时候，罗马是由几个民族合并而成的；罗马分成各区域就是当初由各民族份子组成的证据。这许多民族大概为公共的防御起见，所以不得不联合起来，后来就变成一个政治团体。在政治制度上着想，中央和地方行政确实没有分开。当初罗马的势力没有推广到城市的范围以外，其政府的组织是根据于家族和部落的制度。为行政便利起见，罗马城分做三十个区域，各有法律上独立的权利，各有各别的议会。在最初的时候，罗马政府的组织，也同雅典初期一样，是一种君主政体。各部落的长老组织一种咨议院性质的机关，以后就变成罗马的上议院。君王如想改变政治制度的时候，他就须和人民商议。上议院是宪法的保障者，对于君王，对于人民的动议，均有一种否决权。罗马以后的历史，也同雅典一样，从君主政体变到贵族政体，再变化到寡头政体，和民治政体。但当时罗马的势力早已推广出城市的范围以外，其政府的组织早已失去其地方政府的性质，变成一种帝国的性质。这时期的历史属于帝国时代，不属于城市国家的时代，所以我们可以不必讨论。

古代意大利城市虽没有希腊城市那种美术上的发展，但从政治方面着想，却是一大进步。希腊那种狭义的城市土地观念万不能适合于罗马那种广义的政治关系观念，还有一层，世界帝国的发生，使公民的范围不得不推广。凡是被征服土地中的主要人民，就是他们居住在那种离罗马很远的地方，也能享受罗马公民的权利。这样一种政治关系就是发生那种民族观念的主动力。在古代意大利半岛的城市中，我们所须注意的只是罗马一个城市。这是因为罗马在西欧的文化历史上，有极大的影响；罗马所对付的种种城市问题也非常重大，并且又和现今的城市的发达又有极相像之处。在罗马历史之中，我们可以寻出那现今城市发达的种种势力。城市国家的范围打破了，世界帝国的观念发生了，罗马就发生了那种人口繁盛区域所必不可缺少的状况。政治势力推广到极远的区域，罗马不得不创设一种极复杂的行政制度。至于那种被征服的地方，也有种种地方自治的权利。政权集中了，京城和各省间的交通不得不完备，保证生命和财产的警察制度也不得不设立。人民自由迁移他们居住的地方在事实上也做到了，其结果就使大群乡间人民移入城市。像罗马这样城市中的经济机会，和皇宫中的种种繁华，确是引诱乡间人民最大的势力。有许多人民更觉得城市中的贫穷生活较胜于那乡间方面的舒服生活。罗马京城又是各种新思想的发生地，并且又极力鼓励和欢迎各种各样的新发明。凡科学家，哲学家，和诗人均想得到罗马的嘉纳，以后军队解散，各兵士又往往居留在城市过生活，城市人民又因之而增加。

有了上述的种种势力，无怪罗马人口不久就超过一百万的数目。只因为没有统计，我们不能确定当时的人口究有多少。学者的意见也颇不一致，他们的推想是从七十五万到二百万。最靠得住的计算是八十万左右。凡城市人口达到了这个数目，所谓城市问题就发生了。当时罗马城墙以内所包括的土地虽是很大，并且城市的范围又逐渐推广，只因交通上的不方便，多数市民往往拥挤在几个中心区域。人民均想居住在那社会生活和娱乐场所的中心点，极不愿居住在那种离开市场极远的荒僻之处。古代意大利各城市的街道又甚狭窄，所以当时的情形更加困难。在罗马，人民生活程度和人口拥挤的关系是很显而易见的。虽则现今各国城市中有许多区域较之罗马那时候更形拥挤，只因罗马人民的生活程度非常之低，又因缺乏公共卫生的设备，那时候的状况实较现今的情形更不堪言。幸亏罗马人民的习惯使他们往往过门外的生活，所以房屋以内那种污秽状况的结果才可以减轻好多。罗马人民个个喜在街上过生活，所以一切街道均是非常拥挤。在凯撒（Caesar　西历纪元前一百年至四十四年，约在中国汉武帝时代）的时候，他就不得不公布一条上谕，禁止一切车辆于日出后的十个钟点头之内在城市的中心区域中通行。这样的规定确是必需的，因为当时多数商民均把他们的货摊布满于街道之上。直到奥葛斯忒（Augustus）的时代（西历纪元前六十三年至纪元后十四年，约在中国新莽时候），罗马才对于房屋建筑方面，实行一种有统系的规定。房屋的高度不得超过七层，同时还有一种卫生上的规定。

古代城市对于私人方面的卫生虽则非常疏忽，但对于公共的事务却非常注重。那时候各城市均有极大的公共浴所，极浩大的水源，极华丽的公共建筑。实在说起来，罗马城市一切的动作均趋向于发展城市的社会娱乐方面，同时就无余暇注意到个人方面的卫生和福利。现代城市的行动却与之相反。现今那种个人主义观念使各国城市极力注意于个人幸福一方面；至于城市对于公共的职务，就不十分注意了。所以从罗马城市，我们可以得到一种极大的和极重要的教训，就是城市政府应当为全体人民设备种种有利身体的娱乐，发展他们的智识和体育。

罗马灭亡后，欧洲的社会和政治方面就发现分裂的趋势，尤以政治方面的分权趋势为更甚。在那时候的封建制度之下，人民完全没有自由迁移的权利，人民的居住所均以封建贵族的意志为定夺，所以各地方人口决不能自由增加。中世纪最初的城市或者是发生于封建贵族城堡四周围，因为这种地方确能保障人民的身命和财产；或者是发生于那种有特别权利的市场地方，这类权利也是由封建贵族所给与的。但那时候的所谓城市，只是现今的乡村而已，没有一处有极多的人口。十三世纪英国最大的城市至多只有人口五千。到了十五世纪初期，英国伦敦也只有人口五万。城市的发达全靠三种主义的要素。第一，有极大的土地，其中有极多的人民，他们又能自由迁移，聚集在一处居住。第二，工商业的发达，能使极多的人民有工作的机会。第三，有强盛的中央政府，能保障人民自由迁移居住地方，并使各城市能从各方面发展，有引诱乡间人的能力。中世纪那时候的状况缺乏这三种要素，所以当时城市中的社会生活，经济状况，及其地位，均与现在城市的制度绝不相同。

照我们现今的观念，城市是国家行政区域中的一种，并有多少的自治权利，所以同时也是一种地方自治的机关。但欧洲十二，十三，和十四世纪时候的城市决没有这种性质。这其中主要的区别却是关于城市的职务一方面，并不在其政府的组织。中世纪的城市完全是经济上一种单位，现代的城市是一种政治的和行政的区域，同时又是地方自治的机关，我们仔细研究了中世纪城市生活的情形，就觉得那时候的城市并不是政治的机关，只有一种极大的商业公司，有种种特别的经济权利，城市从封建贵族方面所争夺到的种种权利，如市场的专利权，管理工商业的权力，管理人民经济方面种种事务的权力，均是城市主要职务。凡当初参与这种争夺的人民就能同等的享受各项权利。所有我们现代的一切观念，如公民权利，政治权利，爱国心等类的均未发生，所以当时市民就把城市看作一切经济权利的集合点，那时候的城市就有这样一种经济方面的特质。一切制度的作用也就为利用那种有形的财产和无形的权利。

中世纪城市的主要问题均和那财产权利的享受有极密切的关系。现代城市的一切职务直到以后才发生的。在中世纪城市中，没有公共的水源，没有公共的阴沟，没有公共的路灯，也没有公共卫生的设备；总而言之，凡关于现今城市政府所执行的一切职务，那时候是一概没有的。地方执政者所极力注意的却在于那种关于工商业方面的种种规则，极详细的极完备的规定人民方面的工业生活。凡在最初的时候就有享受特别权利的人民往往把这项权利看做他们和他们的子孙所单独享受的。参与这项权利是公民的特权，外来的人民很不容易随意加入他们的团体。公民的政治权利观念直到后来才发生的。城市的执政者非但详细规定了城市中工商业方面的种种事务，并且同时又是工商业方面的主要人物。有时候，城市对于一切出卖的货品，甚而至于有一种优先权利。中世纪城市的政策还有一个极奇怪的特点，他们处处想保护消耗者的利益，处处防止生产者的行动。各项货物的价值，和其出卖的地点及时期均有详细的规定。外国人民经城市执政者的特准后，也能享受城市市场上的买卖权利，但他们却时受执政者的监视，甚而至于他们所居住的地方，也是由执政者指定的。

现代所谓公民观念和中世纪的公民观念绝不相同的。在中世纪时候，所谓公民包含几种特别的经济权利，如同现今商业公司中股东有同样的情形。所以公民资格就变成一种可以出卖的，可以承继的财产权利，在许多地方，人民有了城市范围以内的土地所有权，或因曾经学习过一种有基尔特（Guild）组织的手艺，就能得到公民资格。凡一个社会中的会员资格可以由三种方法得到：第一，由祖宗方面承继下来；第二，由城市给与；第三，出钱买到。这种状况与中世纪城市政府的组织当有极大的影响。在最初的时候，市场的权利就是城市发达的原因；凡能享受市场权利的人民，在政治方面是完全平等的。但以后有一部分人民及其子孙把持了城市中一切经济上的权利作为他们私人的特权，中世纪的民治运动就受到了极大的阻力，万无发展的余地。从十二世纪以后，各城市就有寡头政体发生的趋向；到了十四世纪的初期，这种状况就很显明了。中世纪民治主义的失败，有两种主要原因：第一，一部分市民把持了城市的权利，对于那般新移入的人民，不给与他们同等的经济机会，所以他们在政治上也不能有同等的权利；第二，有几种较为发达的工业渐渐得到社会上的特殊地位，所以有几种特殊阶级就变成政治上的领袖。

第一种原因是很显明的。凡经济上的或政治上的特殊地位或权利当然和民治主义的原则有根本上不能容纳之处。第二种原因是和那时候所发生的基尔特有连带的关系。所谓基尔特就是雇主和工人的连合团体，是生产者反抗消耗者的组织。在每一个基尔特之中，各会员的地位是由他们个人的手术决定的，种种的特权是不能发生的。直到以后城市政府中的民治主义完全消灭了，基尔特中的民治主义还是继续存在了许久时候。基尔特和当时城市政府能够逐渐发生密切关系，只因城市执政者的主要职务是保障城市的经济权利，和鼓励工商业的发达；为执行这种职务，他们不得不时时和各项工业组织商议，并得其协助。现今各国城市政府，也往往咨询商会的意见，中世纪城市时常委托基尔特代拟解决各种商务问题的办法，也是极当然的。并且中世纪城市的主要职务又完全关于工业和商业两项，除此之外，绝对的没有别种职务。基尔特的组织又极其完备，他们对于工商业方面的一切情形，又知之甚详，他们从顾问的地位逐渐变成了这项职务的执政者，只是一个时间问题罢了。基尔特把持了城市的经济职务，其政治权力也同时增加，其余一切团体就不得不受其节制了。政权这样的变动后，城市政府的性质也就因之而更变了。

基尔特得到了政权后，其性质亦更改了，从此以后，这类的组织变成了一种极端的贵族式组织。利用权力把持城市中所有的工商业，确是一种无可抵抗的趋势。所以各基尔特就立即规定那会员资格为执行本行工业的要件。并且他们又极力取缔新会员加入。这也有两种原因：第一，为防止本工业中的拥挤；第二，为维持基尔特会员的价值。所以同样的经济势力，在最初时候，使中世纪城市变成一种民治的社会，现今一部份人把持了市场和工业上的特权后，就能推翻那民治式的组织，基尔特的贵族政体不久又变成了一种寡头政体。

基尔特领袖所享受的特权当然也是城市内部组织上更改的一种原因，但其主要原因却因当时商务的推广，人民对于城市事务的兴趣逐渐减少。人民专心注意到城市以外的商务发达事情，就无余暇顾虑到城市内部的一切事务，基尔特中的少数职员就利用了这样的机会，利用了他们的政权，把持城市中一切事务。其结果就使基尔特中极少数的会员变成城市真真的执政者。

少数人民这样把持城市政权发动的时候却是人民向外发展的时

代，他们所注意的地方完全在城市范围以外的一切经济和政治利益，所以他们对于少数人民把权行动，并没有反抗。十四世纪的末期是英国城市最发达的时期，那时候的城市还没有受到各种新运动的影响，如再生时代，或宗教改革，或新的商业制度，所以他们尽可以把全副精力注意到城市内部的各种事务，使城市尽量的发展。但在十五世纪，英国就经过了第一次工业革命。在从前，英国人民所用的衣料是由外国运来的，十五世纪以后，英国非但能供给本国人民的需要，并且尚有余力运出大宗的衣料。英国和外国设立了种种商务上的关系，人民的兴趣就不能限于城市的范围以内，他们均注意到城市范围以外的种种情形。人民的独立精神和个人主义的观念是很不利于地方制度的发展；人民能脱离城市而达到经济独立目的，他们和城市间的关系就不能如从前的那样密切了。人民能够不依靠执政者的协助而有自由发展的可能，从前城市生活那种活泼的精神也就从此消灭了。

第十五世纪是欧洲各国政治发展的时期，城市的独立权就无存在的余地。民族国家的发生时期是城市独立消灭的日子。所有一切的政权就聚集到国王手中，凡城市从封建贵族手中所争到的一切权利，也就失去，其地位就变成了中央行政区域的一种，和其余各级的行政区域没有什么区别之处。当时国王能够把城市作为行政区域，也有种种重要的理由。第一，在从前社会生活简单的时候，各城市尽可各管各的事务，与别的城市可以不发生什么关系。到了经济上和社会上各种事务发展后，有许多事情从前只是各地方的地方事务，现在却与全国发生关系了。为顾全全国的利益，为统一全国的行政起见，中央政府实不得不把各城市改为行政区域，由中央政府机关节制。并且那时候的人民亦愿意中央政府管理一切市政，因为中世纪末了的市政完全在几个强暴的贵族手里。在名目上，是城市独立，是城市自治；但在实际上，却是极腐败的极暴戾的寡头政体。人民想脱离这种暴虐的城市自治制度，已非一日。那时候国王的权力统一后，并有管理城市事务的能力，人民自然很希望中央政府执行一切城市方面的政权，他们也能因而得到一些公平的待遇。

第八章　现代城市的地位

古代的城市国家是完全自治的，中世纪末了作为行政区域的城市是完全不自治的；这两种的城市组织是暂时的，不是永久的。只有欧洲上古时代的情形，才能发生那城市国家；只有欧洲中世纪末了的状况，才能发生出第二种城市。以后社会上的情形更变后，这两种组织也不能适用了。必须有相当的新组织，才能适宜于社会上新发生的情形。这就是第三种城市发生的原因：城市的地位，从国家的行政区域变成地方的自治机关。

在十八世纪的末期和十九世纪的初期，欧洲的工业改革了，交通也方便了，所以大多数人民就渐渐的聚集到城市里去；人民众多之后，就发生许多新问题，为中世纪的城市所梦想不到的。欲解决这种新发生的问题，城市的政府必须改组，城市的职权必须加大，因之城市的地位又须改变。在十九世纪的时候，欧洲各国所订定那种关于城市的法律，均是增加其职权的范围，并改革其组织，使之能执行一切新发生的职务。

普鲁士于一八〇八年所制定的城市法律要算是第一次最重要的法律，普鲁士法律承认城市的双重地位：一方面是中央政府的机关，处理凡与全国有关的事务；又一方面是地方自治的机关，处理一切纯粹的地方事务。作为中央政府机关的时候，城市是完全在中央政府的权力之下；作为地方自治机关的时候，城市有自治的权力。普鲁士法律所规定的城市政府组织又极其适宜，使各城市对于各种纯粹的地方事务，有自由处理的余地。英国也于一八三五年制定同样的法律，改组城市的政府，并扩充其职权。从一八三〇年至一八八四年之间，法国政府制定了许多关于城市的法律，规定城市政府的组织和职权，使之能有地方自治权力，处理那纯粹的地方事务。意大利于一八八九年和一九〇三年制定了两种城市法律，扩充城市政府的权力，并承认城市是一种地方自治的机关。

美国的城市制度是抄袭英国的旧制。美国最早的城市政府要算纽约城。纽约于一六八六年从英王乔治第二方面得到一种市规约（Charter），组织其政府。在殖民时代，美国各处得到这样的市规约共有十七处。当时美国的市公约，和欧洲最初的市公约有同样的性质，就是契约的一种，由城市居民和国王双方订立的。美国独立以后，市公约就由各邦议会发给；直到十九世纪的中期，各邦议会均以特别法律的手续，制定各城市的公约。每种市公约均是邦议会对于某一城所制定的特别法律，只能适用于某一城。并且那时候美国的市公约又是根据于中世纪的观念，以为城市所最需要的是一种特别的市法庭制度。这就是美国最初的市公约所最注重的。实在说起来，这种市公约所规定的城市职权范围又极其有限：只有由那种特别设立的市法庭执行司法职权，公布警察章程，和处理城市公产的权利。除非得到立法部的特许，城市不得征收市税。城市的收入只有两种：第一，从市法庭所征收的种种罚款；第二，从公产方面所得到的种种收入。但各城市却有借债的特权，城市的欠债额如果太大了，他们往往采用各种各样的临时救济方法，如发行彩票等类，藉以偿还借款。

那时候城市方面的种种情形却时有更变，各种各样的新需要时常发生，城市政府职权的范围实不得不推广；否则，各城市决不能应付各种新需要，解决各种新问题。所以各城市就须时时呈请邦立法部，准其执行这项职权，或那项职权。在美国城市政府的初期历史，各邦立法部确实没有干涉城市内部事务的举动；凡立法部对于城市所制定的各项法律，大概均是由城市呈请的，或者得其同意的。但从十九世纪中间后，约自一八五〇年起，各邦立法部对于各城市，往往未得其同意，随意替他们制定各种各样的特别法律，随便干涉各城市的内部事务。从前那种把市公约作为契约的观念也就从此根本推翻了。各邦法庭又极力左袒立法部的行动；照法庭的观念，凡关于城市政府一切法律也只是普通立法职权中之一种，随时可以由立法部修改，无须得城市政府的同意。

美国各邦立法部这样的干涉城市事务，差不多剥夺城市所有自由权利，发生种种的弊病。城市为邦政府的代理机关的时候，当然须受邦政府的监督或节制；但城市为地方自治机关的时候，大可以自由行动，不必受邦政府的干涉。但这种职务的界限是很难分清楚的，并且在美国是向来没有分清楚的；所以各邦议会往往因干涉城市的第一种职务而牵涉到第二种职务上边去。

到了十九世纪的下半期，美国人民渐渐觉悟起来了，他们可以看出那邦政府无理干涉城市政治的种种弊病，所以就在邦宪法之内，逐渐加入限制邦立法部职权的条文。限制邦立法部对于城市政府方面的权力，有下列的两种：

（一）禁止邦立法部对于城市政府制定特别法律。

（二）在宪法之中，规定一个城市自治的范围，使城市政府能在这范围之内自由行动，不受邦政府的干涉；例如：

（甲）所有纯粹城市性质的官吏，邦政府不得任命。

（乙）如未得到城市人民的许可，邦政府不得随意把城市的街道或别种权利允许给人家。

（丙）城市有自行制定城市根本法律的权。

这是美国近来保障城市自治权利的方法。在特别的法律制度之下，邦立法部可以用一种法律组织甲城的政府，另用一种法律组织乙城的政府，并且又可以为几个人的私利起见，时时修改这种种法律。

凡关于城市的一切特别法律往往出源于不正当的主动力。邦立法部往往为私利所引诱，随时制定几种关于城市的特别法律，至于城市居民的利益和幸福，实不在他们议员们的心目中。为扫除这种弊端起见，各邦宪法大概均有禁止特别法律的条文。凡关于城市所制定的一切法律必须一律，必须通行于邦内所有的城市。但这一种办法也不是一种完善的办法。各城的大小不一，状况不同，一种划一的城市法律万难适用于一邦内所有各种各样的城市。所以这种划一制度通行不久以后，美国各邦就另外实行一种变通的办法，一方面可以不犯邦宪法上的禁令，又一方面可以免去那种划一制度的弊病。这个办法就是把一邦内所有的城市，照其人口数目的多寡，分成等级，凡在一个等级内的城市，须依照一种法律去规定其职权，组织其政府。但这种城市分类的法子，就是特别法律的变相，特别法律的流弊，完全不能免去。

美国各邦立法部对于各城市所制定的法律，大概均极其详细，极其完备，毫无伸缩的余地。这种情形是从前特别法律制度时代所遗传下来的。以后特别法律制度虽有宪法上的明文禁止，但立法部的立法方法未曾更改。所以就是在普通法律制度之下，各邦立法部对于城市所规定的政府组织及其职权，还是非常严格的详细，而各城市的特别需要实无应付的方法。因此，就发生那种变形的特别法律制度。因为这种种方法的失败（特别法律，普通法律和城市分类），近来美国又实行一种新的方法，叫做自治市公约制度。市民可以依照宪法或法律所规定，召集一个市公约会议，自行制定城市的自治市公约。

自治市公约制度是阻止邦立法部干预城市政治的最有效力的方法。在这种制度之下，城市可以依照宪法所规定的范围和手续，制定一种根本法律，这样制定的根本法规既可以免去那种普通法律制度的硬性，又能免去那种特别法律制度的弊病。各城市又能同时依照各该城市的特别状况，制定一种适宜于本城市的根本法律。这种方法的主要目的在于划分那种纯粹地方性质的和那种与全邦有关系的职务。对于那种纯粹的地方性质的职务，城市有完全自治的权利；但对于那种与全邦有关系的职务，就是在自治市公约制度之下，邦政府还有干涉的权力。例如城市的警察制度和教育行政，是属于邦政府的行政权力之下，所以邦立法部尚有干预的权力。

从前美国邦立法部干涉城市事务不单在于立法一方面。在十九世纪的中间，有几邦曾经以法律规定城市官吏的任命方法，例如城市中的警察长，消防队长均须由邦政府任命。但美国人民就觉得这样的办法是剥夺城市自治的权利，所以就在那宪法上规定了城市人民选择城市官吏的条文。

照上所述，美国城市的地位是和英国及欧洲大陆各国的城市不同的。在欧洲各国，宪法上对于立法部没有禁止的条文，城市是没有宪法上的保障的。城市所有保障只是中央政府的行政官吏不得武断的干涉城市事务。在这样制度之下，城市也许能有范围极大的自治权利。但这种自治权利并不是宪法上规定的，只是立法部所给予的。照欧洲各国立法政策，城市政府的自治范围确是很大的。在英国，城市政府的自治范围也是很大的。凡英国国会所给予城市政府的权力往往包括广泛的范围，并且其性质又是很普通的。美国城市虽有宪法上的种种保障，但其自治范围决没有像英国或欧洲大陆各国城市的那样广。这是因为两种原因：第一，美国城市的职权是列举的；第二，城市政府的组织是由法律详细规定的。

这是欧美各国城市现在的地位。所以城市自治这名词的性质只是一种有限制的自治。并且这个名词又有好几种意义。我们可以约略叙述城市自治这个名词的各种意义，作为本章的结论。

第一种意义是城市有选举城市官吏的权利。凡是城市政府的法律，或是中央政府在城市范围以内所施行的法律，均由城市居民所选举的城市官吏执行。这第一种城市自治制度在美国各邦中是很通行的。美国各城市的官吏大概是由城市选民选举出来的；各邦政府法律在城市或各地方上的执行权，完全在这般民选官吏手中。但在欧洲各国，这一种城市自治制度没有像在美国那样通行。

第二种意义是城市居民有权决定那中央立法部所制定的普通法律在各该城市之内能否通行。这也是美国所通行的城市自治制度。美国各邦宪法因有禁止特别法律的条文，邦立法部决不能依照各城市的特别状况，为他们制定各别的法律。凡邦立法部所制定关于城市的法律，必须通行于邦内所有的城市。但这种方法的不能适用是显而易见的。各城市的大小不一，状况不同，万难一致的依照几种划一的法律执行其职务。为救济这种困难情形起见，美国又有一种所谓Optional Law。Optional Law这个字的意义就是，“听凭选择”，所以这种法律在各城市中是否实行，听凭城市居民自由决定。这种法律也是一种普通法律，是为各城市制定的。但立法部制定后，这项法律暂不实行，必须俟城市居民多数决定去取后，方能在各该城发生效力，或不发生效力。

第三种意义就是上述的那种自治市规约制度。各城市可以依照宪法所规定，制定他们的根本法律，组织他们的政府。这也是美国式的城市自治制度。

第四种意义是城市人民有决定城市自治范围的权力。城市自治是一种有范围的自治，城市自治的问题就是各城市究竟能自治到什么样一个地位。如果各城市有权决定自治的范围，这城市自治问题就很容易解决了，各城市要什么样，就可以什么样。但城市政府的职务和中央政府的职务往往是很不容易分开的。有许多事物在一个时期是属于城市政府的，和全国没有什么关系，不过到了交通便利，商务发达以后，就与别的地方有连带关系发生了。中央政府为保护全国人民的利益起见，万万不能听各城各自为政。关于这样的事务，中央政府实有不得不干涉的趋势。城市如果真能决定其自治权力的范围，那末，城市就恢复到古代城市国家的那种状况。但在现今的情形之下，这种独立的城市制度是万难实现了，所以这第四种的城市自治制度是决不能通行的。

总而言之，现今的城市自治只是一种有限制的自治，就是在一定的范围以内，处理那种纯粹的城市事务。只有关于那种纯粹的城市事务，城市政府才有自治的权力，可以不受中央政府的干涉。但同时城市又是中央政府的行政机关，代理中央政府执行一切和全国有关系的职务。为行政上的统一起见，为顾全全国人民的利益起见，中央政府实不得不有监督的权力。这就是现代城市的地位。

第九章 城市和国家的关系

在历史上各时代，城市和国家的关系是时时更变的。古代的城市是完全独立的，在城市的范围以外，并没有别种权力；城市即国家。罗马城并不是罗马帝国所设立的，罗马城却是罗马帝国的主人翁。在欧洲中世纪政治扰乱时代，城市又得到了他们的地方自治利权。这是叫做自由城市时代，当时的城市虽也得到完全的政治独立权，特别是那意大利半岛和欧洲西北部的城市，但他们的地位并不像古代的城市国家。他们对于城墙范围以外的区域，并不像古代巴比伦，雅典，罗马等那样的有管理权力。城市官吏的权力只能达到城市的界线为止。中世纪自由城市的权力是由外界给予的，古代城市国家的权力是内部发生的。但中世纪城市得到了他们的自由权之后，外界势力却不能干涉其内部事务。各城市的自治权实非常完备。欧洲中世纪时代是政治的分权时代，各城市争到了他们自己的特权以后，只知顾虑他们自己的利益，万万想不到其余的城市或团体的利益。所谓民族的福利观念是没有人知道的。直到了十六世纪以后，民族主义的精神才发生，国王的权力才增加，而各城市就逐渐的受中央政府的统治了。那时候在欧洲大陆各国，这一种中央集权的势力是非常之大，当时城市的自治权差不多完全消减。

但在英国，中央政府和地方区域的关系却没有这样的一种更变。这是因为英国城市的民治主义根深蒂固，很不容易打破。又因为英国国会发达最早，确能保障人民的公民权利。国王屡次与国会冲突均归失败。所以欧洲大陆各国的城市自治权早已消减，而英国城市独能保存他们古代的自由权，直到一八三五年。

在表面上看起来，欧洲大陆各国城市失去了他们的自治权，确是一件不幸的事。但从根本上着想，城市受中央政府的统治，不一定受中央政府的压制。各国中央政府以后逐渐向民治主义一方面发展，他们对于各城市亦逐渐采取宽容的态度，并且处处为城市设法，务使各城能自由发展，达到其最大限度的福利。法国革命并没有使各城市脱离中央政府的保护，但从此以后，各城市管理本地方事务的权力，确实增加了，并且又有法律保障了。美国革命使新大陆各城市直接受各邦立法部统治，但从此以后，各地方政府的组织却较之从前良好的多，大部分的市民均有参与市政的权利。在英国，十九世纪初期的那种种改革虽则取消了各城市的特别权利，并使各城市直接受国会的统治，但全国市政却从此统一了，并且各城市政府的组织亦适合于民治主义，非从前那种陈旧制度所能比得上。

普通人民往往有一种错误的观念，以为城市在中央政府的统治之下，往往被中央政府所压制，使中央政府发生专权的行动；并以为城市的民治主义只能从城市本身逐渐发展出来，决不能由中央政府鼓励出来。但历史方面的事实却与这种普遍观念完全相反。中世纪下半期的自由城市有了绝对的自治权利，以后就发现一种自私自利的城市寡头制度；英国城市未受国会的统治之前，差不多变成几个少数贵族的私产；殖民时代的美国城市有很大的自治权利，决非美国现今的城市所能比得上，但当时城市中的一般小百姓却没有参与城市政治的权利。所谓城市的民治主义确是从城市受了中央政府的统治以后才发现的。

十九世纪是城市法典时代。各国对于城市的种种法典均于这时代制定的。当时各国的中央政府均承认一种根本原则：凡一国的城市，不论大小，均须以同样的方法治理的。法国于一七八九年首先实行这种政策，当时法国几千个城市均采用一种统一的城市政府组织。普鲁士于一八零八年也使全国的城市采用一种统一的城市政府组织。同时意大利和西班牙，受了拿破仑的影响，对于他们的城市也照样办理。英国于一八三五年制定他们的城市法典，使全国城市受同样的待遇。在以后的四十年之内，美国各邦政府也实行普通市规约制度，一方面禁止那种特别市规约制度，又一方面扩充城市职权的范围。

照现今各国的制度，中央政府有两种方法，规定城市的职权，并确定城市和中央政府的关系。第一，中央政府能将一切普通职权，概括的给与所有的城市。换言之，中央政府把一切关于地方事务的职权，完全给与城市官吏执行。例如法国一八八四年的城市法典规定："市议会执行城市事务。"这是一种范围最广泛的条文。法国和欧洲大陆各国的城市法典均是非常广泛的；一种法典适用于全国所有的城市，并且各法典又不规定种种详细条文。但各城市有了这样无限制的大权，有时候也易于发生种种弊病，各城市或者只顾自己私利，而不顾别城的利益，或者甚而至于利用其无限制大权，侵犯别城的权利；因此，欧洲大陆各国同时又采用一种防御的方法：就是，各城市的大权非预先得到中央政府的监督机关或省长同意后，不得执行。这是欧洲大陆各国所通行的方法。

第二，中央政府能给与城市几种特别职权，列举在普通的城市法典或特别的市公约之内。城市所能执行的职权只限于这个范围之内。城市的行动如出了这个范围之外就作为非法，不能发生效力。有时候就在法律上所列举的范围之内，城市也得预先得到中央政府机关的同意，方能执行某种职权。城市如有不得已的情形，必须执行那法律上所未曾列举的职权，只有呈请立法部，得其同意，并另由法律规定后，方能执行该项职权。英国及其自治殖民地，美国各邦均采用这第二种方法。这两种方法的区别是很重要的，我们须将各国城市与中央政府的关系约略叙述，藉以明白这两种方法的来源，及现今的情形。

我们先讨论法国城市与中央政府的关系。

从一千八百年起，拿破仑的行政改革大计画实行后，法国中央政府和地方政府的关系永未曾有过根本的更变。在这一百多年之内，法国的政体改了又改，忽而帝国，忽而君主国，忽而共和国，总共改革了六次之多，但拿破仑的中央集权制度的根本原则却保守到现在。地方行政的方法时有更改，法律上的字记也有更改，但其根本原则却永未更改。拿破仑于一八一五年失败后，拿破仑的城市政府制度却继续存在，未曾经过根本上的更改。在一八三十年，因受民治运动的潮流，法国对于各城市亦不得不让一步，当时的改革是把市议员改为民选的，但市长和副市长还是由省长从市议员中选择，呈请中央政府任命。一八四八年革命时候，各城市又得到一些地方自治权利，但不久拿破仑第三做了皇帝以后，其中有几种权利就立即取消。从一八五二年至一八七十年是法国第二次帝国时代，当时中央政府对于城市采用极严格的政策。在每一个法国城市，人民虽则采用普通男子选举制度，选举各该城市的市议员，但城市行政的实权却在市长和副市长手里，市长和副市长是中央政府任命的，不是民选的官吏。当时市议会的职务只是批准那市长和别种行政官吏所提出的计画而已。直到第二次帝国推翻时候，法国城市的政治生活确是毫无生趣的。

在一八七一年，法国第三次共和政府成立后，就想恢复城市自治的精神。但法国的政局却非常不稳固，中央政府对于各城市实不得不严格的监督；所以第三次共和政府的恢复城市自治计画亦不能完全实行。只在那种小城市之中，市长和副市长改为由市议会选举，直到了一八八二年，各大城才得到同样的权利。但各省省长还是同从前一样，代表中央政府，执行监督城市的职权。

现今法国城市和中央政府的关系是由一八八四年的城市法典及其修改案所规定的。法国城市法典是一种普通法律，适用于全国所有的城市，唯巴黎除外。在法文之中。城市是叫做Commne，这是一个极广泛的名词，无论极小的乡村或极大的城市除巴黎之外均笼统叫做Commne，全国共有三万六千个。在法国宪法上并没有明文禁止立法部干涉城市事务，或制定种种城市的特别法律，但法国立法部却没有这样举动。这是因为法国人民的公意总不愿意使各城市受立法部各别的待遇。总想使各城市在法律上立于同等的地位。法国立法部就被这种公意所限制，不至于像从前美国各邦立法部的那样随意制定种种城市的特别法律。法国城市虽没有受立法部的无理干涉，但同时却受中央行政部方面严格的监督。法国城市却没有那美国城市所享受的自治市规约权利。照法国城市法典所规定："地方官吏有管理本地方事务的权力"，但同时却有种种的限制，地方官吏决不能自由执行其权力。并且法国政府的中央集权制度，种种监督地方政府的机关，均非常完备，实非德国，英国，或美国所能比得上。

法国最高的监督机关是中央政府的内务部。内务部部长是内阁中的一个阁员。法国内部虽则时时改组，内务部部长时时更换，但部长的更换却与中央监督地方政府的制度毫不发生关系，因为这项职务完全由那般永久的部员执行，并且大都又是例行公事，决不能因内阁的更动而改变政策。

内务部只执行一部分的监督职权，大部分的职权还是在各省省长手里。法国全国土地分做八十九省，每省的行政长官就是省长，由内务总长呈请总统任命。但各省省长并不因内部的改组而同时更换。省长是一种事务官，由下级行政官升任上来的。关于城市政府方面，省长的职务是非常繁重。市议会开会的日期是由他定的。他又能停止市议会开会，并能呈请总统，罢免市议员。城市预算案上面所列举的条款，每条须得他的同意后，方能发生效力。关于预算案上收入的条款方面，他能增入新条款；惟关于费用的条款方面，他不得增加新条款。市议会如果不能通过预算案，省长能以命令公布他所拟定的预算案。法国法律并未规定城市的负债限度，城市所拟发行之公债计画，每次须预先得省长的同意；如债额太大，并须得内务总长的同意。除此之外，还有关于种种其余事务，市议会的议决案，必须得省长的同意后，方能发生效力。

法国各城虽有选举地方官吏的权力，但有几种城市官吏却由省长或内务部任命的，其中最重要的是市会计，由市议会提出三人，呈请省长选择一人任命。警察官是由市长任命的，但须得省长的同意。地方行政是由市长和副市长负责；但关于警察，消防，道路等事，他们只是省长的代理人，他们所议决的能随时被省长所否决。并且内务部和省长公署均是永久的机关，市长是民选的官吏，有一定的任期，所以城市的官吏决不敢不服从内务部和省长公署的命令。这是法国城市和中央政府关系的大概情形，我们再讨论普鲁士的情形。

普鲁士城市和中央政府的关系是由一八五三年的城市法典所规定的。欧战以后的革命虽改变了城市政府的组织，但城市和中央政府的关系却未更改。在一八〇八年以前，普鲁士城市没有什么自治权力。市长和市议员大都均是由国王任命的。市民完全没有选举他们官吏的权力。城市中的种种优差美缺均由国王分配给他的宠臣或年老的军官。国王又往往把城市财产，看做他个人的私产，派他自己的私人去管理。并且那般在城市居住的政府官吏和军人均不受城市政府的统治，同时又可免除一切的市税。市政的腐败总算达到极点，而一般市民亦毫无生趣，不能有所作为。所以在一八〇六年时候，法国拿破仑打进普鲁士，市民绝对不觉得有什么丧权辱国的羞耻。在法国占据时代，普鲁士城市的自治权反而有增无减。有许多城市采用了那法国的地方政府制度，市议会由人民选举，市长由中央任命。当时柏林的市政是在一个间接选举的委员会手里。

在这样状况之下，普鲁士政府亦知非从根本上改革其政治，万难救济当时的危局。市政的改革也是当时改革计画中的一部分。在一八〇八年十一月十九号，普鲁士政府就公布一种城市法典，适用于全国所有的城市。照这法典所规定，每城市人民能委托他们的民选官吏，执行城市方面所有的职务，惟警察权和司法权还是由国王保留。普鲁士城市就从此有了很大的自治权，人民对于政权的观念就大大的更变了。但当时那般守旧分子总觉得这样自由的政策不大妥当，极力想法运动恢复中央政府对于地方的权力。这种运动的结果就于一八五三年修改一八〇八年的法律，恢复了许多中央政府的权力。照这新法律所规定，市民不能像从前那样有平等的秘密投票权，市民须依照纳税的多寡分成三个阶级。每个阶级的投票权等于全部票额的三分之一，这就叫做三级制的投票方法。当时多数市民对于这新法律非常不满意，所以在一八五四年柏林选举的时候，只有百分之二十选民到选举场上投他们的票。

但我们平心而论，这一八五三年城市法典所规定的自治权范围也非常广泛。城市官吏有自由执行他们城市事务的职权，法律并未严格的规定他们职权的范围，也未明定中央政府的监督权。只有警察和司法两种职权不在城市自治权范围之内。但在德国，警察权这个名词的解释却非常广泛，非但包括保护地方的治安，并且还包括禁止一切扰害个人或公共安宁的举动。照这样的解说，警察权差不多是一种没有限制的权力，中央政府能藉口执这警察权，继续不断的干涉城市事务；因为无论什么事都可以说是有害于个人或公共的安宁。所以从一八五三年起，直到一九一八年的革命止，中央政府逐渐推广其职权。在十九世纪的下半期，各城的公共卫生，房屋建筑，公共建筑物，市场的管理，甚而至消防等事务，均归中央政府执行。普鲁士城市法律虽没有修改，但在十九世纪，普鲁士中央政府对于城市的监督权却大大的增加。这是全靠警察权这名词的广义的解释。

一九一八年的革命虽则约略更改了城市政府的组织，和行政方法，但各城市却并未因这次革命而脱离了中央政府监督。中央政府还执行城市方面的警察权，警察权的范围还同从前一样的广泛。将来普鲁士的政局平静后，新政府的地位牢固后，中央政府也许能约略放松这种监督权。

法普城市的职权是概括的，英美城市的职权是列举的。英国的情形非常繁难，举凡城市政府的职权，及城市和中央政府的关系，均不像法普那样的规定在一种法典之中，却分散于种种普通的和特别的法律之中，非常不容易确定。并且英国政府中有很多的机关均有监督城市的权力，而许多机关无论采用严格的或松泛的政策，他们的行动却万难预先料定，各城市的一举一动势必至于受各方面的监督和指挥。

英国政府监督城市的权力是一步一步，经过好久的时候，才由国会规定了种种的法律而确定的。这种法律又可以分作好几类：有几种是普通的法律，把执行一项职务的权力详细规定，各城市须受中央政府的监督而依法执行，例如一八七五年的公共卫生法律，和一九一八年的教育法律。还有几种法律不是普通法律，国会将此项法律制定后，各城市还有选择的权，如市议会以三分之二的同意票采择后，该城市才能执行此项法律所列举的职权，惟同时也得受中央政府机关的监督和指挥。这两种法律，和其余一切习惯和先例的势力，使英国政府对于城市行政方面种种事务有极大的和极严格的监督权。

除此之外，还有一种特别事实更使英国城市时时依靠中央政府。英国城市的职权是列举的，所以凡有新问题发生，城市政府须执行一项新权力，必须呈请国会，得其同意，以法律规定。国会往往把城市的请求书交付中央行政机关，如卫生部，商部，或内务部，审查报告。所以各行政机关对于各城市的请求书差不多有一种否决权。并且各行政机关对于各城市另外还有一种命令权，叫做临时命令（Provisional Orders）。这是英国的特别制度，欧美其余各国都没有的。临时命令就是行政机关的命令，与法律有同等的效力。卫生部，商部，交通部，内务部，教育部，和农部均有颁布临时命令的权力。这种制度确是一种补救的方法，英国城市这样多，各城又时须呈请国会增加这项职权或那项职权，国会的时间有限，那能去详细考察各请求书的利弊。为手续上的便利起见，国会就给予行政机关颁布临时命令的权，使各城市与行政机关直接办理。中央行政机关和城市间的关系也能因之而较为接近。如果一个城市须发行公债，或扩充自来水的设备，或创办电灯厂，或设立贫人院，或举办其余各项事务，市议会就可以呈请中央政府中有关系之一部。该项请求经行政机关审查后，或批准，或否决。如经批准，行政机关当即颁布行政命令，城市立即可以举办。临时命令以后还须经国会的追认，但此层只是一种照例文章，国会总是追认的。

所以英国城市在形式方面是受立法部的监督，但在事实上却受中央行政部的监督。立法部监督城市的权力并未减轻，但在这五十年之内，中央监督权的推广完全在于行政方面。各城市也承认中央权力的推广，中央官吏执行其权力时，差不多没有和城市官吏发生过什么重大的冲突。

在欧洲各国，中央对于城市的监督权，无论是立法的或行政的，严格的或松泛的，总是一致的。全国城市总受一致的待遇。但美国的情形却与欧洲完全不同。美国城市和各邦政府的关系极不一致。美国共有四十八邦，各邦各有各的制度。但美国各邦却也承认一种根本原则：就是各城市的权力都是由邦政府给予的，城市本身绝对没有天生的自治权利。这是美国城市法律上的根本原则。但各邦政府对于各城市也不能为所欲为，使城市绝对的受其节制。美国各邦政府的行动却为三种重大势力所限制：第一，宪法上的限制；第二，习惯的影响；第三，公意的势力。

美国各邦政府对于城市的自由行动权须受（一）联邦宪法的限制，（二）各该邦宪法的限制。美国联邦宪法中有人民自由权利保障的规定。例如私有财产权非有适当的赔偿不得收为公用，人民财产权非依法不得剥夺，凡在一邦区域内居住的人须受法律的平等保护等类。凡各邦政府所不能执行之权力，决不能委托各城市执行。例如各邦政府不得允准各城市取消其债务，或随意武断的规定各项物价。

各邦宪法中的限制较之联邦宪法更加重要，更加繁多。在最初的邦宪法中，这种限制是很少的，往往关于城市政府方面，邦政府的权力差不多完全没有限制。到了十九世纪中期，邦宪法中限制邦政府干涉城市事务的条文就逐渐加多了。在这五六十年之内，凡邦宪法修改一次，这样的条文总是增加了多少。邦宪法中限制邦政府干涉城市事务的条文种类繁多；有许多是关于市公约的形式及其制定的方法，有几邦禁止特别市公约制度，有几邦规定普通市公约制度，有几邦禁止邦政府武断的修改市公约，还有几邦保障市民自行制定市公约的权利。

除了这种种成文的限制之外，美国还有人民的公意也能限制邦政府对于城市的行动。美国人民的公意向来反对邦政府武断的干涉城市事务。他们的主张是一种不干涉主义。各政党如果抱了自私自利的目的，干涉城市事务，定必受人民的攻击。这种公意的势力确是很大的，所以美国城市也确能保守他们的自治权。

总结以上所述，我们可以说：在现今时代，城市是受中央政府节制的。除了德国 Hamburg，Bremen,，Lübeck 之外，从前那种所谓自由城市早已没有了。在欧洲大陆各国，各城市的职权均一致的规定在一种城市法典中，其范围是很广泛的，但行政部却有监督城市的权力。在美国，各城市的职权是列举的，并且又不是一致的，中央监督城市的职权是在立法部手里。英国的情形是在于欧洲大陆各国和美国之间。各城的市公约是一致的，但其职权却是列举的。中央的监督权在形式上是在国会，在事实上是在行政机关。

这是欧美各国城市和中央政府关系的大概情形。

第十章　欧美各国的市公约

市公约就是城市的根本法律，凡城市和中央政府的关系，城市政府的职权及其组织，均规定于此种根本法律之内。换言之，市公约差不多和国家的宪法有同样的性质；简单一句话，市公约就是城市的宪法。从前中国的城市是没有市公约的，各城的政府没有一定的组织，城市的职权也没有确实的规定。市政方面的职权有完全在绅董手里，也有归官立的市政公所管理，也有属于警察厅的。前清时代所公布的城乡镇自治法和民国时代所公布的市自治制虽有市公约的性质，但各处的市政到了现在还是极其纷乱，市自治的目的尚未达到。

欧洲古代和中世纪的城市也是没有市公约的。古代的城市大都是独立的城市国家。中世纪的城市大都是作为国家的行政区域，和乡区同样的待遇，没有什么特别的权利。直到了十一世纪的时候，有几个城市的人民才得到几种特别的自由权利，这种种自由权是规定在一种公文之内，叫做公约（Charter）。但当时的所谓公约和以后的市公约却有不同的性质。最初的公约并不是永久的，市民只能在某人当权时代享受某几种特别权利，如公约中所规定者；以后当权人更换了，或朝廷更换了，这公约也即因之而取消。所以中世纪城市往往在新君继位时候，要求他继续承认该城市旧公约中所规定的种种权利。

现今欧美城市均有一种法团的资格，在法律上，有一种特别的地位，并有种种的特权。这种观念直到了第十四世纪时候才发生的。城市居民或居民中一部分组织一个法团，同时得到几种特别权利，这就叫做城市的注册（Incorporation），注册的证书就是这公约。从此以后，城市就变成一个法团，有他的关防，能制定种种规则，能保守财产，并能在法庭提起诉讼及被诉。这就是市公约的起源。

欧洲最初的市公约是由君王，或由封建贵族发给的。君王或贵族可以细查各城市的特别情形，为各城市制定一种特别的市公约，各城市的权利亦彼此不同，不是一致的。这种特别市公约制度盛行于十七世纪和十八世纪时候的欧洲大陆各国，英国和美洲殖民地。但在一七八九年，法国的革命政府取消了这种特别市公约制度，使全国城市立于同等地位，享受一种同等的权利。这就是普通市公约制度的起源。以后普鲁士在一八零八年，英国在一八三五年，美国各邦在十九世纪下半期，也同样的实行这普通市公约制度。

在十九世纪，欧洲各国均实行这普通市公约制度，各城市的组织是一律的，各城市的职权是同样的。但在美国，市公约制度共有四种：

（一）特别的市公约制度；（二）普通的市公约制度；（三）自治的市公约制度；（四）选择的市公约制度。

特别的市公约制度是最古的一种制度。在欧洲各国，特别市公约制度早已废除；但在美国，有几邦还采用这种制度。照特别市公约所根据的原则，城市只是国家的一部份，是为便利执行政府职权而设立的，是没有自治权利的。各城各有种种的特别问题，必须由中央的立法机关各别的注意，各别的解决。所以每一个城市必须从立法部方面得到一种适宜于各该城市的特别市公约，没有两个城市的市公约是完全相同的。特别市公约制度的优点在于使各城市能依照其各别的状况，采用一种各别的组织，执行种种各别的职务。但其缺点却也甚多：第一，使中央立法机关为讨论各城市的问题，废去了很多的时间；第二，使立法机关随时随意干涉城市事务；第三，使各处的市政制度不能统一。

制定特别市公约的手续大约如下：第一，先由城市执政者，或市民团体，或市民拟定该城市公约草案，呈请立法机关。立法部即依照普通的立法手续，将该草案交付审查会，审查完结后，由审查会报告立法部，再由立法部通过或否决。

市公约草案如经立法部通过后，能立即实行，或尚须经城市人民投票表决后，才能发生效力。在这二十五年之内，美国城市人民对于那种特别市公约大都均有表决去取的权力。

欧洲各国均采用那普通市公约制度。除了京城之外，各国的城市，无论大小，均依照一种普通的城市法规而注册的。各城并没有各别的特别市公约，惟普通城市法规中所规定的一切权利，各城均能同样的享受。但各城的大小不一，情形不同，各城决不能严格地采用同样的组织，执行同样的职务。各城虽根据于一种共同的普通城市法规而成立的，该法规中的各条文，各城均须同样的遵守，但各城的政府组织却不是完全一致，各城的职权也不是完全相同的。欧洲各国的城市法规是很柔性的，其中往往规定某种城市能有较大的市议会和较多的市行政官吏。各城的职权均一致规定在城市法规之中，但立法或行政机关却又能加给各城市某种特别职权。这种情形又以英国为更甚。英国城市的职权只有一小半是根据于普通城市法规，一大半却是根据于立法部的特别法律和各项行政命令。英国城市的职权不是一致相同的；法国德国和意大利城市的职权也不是一致相同的。这是因为在欧洲各国中央监督城市的权力是在行政机关手里，不像在美国这项权力是在立法机关手里，所以欧洲各国对于各城市能依照各处的情形自由处置，对于这一城应当松一些，对于那一城又应当紧一些，任凭行政机关准酌办理。在表面上看起来，欧洲各国城市的职权是一致的，但在事实上，有几个城市的职权却较多于其余各城市。

在美国，特别市公约制度盛行于殖民时代和革命以后的几十年。在十九世纪的中期，因为各邦立法部时时干涉城市内部的事务，有几邦就在宪法之内禁止特别市公约制度，并规定邦内所有城市须受普通法律的同等待遇。到了十九世纪的末期，美国差不多有二十多邦的宪法均有这样的规定。从此以后，这几邦的邦议会均须制定一种普通的城市法律，凡邦内各城市的职权，及其政府组织，均须依照这普通的城市法律所规定的。邦议会如果制定什么关于城市的法律，这类法律也须通行于邦内所有的城市。但各城的种种状况决不是相同的，各城也须有各种的特别需要，一种划一的普通城市法律，万难适用于一邦之内所有大小不一，情形不同的各城市。所以那种严格的普通市公约制度在美国早就觉得不能适用，而各邦议会也早就想出一种办法，一方面可以不犯宪法上的禁令，又一方面可以免去那种划一的普通市规约的弊病。这个变通办法就是城市分类的方法，把邦内所有的城市照其人口的多寡分成等级，凡在一个等级内的城市，须照一种普通市公约，规定其职权，组织其政府。但这种办法就是特别市公约的变相，特别市公约的弊端完全不能免去。因为邦议会如想为某城制定一种特别法律，只须把邦内城市分成等级，而使某城属于一个特别的等级。例如在法律上规定凡人口满十万而在某河流域之旁的城市为一类，凡有邦立大学之城市为一类，凡有一百尺广阔之街道其名为“林肯街”之城市为一类，邦议会为此类城市所制定之法律，在形式上是普通的，是适用于这一类中所有的城市，但在事实上却是特别的，只适用于这一类中单独的特别城市。

在美国，普通市公约制度永未发生过很好的成绩。这是因为美国各邦立法部，不像欧洲各国的立法部，永没有依照这种制度的精神办理。他们极力想法避去特别法律的形式，同时却制定种种变形的特别法律。普通市公约制度只是一种有名无实的制度。但普通市公约制度的失败却也不能完全归咎于那邦议会，美国城市种种需要和种种问题的复杂实较欧洲各国城市为更甚，决不能采用一种一致的解决方法。在一邦之中，有好几百万人口的大城，有几千人口的小城，这两种城市万难适用一种共同的法律。就在欧洲各国，最大的城市也往往作为例外，不受普通城市法规的限制。欧洲各国又采用行政机关监督城市的方法，所以这普通市公约制度很有伸缩的余地。

总而言之，普通市公约制度如果有什么优点，这种优点也只是消极的，不是积极的。最重要的优点就是禁止立法机关随便干涉城市的内部事务，并使立法部不至于为讨论城市方面的事务而废去极多的时间。这种优点都是消极的。普通市公约制度决不能使城市自动地提出其所需要的适宜的市规约；普通市公约制度只规定了一种划一的城市组织，使各城市不能试验种种新的制度。城市决不能从积极方面创制种种新的政治制度和政治方法。

三十年前，美国纽约邦宪法（一八九四年）中规定一种办法，希望保持那普通市公约制度的优点，同时免去其缺点。纽约宪法把该邦城市分为三种等级，立法部能随时制定种种法律，适用于某一等级内所有的城市。当时的制宪者明晰各城市各有各别的状况，就在一级以内的城市恐亦很难适用共同的法律，所以更进一步，在宪法内加入一条条文：立法部能专为某城或某一等级中的几个城市制定一种法律，惟该议案经立法部通过后，须交付各该城市的执政者表决；如得城市执政者的赞同，该议案方能送交省长，由省长签字或被否决；如经城市执政者否决后，该议案非经邦议会第二次经过后，不能发生效力。照这种办法，各城对于邦议会所制定的特别法律就有一种否决权。纽约城市确能因之而得到一种保障，抵抗立法部的干涉。但这种办法也只是一种消极的方法，使立法部不能随意干涉城市事务，不是一种积极的方法，使城市能自动地提出适宜的市公约，自行制定。从一八九四年后的三十年之内，纽约立法部否决了很多城市所提出的市公约，阻止市政的进步。立法部对于城市所提出的议案的否决权，较之城市对于立法部提出的特别法律的否决权，更为有效。

在一九〇四年，美国意利诺哀邦（Illinois）也采用一种相同的方法，禁止立法部以特别法律干涉城市事务。照这一年的宪法修改案，凡关于芝加哥城（Chicago）所制定的特别法律，非经该城选民承认后，不能发生效力。当时人民对于这样的办法均有一种极大的希望，以为从此以后，芝加哥就能达到自治的目的，决不能像从前那样，处处受立法部的干涉；但当时人民所期望的目的却到了此刻尚未达到。

从一九零四年以后，凡芝加哥人民所不要的法律，他们可以不承认；但他们所需要的法律，却也不能得到。市公约的修改变成极难办到的事。立法部不愿意制定芝加哥人民所需要的法律；芝加哥人民也不愿意承认立法部替他们制定的法律。在这二十年之内，他们只承认了三四种特别法律。

在十九世纪的上半期，美国城市的组织很受美国联邦政府组织的影响。最显而易见的就是两院制的市议会，城市行政和立法职权的分立，市长权力的扩充。但美国政体中最重要的特点——联邦政府和各邦政府的分权制度——却没有影响于城市方面。照美国联邦宪法所规定，各邦自治的范围是很大，各邦在联邦宪法上所规定的范围以内，有完全的自治权，联邦政府绝对不能侵犯，不能干涉。只有那种与全国有关系的事务由联邦政府执行，其余一切的事务均由各邦各自执行。各邦和城市间的关系，为什么不采用同样的原则呢？各邦宪法为什么不依照联邦宪法的办法，把那种与全邦有关系的事务归邦政府管理，把其余一切事务归各城各自管理呢？这样的办法实在也是很合理的。城市确是全国政府的基础，是一种很重要的政府。

直到了一八七五年，美国才有划分城市和邦政府职权的行动，使城市自行规定其政府组织，并自由处置其内部事务，不受外界的干涉。这就叫做自治市公约制度，是发源于密沙而立邦（Missouri）一八七五年的宪法。当时密沙而立邦最大的城市是圣路易（St.Louis），只因为邦议会时时干涉其内部事务，所以该城市的市政极其腐败。圣路易市民想改革他们的市政，就在当时宪法会议中提出一个根本办法，把城市和邦政府的职权划清，禁止邦议会干涉那种纯粹的城市事务，并使城市人民能举出一个市公约会议，自行制定其根本法律。但从当时人民的眼光中看起来，这样一种办法未免太激烈一些，如果实行之后，将来圣路易的政权未免太大，就是关于那种与全邦有关系的事务，恐怕邦政府亦难以监督。因有这种原因，所以提议此案的圣路易代表又在原案之中加入一条："虽有自治市公约的条文，邦议会监督圣路易的权和监督别城的权一样。"有了这一条修正的条文，此案就通过了。新宪法成立后，圣路易市民就照宪法的规定，举了十三个市公约起草委员，自行制定其市公约，市公约草案经城市人民投票表决后，就发生效力，不必经邦政府任何邦机关的批准。照密沙而立宪法的规定，凡超过人口十万的城市均能同样的享受自治市公约权利。

密沙而立自治市公约制度实行后，不久别邦也就模仿了。第一个受影响的是沿太平洋口岸的加利福尼邦（California）。加利福尼邦各城市的经验是和别邦城市一样的，邦议会时时想法子避去宪法上的禁令，极力干预各城内部的事务。在一八七八年，旧金山（加利福尼邦中最大的城市）的市公约共有三百十九页之多，但在最初时候，这市公约只有三十一页。这是因为邦议会为几个议员的私利起见，或为党派的关系，每年总要在市公约之内加入几条，剥夺城市的权利。旧金山的市政被几个政客闹得完全不成个样子。在一八七九年加利福尼邦正在修改宪法时候，有几个人想到自治市公约制度，想把这制度救济他们的城市，所以当时就把议案提出来。只因为当时反对派的势力非常之大，所以同时又加入一条修正的条文："自治市公约由人民议决后，当呈请邦议会核夺，邦议会只能否决，惟不得修改。"有了这样一种限制，自治市公约原案就通过了。照加利福尼邦宪法所规定，凡超过十万人口的城市均有自行制定市公约的权利。这条宪法以后又修改了数次，把这种权利推广到超过三千五百人口的城市。所以在加利福尼邦，大半的城市均能享受自治市公约的权利。

从加利福尼邦，这自治市公约制度又推广到华盛顿邦（Washington）。在一八八九年华盛顿邦正在制定宪法时候，大多数人想把加利福尼邦宪法来做一个模范。这是因为华盛顿邦内的人民大半是由加利福尼邦迁移过去的。加利福尼邦宪法之中为他们所特别注意的就是这自治市公约制度。当时自治市公约制度的议案是由城市组织委员会提出的，但什么样的城市才能享受这样权利却是一个很难解决的问题。城市组织委员会主张把这样权利给予那种超过两万五千人口以上的城市。但华盛顿是一个新邦，人口非常之少，当时全邦恐怕没有一城有这样多的人口，所以有许多人主张把这人口数目减少到一万五千。同时还有人主张把这种权利推广到那种超过五千人口的城市，还有人主张推广到邦内所有的城市。经了许多的争执，以后才规定：凡超过两万人口的城市方能享受这种自治权利。

第四邦允许城市自行制定他们的市公约的是米尼所达邦（Minnesota）。米尼所达在一八九六年修改宪法的时候，就把这自治市公约制度加入在宪法之内。这一邦的自治市公约制度和别邦的制度稍有不同：第一，邦内所有城市均能享受这项权利；第二，自治市公约会议的会员是由地方审判厅法官任命的，不是由人民选举的。

十九世纪末了的二十五年是美国自治市公约制度的发源时代。在这几年之内，人民对于这种新制度并不十分踊跃，一共只有四邦给予城市自行制定他们市公约的权利。不过到了二十世纪，这自治市公约制度就推广得非常之快。在这世纪起初的十二年，一共有八邦加入这种新运动，其中有四邦是于一九一二年这一年之内加入的。从一九一二年以后，这自治市公约运动又停顿了，在这二十多年之内，只有一邦采用这制度。所以此刻美国共有十三邦实行这自治市公约制度，其中只有一邦是在东部，一邦是在南部，其余都在中部和西部。今将美国采用自治市公约的邦名及其采用的时期列举如下：

年　代	邦　名
一八七五年	Missouri
一八七九年	California
一八八九年	Washington
一八九六年	Minnesota
一九〇二年	Colorado
一九〇六年	Oregon
一九〇八年	Oklahoma
一九〇八年	Michigan
一九一二年	Arizona
一九一二年	Ohio
一九一二年	Nebraska
一九一二年	Texas
一九二二年	Pennsylvania

这是美国自治市公约制度的历史。至于制定自治市公约的手续，各邦所规定的办法颇不一致。我们只能将其大概的情形约略叙述。制定自治市公约的手续可以分做五步：

一，制定自治市公约的动议

二，自治市公约委员会的选举和组织

三，公布自治市公约草案

四，人民决定该草案的去取

五，修改自治市公约的手续

制定自治市公约的动议，大概是由城市的立法机关提出的。但人民也能提出动议，如能得到法定人数的同意，他们就可以请求城市立法机关选举市公约委员会。该委员会的职务就是拟定自治市公约草案，其会员的数目是从十三个到二十一个。选举市公约委员会的手续是完全依照选举官吏的普通手续。被选人员也须有一定的资格，如年岁，居住的时期等类。市公约委员会成立后，就立即入手研究各该城市的种种需要，各公民随时可以发表他们个人的意见，以备该委员会的参考；考察别城的政府组织，以便采择其优点，免去那种在别城已经失败的各种方法；同时又组织各种分委员会各担任拟定市公约中的一部份。这市公约委员会是一个临时机关，市公约草案拟定和公布后，该委员会当立即取消。照各邦宪法所规定，市公约委员会成立后，在一定期限内，必须把新的市公约草案拟定，宪法所规定的期限是从三十天到一百二十天。

市公约委员会拟定了新的市公约草案后，就须把该草案交付城市政府，再由城市政府公布。公布市公约草案的方法有好几种，也许宣布在城市的政府公报，也许登在普通的日报上，也许把该草案由邮局寄给城内公民，每人一份。这种种方法的宗旨就是要使人民明晰这新自治市公约草案的确实性质，究竟是好，究竟是坏；他们在投票选择的时候，就可以发表他们自己的意见，决定这市公约草案的去取。所以各邦宪法总是把发表那拟定的市公约的日期规定，大约必须在人民投票表决时期三十天以前公布，时期长一点，人民可以有余暇来细细研究那市公约草案的利弊；如果今天公布，明天就须人民投票表决，人民那能明晰该市公约草案的确实性质，那能不加思索而糊里糊涂去投他们的票呢？所以关于公布那市公约委员会所拟定的市公约草案的种种手续，实在是非常重要。

市公约草案公布后，过了一定的时期，大概从三十天到六十天，人民就须在选举场上发表他们的意见，投票表决该草案的去取。如有过半数的投票选民赞同该草案，该草案就能成立，作为城市的根本法律，凡关于该城市的种种旧法律就立即取消，永不能再发生效力。但在少数邦内，人民表决后，该草案尚须等候邦会议或邦长赞同后，然后可以实行。但这种手续只是一种形式而已，凡人民所已经表决的市规约，总不至于被邦政府所否决。

至于修改自治市公约的手续，大概与那制定自治市公约的手续相同，凡修改的动议，草案的公布，人民的投票表决，均是相同的。但在修改的时候，修改草案却是由动议者，城市政府或人民，同时提出；不必另行选举市公约委员拟定。这就是修改手续和制定手续的不同之处。

总结一句，自治市公约的目的，就是要给予城市一种有限制的自治权利。从前美国市政腐败的大原因，在于邦议会时时刻刻干涉城市政治。所以救济这一层弊端的方法，就是禁止这种干涉，并使城市能有一种自动的自治权利。自治市公约制度并不想设立一种完全独立的城市。城市所得到的权利只是自行制定他们的根本法律，组织他们自己的政府，处理那种种纯粹的地方事务。

第四种市公约制度是选择的市公约制度。所谓选择的市公约制度，就是由邦议会制定好几种市公约，听各城选择任何那一种。这种制度能使各城有自由选择其政府组织的权利，同时还能使邦政府保留那种与全邦有关系的事务的管理权。纽约邦于一九一四年制定几种性质不同的市公约，任邦内各城自由选择采用。麻色朱色得邦（Massachusetts）也于一九一五年制定四种市公约，每种规定一种各别的城市政府组织，例如（一）集权于市长的市长和市议会制，（二）集权于市议会的市长和市议会制，（三）委员会式的城市政府，（四）经理式的城市政府。此外，另有三邦也已采用这选择的市公约制度。在这十年之内，采用那选择的市公约制度者共有五邦，采用自治市公约制度者只有一邦。这是因为在自治市公约制度之下，各城市所制定的自治市公约往往与该邦的宪法和法律有冲突之处，因之而时常发生种种困难问题，时常发生邦权和城市权限争执的讼案。在那种选择的市公约制度之下，各种市公约是由邦政府所拟定的，是适合于该邦的宪法和法律条文，城市采用了那种市公约以后，将来决不至于发生法律上的冲突问题。这是那种选择的市公约制度的优点。

在欧洲各国，这市公约问题是非常简单，各城的市公约均是由普通法律或城市法典规定的。但在美国，这个问题却非常复杂。这是因为美国是一个联邦国，关于监督和管理城市的职权并不在于联邦政府，却在于各邦政府，而各邦政府又各自为政，很难采用一致的办法，美国的城市又较多于欧洲各国，并且美国人民又向来喜欢试验各种各样新的政治方法，美国城市差不多就是政治的试验室。所以在美国，市公约制度的种类就有四种。第一，就是那欧洲式的普通市公约制度。有时候，同时还有一种城市的分类方法，把全邦城市分为等级，每级城市各有一种各别的普通市公约。第二，特别市公约制度。各城市受邦政府的各别待遇，各有各的特别市公约。有时候，邦政府为各城所制定的特别市公约须得各该城市人民的同意后，方能发生效力。第三，自治市公约制度。第四，选择的市公约制度。还有几邦同时采用了好几种方法，例如在瓦海瓦邦（Ohio），各城能依照自治市公约制度，自行制定其市规约，也能选择邦政府所规定的几种市公约中的一种，也能由邦立法部为其划定一种特别市公约。

第十一章　城市的选民

现今欧美各国的市民均有参与市政的权利。但这项权利不是于一朝一夕的时候得到的，却经过了长期的争斗，各国市民才达到参与市政的目的。市民选举权的历史差不多就是城市政府的进化史。欧美最早的市规约只是城市权利的规约，是市民从封建贵族或国王方面争到的，当时市民释放后，就有参与市政的全权。欧洲十二世纪和十三世纪时候的城市选举权确是很合于民治主义的，差不多所有成年的男子均能参与选举。例如柏恩（Bern）一二九五年改革其政府组织的时候，把该城分做四大区域，由每区域举出一人。这四大区域所举出来的四个人组织一个会议，算是柏恩政府新增设的机关。这个会议的职务就是从城内各级人民中，举出两百个市议员。爱米恩（Amiens）于一千三百年的时候就已把他的宪法改为民治的。各工会各举出他们的会长，各会的会长再举出半数的市行政官。工会在市议会之中也往往有代表，或者工会另外举出一个新的市议会，和旧有的市议会同时并存。在朱立克（Zurich），工人的政治权力算是最大的。朱立克的政府完全以各工会做根据，并且每一个市民必须加入一个有组织的团体做会员。在朱利克和瑞士其余的城市，每一个工人，或者他的寡妇，均有选举权，所以这样的城市政府总算是民治的。

但在欧洲大陆各国，这种成年男子普通选举制度却不久就即消灭。市民的选举权差不多逐渐变成有名无实，毫没有什么用处。这是因为那时候市议会的权力是非常之小，决不能有所作为，又因为选举时候的费用浩大，而被选人员不能得到什么好处，这选举权更没有什么价值了。当时城市中各种职位大都是没有薪水的，而费用又浩大，决不是普通一般公民所能赔得起的。所以市民的被选资格在实际上是绝对没有的。法国有几个城市的市长是有薪水的，但市长的职务很多，责任很重，各种事务又不是容易对付的，非但内部事务不易办，并且同时又须代表全城，和国王办理一切交涉。在那专制时代，自然没有人敢触犯君王的，所以市长的地位确是很困难的，并且又是很危险的。还有一层，凡人民被举为市长或市议员之后，他又非做不可。他若不愿意做，他的房屋也许被人民拆毁。市长的应酬又非常之多，时时要请客，时时要到巴黎去办理各种交涉。除了这种费用之外，还要加上一切的军事费用。不过就是那种有薪水的市长每年所能领到的薪资，只有二万法郎而已。在那种状况之下，市长选举权和被选举权有什么用处呢？所以从十五世纪初期起直到十八世纪的末期止，所谓城市的民治主义在欧洲大陆上就没有存在的余地了。

只有在英国，城市自治的形式总算继续不断，从最初时候直保守到现在。但是就在英国，市民选举权的范围也逐渐缩小，以后只有少数特殊的市民才能享受这样权利。当时欧洲大陆各国到处取消那中世纪初发生的民治主义，英国却能保留地方自治的精神。这是英国的最大功绩。在欧洲大陆各国，选举是已经消灭了，但在英国，投票和选举手续还是继续存在。城市民治主义的一线光明确是由英国城市所保留的。

在一百五十年前，欧洲各国的市民均没有普通选举权的。在现今的法兰西，德意志，意大利和西班牙的区域之内，各城市的市政或由中央政府直接管理，或由少数特殊市民把持。各城市中最有势力的团体是工会，但在工会之内，几个老的和有钱的工头把持了工会中一切的权力，并拒绝一般学徒和工人加入他们的团体。工会会员是取得政治权力的唯一门径，只有做了工会会员才能有参与市政的权力。当时工会团体既不容易加入，普通市民就绝对无法参与市政了。同时工会的会员又变成世袭的，只有几个工头的子孙可以世世代代做工会的会员，可以把持市政方面一切的权利。最初的工会是很民治的，十五世纪以后的工会却是贵族式的。在英国，也只有那特殊阶级人民方能参与市政；殖民时代的美国城市也大都有同样的情形。

成年男子的普通选举制度于法国革命时代才实行；法国从一七八九年到一七九三年时期的选举法律均采用这种制度。但以后革命失败，帝制恢复，普通选举制度也即取消。在一八四八年，法国又实行那成年男子的普通选举制度；以后在第二次帝国时代（从一八五二年到一八七十年），政府虽用了种种方法剥夺人民的选举权，但这普通选举制度的原则却永未曾从根本上推翻过。现今法国共和国各城市还是采用这成年男子的普通选举制度。照法国城市法典所规定，凡男子年满二十一岁，并在城市居住满六个月以上者，均有选举城市官吏的权利；凡纳税的人民就是不是城市的居民，也能参与该城市的选举。

但人民不能同时参与两个城市的选举，他只能选择在那一处投他的选举票，或在他居住的城，或在他纳税的城。例如一个人在凡塞尔城居住，同时在巴黎有他的产业，他须在该处纳税，他就能选择在任何一处投票，但不得同时在两处投票。这样办法于多数商人确有很大的方便，他们的财产均在大城之中，但同时却愿意在附近之小城住家。无论是城市的选举或国会的选举，法国妇人尚未得到参与的权利。在这几年之内法国也和别国一样，发生了女子参政运动，但其势力却甚小。现在英国，德国，和美国均已实行女子选举，恐法国亦不能避免这样的潮流。

在一八零八年以前，普鲁士的市民是没有参与他们市政的权利。照那一年的政治改革，凡人民在城市范围以内有土地所有权，或有一定的职业，均能参与城市的选举。这不是成年男子普通选举制度，但相差也无几。因为只有那般无业游民才不能参与市政。当时选民在选举场上的地位是平等的，无论他有多少财产，无论他纳多少税，他的选举票的价值是和其余各选民的票相等的。选举也是秘密的，所以各选民也有一种保障，不至于受各种势力的威逼。在一八五三年，普鲁士又制定一种城市法典，依照该法典所规定，秘密投票制度却打破了，选举变成一种公开的选举，就是由各选民当众报他所选的人的姓名。选举权的范围并未缩小，凡男子年满二十五岁，并在城市纳过赋税者无论其数目的多寡，均有选举权。人民虽则大都均有选举权，但各人所投票的票却各有各的价值，不是平等的。从一八五三年起直到德国革命时候，普鲁士选举制度有一个重要的特点，这就是“三级选举制度”。所谓“三级选举制度”就是依照选民纳税的多寡，把他们分做三个级等：纳税最多的人民，纳税次多数的人民，纳税最少的人民。每级选民各自投票，各举市议会中三分之一的议员，城市中其余的官吏再由市议会选择。

“三级选举制度”使普鲁士的市政由少数有钱的人把持。因为税款中的大部分是由百分之十到二十的人民交纳的，这一部分少数人民，就能举出三分之二的市议员。例如在柏林（Berlin），全体选民差不多有五十多万，但第一级和第二级的选民却不到五万。在爱生（Essen），三分之二的市议员是由五百个选民选出的，其余二万五千选民只能举出三分之一的市议员。

这“三级选举制度”使人民的选举票不能有同等的价值，确是违反民治主义的根本原则。从选举一方面着想，民治主义有两类根本原则：（一）一人一票，（二）一票一样的价值。在普鲁士，各人虽则有一票投票权，但各选民在选举场上的地位却不是平等的，第一级选民所投的票有很大的价值，第三级选民所投的票就没有什么价值。

从前普鲁士的市政确是很著名的，市政的费用很省，而所得到的效果又很大，断非英国，美国和其余各国所能比得上的。这是因为市政全权在那一般纳税最多的人手里，他们对于城市的财政自然非常注意，决不肯浪费浪用，增加他们自己的担负。所以在普鲁士的城市政府之中，拿钱不做事的闲差是绝对没有的，支一文薪水的人须做值一文钱的事务。街道非常清洁，种种设备非常完备，而费用却又非常省俭。但人民对于这样良好的市政却并不是十分表示赞同。他们总觉得市政不是在他们手里，城市政府的政策不是表示多数市民的意志。从一八五三年到一九一八年的普鲁士城市政府的历史，我们可以得到一种很好的教训：这就是政治无论怎样的良好，如果同时不能表示多数人民的意志，决不能使人民满意，决不能长久的。人民所需要的不单是最良好的政治，最省俭的行政费，他们同时还要有参与政治的权力，使一切政策能合于他们自己的意志。所谓“被治者的同意”，“自决主义”和“自治”决不是空空洞洞的几个抽象的名词，确是人民所希望达到的目的。例如在普鲁士，市政全权全在五分之一的人民手里，其余五分之四的人民如以这种情形为很不公平，那五分之一的人民无论怎样办理得好，决不能使五分之四的人民心满意足毫无怨言。在无论什么地方，人民总希望有自治的权力，就是他们没有能力，因自治而政治上发生种种弊端，也是他们所愿意冒的险。

一九一八年的德国革命就即取消普鲁士的三级选举制度。在革命扰乱时代，城市市议会中的社会党分子把持了各处的市政。在新选举未曾举行之前，他们组织了治安委员会或工人议会执行各处的市政。德国新宪法是于一九一九年在外马（Weimar）制定的。照宪法上的规定，各种选举，无论是联邦的，各邦的，或城市的，均须根据于直接的，普偏的，男女平等的，秘密的选举权原则。就在宪法未制定之前，普鲁士早已公布一种法令，为地方选举和邦选举规定同样的原则。德国其余各邦也即同样办理。所以在现今的德国，无论男女人民，年在二十一岁或二十一岁以上者就能参与城市选举。每邦却能各自规定选民的居住资格；普鲁士所规定的是在城市居住六个月的时期。

英国城市选举制度的历史是非常复杂。在一八三五年以前，各城市选民的选举资格是极不一致的，并且各城又有种种的习惯，限制市民参与市政的权利，往往同样的一个市民居住在甲城就有选举权，迁移到乙城就不能享受这种权利。当时城市的选举资格实在是非常复杂，就是那一班精于选举制度的学者也不能十分明晰各城的各种选举资格。大概说起来，当时大多数的成年男子差不多均没有选举权，所谓城市的选民往往只占城市人民的百分之二或百分之三。但同时却也有几个例外的城市，凡居住人民曾纳多少赋税者均有选举权。

一八三五年的法律就大大的推广市民选举团的范围，凡成年男子纳过赋税者，并在城市居住至少在三年以上者，均有选举权。一八八二年又把选举团的范围推广一次，凡在城市范围以内有财产之成年男子，已嫁妇女，或寡妇，而本人亦在城市或在城市七英里范围以内居住者，均有选举权。在当时看起来，这样的规定已经是很趋向于民治主义一方面，但距离普通选举制度的目的，相差还是甚远。已嫁的妇女和租屋居住的男子均不能参与选举。一九一八年的人民代表法律总算在国会选举方面采用了成年男子普通选举制度的原则，并且又使那种年满三十岁的妇女同等的享受参政权。但该法律对于城市选举权却规定得较为严格，凡在城市范围以内有住宅或租居住宅的男子，和年满二十一岁的女子，已嫁女子年满三十岁并和其丈夫同居一所住宅者，才有选举权。所以现在英国城市选举制度还未达到普通选举制度的目的。城市中大群的仆从，居寓公寓者，和那种与父母同居的成年儿女，还未得到选举权。所以在英国，国会选举资格和城市选举资格尚未一致，在欧美其余各国，这两种选举资格大都均是一样的。英国城市的选举权还未脱离财产所有权，但从男子选民一方面着想，国会选举权已和财产所有权没有关系了。

在美国，普通选举制度总算已经实行了，无论关于联邦政府，各邦政府，或城市的选举，选民的资格差不多大致相同。但在一百年前，美国的选举资格却没有这样的一致。在英国殖民时代，有几处的选民只占全体人民中的百分之二，就在革命以后，选举权的资格还是限制得很严格的。那种封建时代的观念，把选举权作为和土地所有权有关系的一种权利，是很不容易打破的，革命以后学者的著作和政论家的辨论中时时发现这样的观念。在一七八七年制定联邦宪法时候，制宪者也讨论到这选举资格问题，只因当时各邦所规定的选举资格均大不相同，这问题就很不容易解决，所以制宪者只能约略规定几种限制，使各邦各自解决这选举资格问题。在十八世纪的末了，实行男子普通选举制度者只有一邦，其余各邦均把选举资格限制得很严格。

到了十九世纪的上半期，推广选举权的运动就非常得势，各邦就逐渐的把那财产资格和纳税资格取消。这是因为西方各新邦的发展，东方各旧邦实不得不受其影响。在西部各处，民治精神非常发达，当时各属地政府均采用那男子普通选举制度。西部的民治主义确是美国民治主义发展的向导者。到了一八五十年时候，除了极少数的几个例外，财产的选举资格在美国全部差不多都已取消了。并且各邦的选举资格又大都是和城市的选举资格相同的，所以各邦采用了男子普通选举制度，各城市也立即采用。

男子普通选举制度的种种障碍打破后，当时立即发生女子参政运动。在一千八百五十年间，女子参政运动的势力又非常之大，只因不久发生了南北战争，人民都去注意于较大的问题，女子参政的目的不能达到。战争完结后，女子参政问题又即发生，但普通人民却一致反对，所以女子参政也不能立即成为事实。直到了一八八九年，美国西部才有一邦给与女子选举权；到了十九世纪末了，美国也只有四邦实行女子参政。但从一千九百年后，男女平等选举制度逐渐推广到各邦，到一九一四年已通行于十二邦了。当时那般热心女子参政运动者觉得从各邦入手，他们的目的实很不容易达到；如果从联邦政府入手，修改联邦宪法，加入女子参政一条，那末，立即就能使男女平等选举制度通行于全国。所以他们就以全副精力运动美国联邦国会，几年以后，国会就即通过一条宪法修改案，规定“美国或各邦不得因男女的区别而剥夺人民的选举权”。在一九一九年，美国联邦政府即以此修改案移交各邦政府批准。在一九二十年，经四分之三的邦政府同意，该修改案就发生效力，即现今美国宪法上的第十九条修改案。

从一九二十年起，我们可以概括的说：美国的成年人民，无论男女，均能参与美国的各种选举。但有几邦同时却还有几种选举资格，如居住的资格，教育的资格和纳税的资格。今将美国各邦的选举法上几种资格列举如下：

（一）公民　在从前的时候，凡已正式宣言入籍志愿而尚未入籍的外国人民往往在几邦之内也能参与选举，但照现今各邦宪法的规定，只有公民才能有选举权。

（二）年岁　年岁的资格是一律的。无论是各邦的选举，或各城市的选举，选民必须年满二十一岁。

（三）居住　美国各城均规定一种最低度的法律上的居住时期，约从六个月到一年。所谓法律上的居住地点，不一定是确实居住的地方。这就是说：某处是某人的法律上的居住地点，但某人不必一定日夜居住在某处。

凡所谓法律上的居住者定必和该处有一种关系，或有财产在该处，或确实在该处居住者；但最重要的却是各个人各的意志。一个人民如果和好几处地方有种种的关系，如果他宣言愿意作为某处的法律上的居住者，他就可以算是某处的居民。每个人民只能算是一处的法律上的居住者，同时不能算是两处的法律上的居住者。美国总统离开了他的家乡或者四年，或者八年，但他决不因之而失去他家乡的居住资格。华盛顿政府中那般官吏终年在该处居住，但在选举时候，他们却还能回到他们家乡去投票。已嫁妇女的法律上的居住地点往往是和他们的丈夫相同的，但有几邦却另行规定法律，为投票起见，已嫁妇女也能各有他们各的法律上的居住地点，不必依照他们的丈夫。

这法律上的居住地点问题却是很复杂的。因为每人所纳的动产税，所得税，遗产税，均须在他的法律上的居住地点交纳。每邦对于这类的法律不是一律的，所规定的税率也不是一致的，有几邦订得很重，有几邦订得很轻。所以关于那般有动产很多的人，这法律上的居住问题就是很重要的；他选择这一处或那一处为他的法律上居住地点，决不是随随便便选择的，他每年在这一处或在那一处所纳的税相差也许有好几千块钱上下，或者与他将来的动产承继问题也许有很大的关系。因此，有许多人特意选择这一邦或这一城为他们的法律上的居住地点，而他们每年却又在那一邦或那一城过日子的。

（四）教育　美国现在有十九邦规定初等教育为选民的资格。教育究竟是否应当作为选举资格的一种？这问题确是很难答复的。从一方面看起来，有许多未曾受过教育的男女也许有很高的普通常识，对于种种政治问题，也许较之那般受过教育的人，更加明了。未受教育的人，也和其余的人同样的纳税。在战争时候，未受教育的男子也同样的有当兵的义务。未受教育的人民既须尽那公民所应尽的义务，为什么同时不应该享受那公民所应享受的义务呢？但从其他一方面看起来，选民确实应当有教育资格的。凡不识字的人民到了选举时候，对于选举票上所印的字，一个也不识，他那能表示他自己的意志，投他的票呢？并且现今各国每年均费了很多的教育经费，维持种种学校，极力想法使教育普及，使人民个个能识字，不受初等教育是人民的自暴自弃，决不是人民的权利。

（五）纳税　美国有几邦尚有纳税的选举资格，但这也限于人口税的一种。凡人民纳足上年的人口税才能参与选举。但在城市，因为人民时常迁移，这项法律是很难执行的。至于财产资格，在美国城市方面早已取消了。

在日本，凡有市公民资格的人民才有市选举权。照法律所规定，市公民的资格如下：

（一）帝国臣民。

（二）年满二十五岁的男子。

（三）有独立生计的人。

（四）在市区内居住的二年以上的人。

（五）凡二年以来，曾纳市内地租，或直接国税年额在二元以上者。

（六）凡二年以来，曾分任市政府的担负者。

（七）凡二年以来，未曾因贫困而受公费的救助者。

（八）凡未曾受过六年以上的惩役或禁锢的刑罚者。

但市议会能议决免除上列各项资格的年限限制。此外，凡非公民，如被选为市长，或其他有薪俸的官吏，即能同时取得公民权。

日本市议会的选举制度就是从前普鲁士那种三级选举制度。选民所纳的税额总数以三除之，其得数即为每级选民的纳税额。再依照选民纳税的多寡为顺序，编制选民名册。从第一名选民所纳的税额算起，满一级的纳税额后，即为第一级。然后再算第二级选民的名额，算至他们所纳的税满一级的纳税额为止。其余的选民就算是第三级。每级选民各举三分之一的市议员。

照中华民国市自治制度第九条的规定：凡“市住民内有本国籍之男子年满二十岁，并接续住居在一年以上，合于下列各款之一者，有选举市自治会会员之权：

“（一）年纳直接税一元以上者；

“（二）有动产或不动产三百元以上者；

“（三）曾任或现任公职或教员者；

“（四）曾在国民学校以上毕业或与有相当之资格者。”

各国选举法又有剥夺选举权的规定。凡有疯癫或痴疾者，或犯重罪者，均不能参与选举。在法国，选民犯了极小的罪也须剥夺选举权。凡违犯选举法的人民，如贿赂或舞弊等事，差不多在无论何国，都不得参与选举。在英国，凡受公家抚恤的人民均不得有选举权。近来英国城市中这类人民很多。所以市民中大群人民往往不能参与选举。中华民国市自治制第十一条规定：“市住民有下列各条款之一者停止其选举权：

“（一）褫夺公权尚未复权者；

“（二）受禁治产准禁治产或破产之宣告确定后尚未撤销者；

“（三）不识文字者；

“（四）僧道及宗教师；

“（五）现役军人。”

选举法的目的，原是要使合格的选举人能在选举时候自由投他们的票，不受旁人的运动或威吓；并使那般不配有选举权的人民不能混杂其间，蒙蔽选举官，违法投票。所以选举时候的手续是非常重要。合格选民能否真确的表示他们的意志，全靠那选举法上关于手续方面的规定是否完备为定。其中最重要的一部份是选名册编制问题。各国编制选民册的方法是极不一律的，非但欧美各国的情形不同，就是美国各邦所采用的方法也不是一致的。在法国，各城的选民册是由一个选民注册委员会所编制的，其中会员共三人，一个是市长，一个是市议会所任命的，一个是省长所任命的。在大城之中，也许各区各有一个委员会，编制各该区的选民册；一城中如果有好几个编制选民册的委员会，那么，市长就派代表出席于各该委员会。法国编制选民册的手续是很简单的。各委员会根据上年的选民册，将其中那已经死的，或已迁移出城，或已剥夺选举资格的人名除去，同时再加上那新选民的人名。新选民有两种：（一）已到二十一岁的人民，（二）凡住满六个月的新移入的人民。凡关于市民的死亡，年岁，市长公署均有详细的记录，所以选民册就能在市长公署编制的。这选民册编就后，即须公布，人民对于其中的遗漏或错误之处，得于一定的时期之内，提出抗议。该选民册经委员会修改后，就作为正式的选民册。

在英国，因为城市选举权是与产业和居住有关系的，所以选民册是由城市书记官根据于市民的纳税册而编制的。但这样编制的选民册是决不能完备无错误的，所以必须预先公布于众，人民能于指定的时间内声明其中的遗漏或错误之处。城市书记官将该选名册修改一次后，就不再修改了。但选民如再不满意于该选名册，能上控到州法官，州法官对于该项讼案，事实方面的判决算是最后的判决，但关于法律方面的争执尚能上控到高级法庭。

美国各邦编制城市选民册的方法不是一律的。但在多数城市，这项职务是选举官或选民注册官执行的。美国所通行的方法是叫做个人注册，这就是各选民在选举之前，须于一定期限内，亲自到选举官或注册官处注册，并须报告他本人的籍贯，年龄，住所等事实，确实证明他的选举资格。如果选举资格中有教育的资格，注册官就须考验各选民的教育智识。注册官如果认定某人缺少某项法定的资格，他就可以不准该人注册，不承认他为选民。但人民如被注册官拒绝注册，却能上控到法庭；法庭如以某人有法定的资格而被注册官拒绝，能命注册官将该人的名字加入在选民册内。在许多城内，选民如果不更改住址，注册以后，他的名字可以永远在选民册内。但有许多城市却每年编制选民册一次，所以各选民亦须每年注册一次。大群选民往往因忘却注册，或因不愿意年年去经验这种麻烦，而被剥夺选举权者，亦常有的事。不过城市人民的时时迁移使城市政府不得不每年编制选民册，否则今年所编的，明年是决不能适用的。

编制选名册的时候也往往有舞弊的事情。在法国，德国，和英国，这种弊端是很少的。但在美国，注册时候冒名顶替的弊病和其他相同的弊端是很多的。这是因为法国，德国，和英国城市对于市民的迁移和其余的情形，均知之甚详。法国各城有极详细的市民调查册。德国城市的警察对于市民的行动，非常注意，并且各市民均须到警察厅注册。英国城市有市民的纳税册可考据。但在美国，注册官编制选民册的时候，只有听凭市民自己的陈述，他们既没有时间，又没有能力，去校正那几千个注册选民的陈述，所以凡人民怎样的陈述，注册官只得信以为真。因此，各大城市的选民册往往有许多捏造的假市民，这一般人民大都均是由政客们从别处雇来的，报一个假地址，混入在选民册中。还有许多人民往往到各区的选举注册处报一个假姓名，到了选举这一日，一个人往往到处投票，投好几张的选举票。这种种弊端在从前的时候是非常之多，但在现今的美国，已经是少了。现今美国各邦的选举法律，比之从前，已经严格得多，并且比从前更严格的执行。

城市民治主义的目的能否达到，全靠那般城市选民是否有相当的智识。有许多政治改革家往往注重于那种种抽象的主义，大声疾呼地鼓吹城市自治或人民的选举权；还有许多改革又把全副精力用到政治制度方面，今天提议改革政府的组织，明天又提倡采用某种新的制度。城市自治和市民的政权果然是很重要的，良好的政治制度也是很重要的，但是如果人民没有什么智识，对于市政方面的一切问题什么都不懂，那么，城市无论怎样的自治，市民的政权无论怎样大，政治制度无论怎样良好，决不能发生什么效果，决不能使市政进步。公民智识是好政治的要素；公民智识的普及是达好政治的方法。我们总是希望那民选的官吏顺从人民的公意，但那无智识的人民决不能有什么意志可以表示的，无智识人民的意思决不是值得顺从的。选民明白了一个问题的内容，他才能决定这个问题应当怎样办；选民了解政治制度的作用，他才能有一种意见可以表示。“教育你们的选民”确是达到好政治目标的唯一方法。

第十二章　城市的选举

欧美各国选举城市官吏的手续大概可以分做两步：第一步，推举候选人；第二步，人民从候选人之中正式举定当选人。欧洲各国不大十分注重第一步的手续，在许多城市的选举，往往没有正式推举的候选人。但在美国，推举候选人这一步是非常注重的，差不多变成选举制度中最重要的和最复杂的一部分。

我们对于这种双重的选举手续往往发生疑问。为什么不使城市选民随他自己的意思，把他所愿意选举的人名写在选举票上呢？从前的选举确是这样的。但现在各国城市的情形已和从前大不相同了。这样的办法实在有种种困难之处。第一，现今各国实行了普通选举制度以后，选民中确有许多不能写名字的人，他们既不能写字，怎样能填写选举票呢？所以各国城市的选举票上往往把候选人的姓名印上，选民只需选择其中的一人，在其姓名之旁，划一记号，就算是他所选的。第二，选民如能各随各的意思，随便选举他所愿意选举的人，那末，被选人的数目一定非常之多，其中恐怕没有一人能够得到多数票数。在这种状况之下，各政党必须注意及此，预先拟定各该党的候选人名单，在选举时候提出。欧洲各国，因选举法上未曾规定那推举候选人的方法，所以就有这样的状况。在无论那种代议制度下，推举候选人的方法确是很重要的；如果法律未曾规定确定的方法，各政党定必各自拟定一种方法，而政党所拟定的方法决不能如法律所规定的那样完备。欧洲各国的经验就能证明这一层。

法国法律并未规定那城市选举时候推举候选人的方法。选举官并不承认某人为候选人，也不预备选举票。从法律上着想，选民在城市选举的时候的选举范围是没有限制的，他想举什么人，就能举什么人。但法律所未曾注意到的地方，政党就注意到了。在选举之前，法国城市各政党往往召集他们的党员，开一个政党的预选会议举，定他们本党的候选人。选举票也由各政党自行预备，并且各党的候选人名单也印入在各该党的选举票之上。选举票印就后，或由政党分送到各选民的家中，或在选举场上分送给那到场投票的各选民。所以在选举这一日，选民踏进选举场的时候，就有许多政党的代表把他包围起来，并把那印好的选举票送到他手中。法国各城市的政党又非常之多，所以每个选民往往接到十数张的选举票。各党候选人的总数往往超过当选人的数目有四五倍之多。候选人的数目太多，往往没有什么人能得到过半数的票数。但照法国法律所规定，只有得到过半数票数的人才能算是当选；如果没有人得到这样的票数，那末，两星期后，还须复选一次。在复选时候，凡得票数最多的人就算当选。所以法国这种选举制度差不多等于那双重的选举手续，第一次的选举举定候选人，第二次的选举是从候选人之中复选一次。

在欧战以前，普鲁士也没有法定的推举候选人的方法。那时候各城市的选举大多均是公开的，就是各选民以口号报告他所举的人名。选举票是不用的。但各政党在选举的前一天也往往开一个政党的预选会议，推举他们党里的候选人，使他们的党员在选举的时候选定。当时虽则没有选举票，各政党却提出候选人，各选民也知道某人是某党所提出提出的候选人。凡未待政党所赞助的人民，在选举时候决没有当选的机会。欧战以后，德国各城市均实行那普通选举制度和比例代表制度。所谓比例代表制度就是各政党在选举时候所举出的人数须与各该党在投票时候所得的票数成一正比例。这种制度承认政党的存在，并承认政党提出候选人的权利。从此以后，选举时候就不得不用选举票了。各政党也各自采用一种方法，选定他们党里的候选人，各党的候选人名单均印入在选举票内。各党推举候选人的方法颇不一致，但大都均用政党预选会议方法推举的。至于召集政党会议的时期，参与政党预选会议的人物，和政党预选会议的组织，均由各政党各自规定。

在英国，候选人推举的方法是法律所规定的，一切手续是非常简单，凡国会选举和地方选举时候所用的方法是相同的。英国城市中民选的官吏只有市议员和三个市审计官中的一个。凡想充当选举的时候的候选人必须由十个公民推举，他们并须于选举前的七天，把推举的呈文送交城市书记官，呈文中只书明他们所推举的候选人的姓名，住址，和职业，推举者均各须签字。选举时候选举多少官吏，各公民就能推举多少候选人。得到十个公民的推举，确是很容易的，所以无论什么人如想充当候选人，他总可以达到目的。这是英国选举法所规定的推举候选人的方法。但从事实上着想，推举候选人的实权还是在政党手里。城市每次举行选举之前，政党的委员会开一个会议，讨论这次选举的状况。如果这次满期的市议员是和他们同属于一党，他们往往再把他推出来做候选人。否则，他们需另觅相当的人物，做这次选举时候的候选人。凡非政党所推举的候选人在选举时候很难有当选的希望。

美国在这一百多年之内已经试用过好几种的推举候选人的方法。革命后所用的方法，大都是非正式的，候选人往往是由他们的朋友，或城内的领袖人物推举出来的。当时各处的城市尚未发达，民选的官吏非常之少，并且既不支薪水，又没有重大的职权，所以城市官吏决不是普通一般人民所愿意运动的。各城市需极力想法，寻觅那愿意充当的人物。那时候只有极少数的人民有参与选举的权利，正式的政党组织亦尚未发生，城市的事物完全在几个领袖人物手里。

到了十九世纪初期，城市逐渐发达，政党组织逐渐发生，从前那种非正式的推举候选人的方法也就逐渐消灭。在各城市中，凡属于一党的选民往往与选举之前开一个预选会议推举本党的候选人。在大城市之中，一党的选民不能聚集在一处开会，他们往往另外在各区之中各开预选会议，再由各区预选会议举出代表出席于全城的政党预选会议。各区市议员的候选人由各区的政党预选会议推举，市长和其余的城市官吏的候选人由全城的政党预选会议推举。在一八五〇年之前，这种方法差不多已经通行于美国全国城市，以后直到了十九世纪的末期，才逐渐更改。

候选人由政党预选会议推举的方法，虽在美国城市通行了六十多年，但这种方法确有种种缺点。最重要的缺点就是这类的政党预选会议并不是法律所承认的。政党领袖或政党委员会随时可以召集，并且往往于通告发出后的极短时期内开会。政党预选会议中的一切行动往往不是一种公平交易。政党中这一部分的党员把持了会场后，往往以武力抵抗那一部分党员，使他们不得入内。政党领袖往往又从别处雇用了许多人预先把会场中的座位占满。那种地方即使有投票柜，投票的结果也决不是靠得住的。那般检票员都是党魁的心腹人，他们往往投入许多假票或谎报票数。政党预选会议开会的地点又往往在酒店之内或与酒店接连的地方，所以那般有身份的公民决不肯到会场与这般下等人物为伍。并且法律又未曾规定政党预选会议议事的手续，所以那般政客和党魁更可以肆无忌惮为所欲为了。无论怎样的公开行贿赂，无论怎样的舞弊，都可以不受法律的干涉。所以在政党预选会议中，他们要怎样做，就能怎样做；要推举某人为候选人，就能推举某人。以后因城市的发达，城市政府中作弊的机会也愈多，而各政客想夺到城市政府职权的志愿也更大。只须把持了政党预选会议，随心所欲的推举了那志同道合的人做候选人，将来的希望和将来的利益实在是无穷无尽的。

但这样的情形绝不是能够久长的。从南北战争后，约在一八六五至七〇年间，美国各邦的法律就起首注意到城市官吏候选人的推举问题，改革旧时的方法，并禁止政党的舞弊行动。这是因为当时的政党把持了纽约和其余各大城的市政发觉了种种的弊端，人民对于那种不受法律节制的政党预选会议，就逐渐觉悟其中的危险，所以就不得不以法律去干涉。从此以后美国各邦的城市政策也受到了根本上的变更，政党是被法律所承认为选择官吏手续方面的重要部分。从前的政党预选会议能为所欲为，不受法律的节制；从此以后却有法律规定了种种的规则，限制政党预选会议的行动。最初的那种法律是很简单的，只规定（一）开会的通告须发给各选民，（二）只有党员才能参与政党预选会议，和（三）一切的选举票必须老老实实的计算，不得谎报数目。这样的规定虽能革除那从前最通行最显著的弊病，但人民对于政党预选会议的不满意还是有增无减。政党预选会议的行动虽已依法举行，出席的各代表也已依法举派，但其中的内幕却还是很腐败的。政党预选会议往往由那般不出面的人所把持，他们如同那傀儡戏背后的牵线人，在黑暗之中干涉或行使政党预选会议的职权。并且人民方面也不愿意间接参与推举各候选人，他们愿意有直接选举各候选人的实权。

这种运动的结果就使美国各城市官吏的候选人改为由人民直接选举，实行直接预选会制度，使政党领袖不能把持选择候选人的特权。美国的直接预选会也是一种初选制度，但美国的初选制度和我们中国现今所采用的初选制度有根本上不同的性质，中国的选举制度是一种间接的制度，美国的制度是直接的选举制度。在中国，选民只能举定初选当选人，再由初选当选人举定复选当选人。在美国，初选当选人只是复选时候的候选人，并不是复选时候的选举人。初选当选人是由人民举定的，在复选时候，人民还需再投一次票，从初选当选人之中，选定复选当选人。美国的制度是一种双重的选举制度。美国的预选会也是法律所规定的，凡选举法所规定的一切手续均须遵守，也有法定的投票地点，也有法定的正式选举票。法定数目的合格选民能呈请选举官，将某人的姓名印在预选选举票上，作为预选时候的候选人。到了预选这一日，选民就从预选选举票上的人民之中，选定那正式选举时候的候选人。

美国各城的预选会可以分做三种：（一）限于政党党员的预选会，（二）不限于政党党员的预选会，（三）没有政党性质的预选会。所谓限于政党党员的预选会就是各政党各有各的预选候选人名单，各印在各别的选举票上，各选民只能在他们所隶属的政党选举票的人名之中选择那正式的候选人。照这种预选制度，各选民踏进预选投票场的时候，必须声明他所隶属的政党，方能领取该党的预选选举票。至于那般向来不隶属任何政党的选民，有时候也能在预选时候加入某政党团体。各选民必须隶属于一个确定的政党团体，并须在预选时候正式宣告他们所隶属的政党。这一层确是一种很大的缺点。因为有许多选民向来不愿意与任何政党发生关系，更不愿意当公宣布他们的党籍。并且还有许多选民总以为参与了政党预选会之后，他们到了下次正式选举的时候，实不好意思不选举本党的候选人，因此，有许多选民往往不出席预选会，愿意放弃这种权利。但有时候，各党的预选候选人名单也都印在一张选举票上，其中分成几行，每党的候选人名各占一行。这是为免去上述的那种缺点起见，使各选民不必当众宣布他的党籍，惟在投票的时候，他只能限于一行的候选人民中选举。

那种不限于政党党员的预选会是一种公开的预选会，就是选民可以从各党所提出的候选人之中，随便选择他所愿意选举的正式候选人。各党的候选人名单也许各印在各别的选举票上，也许分行印在一张选举票上。如果各党的选举票是分印的，各选民领取所有的政党选举票，再选择其中任何的一张，投入票柜之内；如果各党的候选人名分行的印在一张票上，选民能从各行之中选择任何那几个人，他选择的范围不必限于一行中一党的候选人。这种方法却也有缺点，甲党的党员往往参与乙党候选人的预选，乙党的候选人往往是甲党党员所推选的。并且往往有时候甲党对于本党的候选人没有什么问题，他们一致认定某人为他们的候选人，但同时乙党中却有几个人争夺得很厉害。在这样状况之下，甲党党员如果把乙党党员中最没有能力的人推定为候选人，甲党在选举时候定必能操胜利。所以政党党魁对于这一种不限于政党党员预选制度是很不赞同的，因为有时候一党的候选人在名义上是本党的代表，但在实际上是，别党党员所选定的。

照上述的两种预选制度，各候选人均是由各政党，并以政党的名义选定的。凡预选会所选定的候选人姓名均印在选举票上，并各有各的政党记号，以便投票人易于辨别。但近来有一部分人民总以为在城市的选举，凡一切政党预选会，政党选举运动，政党的记号实无存在的理由；他们极力主张使城市选举和政党脱离关系。因此，美国近来又发生一种新式的预选制度，就是那种没有政党性质的预选会。照这种制度，凡人民得到法定数目的选民赞成，大概是百分之二十五，就能呈请政府作为预选候选人。各候选人的姓名都印在预选选举票上，他们的次序大概依照他们姓名字母的先后为定，姓名之旁并没有什么政党的记号。各选民所用之选举票是一律的，他们既不用宣布他们的党籍，又不必认定某人是某党的候选人而定他的去取。凡投票结果得票最多数的和次多数的两个候选人，就作为下次正式选举时候的候选人。所以这种制度只是一种双重的选举制度，在第一次预选时候，选民选出两个候选人，然后再使这两个候选人在第二次正式选举时候被全体选民复选一次，决定某人为当选。

当初美国人民对于这种没有政党性质的预选制度有极大的希望，但当时所期望的，到了此刻却还未实现。凡各种政治制度有一利，同时必有一弊，一种新制度也许能革除政治上的旧弊端，但同时却也能造成别种新弊端，所以我们对于各种制度实不容易确定其利弊。

还有一种提出候选人的方法，是由人民以请愿的手续提出。例如在美国波斯敦城，三千合格的选民能提出市长的候选人，二千合格的选民能提出市议员的候选人。这种方法在波斯敦已经通行十五年了，但却没有什么多好的成绩。三千合格的选民的签字是很不容易得到的；并且人民之中还有许多没有选举权的人，他们即使签了字，也不能发生效力。审查这许多签名的选民是否合格，也是一种极麻烦的职务。例如一九二二年波士敦选举时候，共有三十四个人提出请愿书，想做市议员的候选人，但其中只有十九个人所提出的请愿书中有两千个合格选民的签字。

在美国，候选人提出的方法已经试用了好几种，政党预选会制，人民直接预选和人民请愿提出的方法均已通行，但各种方法各有各的缺点。怎样能使好公民充当城市选举时候的候选人，却还是一个未解决的问题。总而言之，制度愈复杂，其弊端也较多。

以上所述只是推举候选人的手续和问题，是城市选举手续中的第一步。以下是讨论城市选举手续中的第二步，就是投票的方法。

各国所采用的投票方法是不一致的。投票的日期，选举票的格式，和投票手续，各国城市均各有各别的方法。在欧洲各国，城市选举不是和国会选举于同日之内举行。这是因为欧洲各国国会选举没有确定的日期，国会能随时被政府解散，国会选举须立即举行。因此，各城须另有一个选举日期。在欧洲各国，凡各种选举，无论是国会选举，或城市选举，均是于星期日举行的；在英国，选举日期不必限于星期日。法意两国早已采用这星期日为投票日期，德国也于一九一九年实行。欧洲人民总以星期日为最方便的投票日期，特别是从这般工人方面着想。英国城市选举的日期是全国一致的，城市法典规定每年的十一月一号为城市选举的日期。如果这一日是星期日，选举就延期一天，于下日举行。在往时的美国，城市选举往往和国会选举或邦议会选举于同日之内举行的，以后因这种方法有种种的缺点，所以多数城市的选举现在均另择日期举行。美国各邦的城市选举日期，甚至于一邦的各城市选举日期，均不相同的。大概多数的美国城市均于十一月和五月这两个月时候举行他们的选举。

国会选举。邦议会选举，和城市选举于同日举行，也有种种便利之处。第一，为多数选民着想，这是一种最方便的方法。他们均各有职业，很难离开职务，今天去投国会议员的选举票，明天去投邦议员的选举票，后天再投城市官吏的选举票。多数选民很不容易抽出空闲的时间去投他们的选举票。因此，欧洲大陆各国的选举大多于星期日举行。因此，美国有许多单独举行的地方或城市选举，往往只有少数选民出席投票。各种选举于同日举行，非但选举费用可以较为省检，并且投票的人数也能较为众多。但这样的方法同时却也有种种弊端。

第一，城市政治势必至于混杂在全国和邦政治之间，而多数选民往往只注意于国会议员和邦议员的候选人，忽略那城市官吏的候选人。全国政治和城市政治不能分离，全国的政党干涉城市政治的机会就非常之多了。并且在这样的选举时候，选举票一定是非常之长，其中候选人的姓名是非常之多，选民决不能细察各候选人的经历和才干，选择其中最合格的最适当的人物，他们至多只注意于联邦政府或各邦政府中重要的几个职位，没有余暇去留意于地方上的职位。

各国所用的选举票也不是一律的。在欧战以前，普鲁士城市的选举是不用选举票的。各选民到了选举场上，只以口号报告他所选举的人姓名，然后再由选举官记录下来。凡在选举场上所有一切的人均晓得各选民所选举的人物。当时社会党极力攻击这种公开的选举制度，因为各选民往往被那般有势利的人所逼迫，不得不举他们。因此，多数社会党员大都均不参与那时候的选举。从一九一九年后，德国各城已采用了那秘密投票制度。候选人的名单由各党提出，报告选举官，再由选举官印在选举票上。选举完竣后，选举官依照那比例代表制度中的名簿投票方法，计算各党和各候选人所得到的票数。

在法国城市之中，政府并不预备正式的选举票。各选民能各自预备各的选举票，或从各政党机关领取各该党所预备的选举票，各该党的候选人名已印入在该票之内。选民或用自己的票，或用政党的票，均由他们自己决定，惟无论何如，他必须将他的选举票装在一个信封之内，投入选举柜中。在一九一三年之前，各选民只需把他的选举票折起，交给选举官。当时各政党所预备的选举票非但大小不一，就是颜色也不是一致的。所以选举官拿到了各选民的选举票后，他就立即能知道某人所投是那一党的票。这样的投票当然不能算是秘密的。为保障选举票的秘密起见，选民的选举票须装在一个信封之内，弥封以后，亲自投入选举柜中。这种信封的形式是一律的，并且是选举官供给的。

在英国城市，凡正式提出的候选人姓名须印在一张正式的选举票上，并且各选民也不能用别种的选举票。英国的选举票只是小小的一张纸，其大小差不多等于我们所通用的一元纸币，其中只有二三个候选人姓名，并且各候选人姓名之旁，也没有政党的记号。这是因为英国城市中民选官吏是非常之少，多数官吏均是任命的。英国城市的选举票要算是世界上最短的和最小的选举票。

美国城市从前曾经用过好几种的投票方法。最初的选举是以举手表决的。后来在英格兰的几个殖民中，凡选民到选举场的时候，各人给与一粒穀和一粒黑色的豆，有时候，给与两粒豆，一粒是白色的，其余的一粒是别种颜色的。然后再由选举官一次一次的宣布候选人的姓名，每次报告后，即使选民把他的穀或豆放置在一个小匣之中，穀或白色的豆作为赞成当时所宣布的候选人，黑色的豆作为反对的表示。这种方法用之不久，以后就即改用选举票。但在新英格兰殖民之外，有许多地方直到了美国革命时候，还是采用那种公开的，以口号表决的或举手表决的方法。

直到了十九世纪时候，美国各城才一致采用选举票。但当初所用的选举票也不是政府所预备的，却是由各选民各自预备的。所以各政党或各候选人即将选举票印就并填入被选人的姓名，于选举的时候分给各选民。各政党的选举票大小不一，颜色不同，选民把选举票投入票柜时候，人家就能看出他所投的是那党的票。各选民又往往只拿了他们本党的票，投入票柜，就算做完了他们的公民职务，至于选举票上究竟写了那几个的候选人的姓名，他们往往看也没有看过。各选民也能将选举票上所填的候选人姓名涂抹，另外写入别人的姓名，但选民方面，这样的举动却是很少有的。当时选举时候的种种弊端非常之多，因为当时的投票制度确是很容易使那般腐败政客舞弊。选举场上所流通的选举票这样多，其中有几张很容易被政客以不正当的手续混放在选举柜中。选举官在计算票数时候也往往私下抽出几张，另行放入几张，选民投票时候也有往往投了好几张。各政党选举票的纸张是很薄的，所以选民把两张或三张票折叠起来，是很不容易发觉的。因有这种弊端，有几个城市使各选民在他们所投的选举票之背后，各签各的姓名。但这样的办法却打破了选举票的秘密。

为革除选举时候的弊端，为减轻政党印刷选举票的费用，为鼓励选民自动的投票起见，美国各城就于四十多年之前采用那奥大利亚式的无记名投票制度。这种制度的特点并不在于选举票的大小，不在于选举票的形式，也不在于选举票的颜色。所谓奥大利亚式的无记名选举票只是一种正式的选举票，是由政府印就的，不是由政党供给的。各政党的候选人姓名均印入在选举票内，由各选民任意选举。选举票是由选举官在投票时候分给选民，各人一张，并且又保守的非常严密。选举完竣后，又须将各选举票分别计算清楚，分为用过的，废票，或未曾用过的。

奥大利亚式的无记名投票制度本来是很简单的，但在美国，这无记名的选举票却又长又复杂。这是因为美国城市中的民选官吏是非常之多；而各政党又各自提出各该党的候选人，设法使选民赞助各该党所提出的候选人名单。在选举票上，各党的候选人各占一行的地位，一行人名之上各有一个政党的记号，每个记号之下各有一个空圈或空的方格。选民如果在这个空圈或方格之内划一个十字，那末，凡是该行中所列举的候选人都算是他所选举的。这是一种极方便的投票方法，只需划了一个十字，就算选举了好几个或几十的官吏。如果一个选民不愿意把一党所有的候选人都举出，他就须将各党的候选人之中一个一个的选择，并必须在每一个被选的人名之旁各划一个十字。此刻美国各城市还有许多采用这种有政党记号的选举票，但人民对于这类的选举票却非常反对。城市改革家总以为这样的办法很容易使政党把持选举。因此，有许多城市现已取消那选举票上的政党记号，依照候选人姓名第一个字母的先后，排列次序。取消选举票上的政党记号确是一种进步的改革，但同时却不能完全打破政党把持市政的势力。各政党还是照样地提出各党的候选人，有时候以本党的名义提出，有时候借用城市中别种社会的名义。选举票上就是没有政党的记号，各选民还能晓得各候选人的党籍。所以这种改革也只是一种不澈底的改革。

美国城市选举票最大的缺点并不在于票的格式，也不在于各候选人姓名排列的次序，却在于票的大小。美国的选举票实在是太长，人民所选举的官吏实在太多。民选的官吏太多，选民对于选举的职务就不能十分关切。选民对于选举票上所列的候选人，只知某人是某党所提出的，至于各候选人的人格和经验等，一概不知；并且除了极少数的重要职位之外，其余大多数的职位均是无关紧要的，所以选民接到了选举票后，不得不糊里糊涂的任意选择几个，就算尽了他的公民职务。选举票上如果有政党的记号，那就更容易了，选民只需在某政党记号之下划一个十字，就算完事，可以免去那种胡乱选择的麻烦。但这样的选举只能算是政党领袖的选举，决不是选民的选举。美国各城选民的党籍差不多可以算是世袭的，两个大政党各有各的根据地，除了少数例外不计外，往往某城的选举大概总是某党得胜的，所以凡在某党势力极大的某城，某人的姓名如能由该党提出为候选人，下次选举时候的被选差不多是可以拿得稳的。但照那种政党预选会制度，提出候选人的权却在政党领袖手里。

美国选举票的改革家主张减少民选官吏的数目，缩短选举票的长度。这种改革运动叫做“短选举票运动”。照他们的主张，凡重要的，有权决定城市政策的官吏应当是民选的，但那般执行法律的行政官吏却不应当是民选的。从这般下级行政官吏方面着想，任命的方法较之民选的方法更加适合于民治主义的原则。“短选举票运动”就要使那般行政官吏从民选的改为任命的。只有极简单的，普通人民均能懂得的选举票才能使人民表示他们真正的意志。选举票如果又长又复杂，人民只有糊里糊涂的投一张票，那能表示他们自己的意志呢？至于反对方面的论调，把减少民选官吏的数目作为剥夺人民政权的举动，只是政客的口头语，毫无实在的根据。

美国有许多城市近来又试用一种投票机器。机器之上有各候选人的姓名，选民如果想选举某人，就在某人姓名之上按一次，机器中就记录某人一票。选民投票时候，投票机器之四周围有帐帏围起来，外边人不能看出他举的是某人。凡属于一种职位的候选人姓名均排列在一行，每选民只能在每一行中按一次，第二次就按不动了，选民把各行候选人均各按一次之后，另外尚须将机器上的总机关一拉，然后该机器能恢复其原来的地位，第二个选民即进去投他的票。各选民每次拉到总机关时候，当时立即发出一种响声，外边选举官即知他已投完了票，立即把帐帷拉开。所以每个选民只能投一次票。投票机器当然是方便的，印刷选举票的费用都能省却了，废票决不能发生了，投票完竣后，选举结果立即可以宣布，决不至于有什么错误之处。但这种选举机器的价值是很贵的，并且平时的维持费用也是很大的。并且这种机器也很容易损坏，如果在投票时候损坏了，那就没有办法了。

现今所通行的选举票确有一个重大的缺点，就是选民只能在各候选人中选择一人，他决不可能指定他的第一选，第二选或第三选。所谓第一选就是他所最愿意的，如果他的第一选人物万没有当选的机会，他能在选举票上预先指定他的第二选人物。照现今所通行的投票制度，候选人如有二人以上，当选人往往是少数选民所举出的。例如一个选举区域中共有选民一万人，候选人五人。选举的结果是甲得三千五百票，乙得两千五百票，丙得二千票，丁得二千票。甲所得的票数为多数，所以就算当选，但甲所得票数却不是过半数的票数。甲所代表的只是一万人中的三千五百人，其余六千五百多数选民却没有代表。为阻止少数党当权起见，美国有几个城市又实行了一种新式的投票制度，叫做票数转换的投票制度。选民能在选举票上指定他的第一选，第二选，和第三选。在计算票数时候，凡候选人能得超过过半数的第一选票，就作为当选。如候选人中没有人得到超过过半票数的第一选票，他的第二选票也就加入，统共计算，第一选和第二选票的总数如能超过过半数的选举票，他就也能作为当选。这样选出来的人物确是多数人民所愿意举的。当选人不一定是多数选民的第一选人物，但无论如何，总是多数选民早已在选举票上表决过他们的赞同。

这种投票制度往往和比例代表制度相混杂。但这两种制度的性质却是不同的。票数转换的投票制度的目的在于阻止那般多数选民所不赞同的候选人当选；比例代表制度的目的，在于使各政党在人民代表机关中所占的议席和各该党在选举时候所得票数成一正比例。票数转换的投票制度能用于选举市长时候，但只有同时选举三个或三个以上同样性质的官吏的时候，方能用那种比例代表制度。这两种制度却也有相同之点，就是选民均各在选举票上指定他的第一选，第二选或第三选；但计算票数的方法却不相同的。

比例代表制的种类甚多，但其根本原则却是相同的。照比例代表制度的根本原则，各代表应当由一定数目的选民选出，不应由一个区域或地理上的单位所举出。依照现今所通行的区域代表制度，一区之中定必有许多少数党的选民不能举出一个代表，所有的代表名额往往都由多数党占去。但所谓代议政府，并不是代表多数党的政府，凡人民中的各种份子，均应依照其数目的多寡，分得其所应当得到的代表名额。例如社会党党员占选民中的九分之一，那末，在九个市议员中，社会党应当有一个代表。这就是比例代表制度的目的。

欧洲各国所通行的比例代表制度是叫做名簿投票法。照这种制度，各政党在每一选举区域所应推举的候选人，须等于该区应举的代表数目。各政党各有一张候选人的名单。并且这种制度总以为多数选民大都均依照各政党的候选人名单投他们的票，这就是说：凡甲党的选民大都均把甲党的候选人笼统地举出。所以每一个选民应投的票数，等于该区应举出的代表数目。但各选民的票能投给一个政党的候选人，也能分投与各政党的候选人。每一张票作为票上所举的候选人应得的票，也作为该候选人所代表的政党应得的票数。各党应出的代表数目须于各该党所得的总票数成一正比例。在每党之内，又以各候选人得票的多寡，定其当选与否。例如在一个选举区域内，共有选民一万，应举代表六人。该区共有政党甲乙丙三党。照名簿投票方法，每党须推举候选人各六人，每一选民共有六票，票数总数共六百万张。假使甲党的候选人共得三万张票，乙党的候选人共得二万张票，丙党的候选人共得一万张票，那末，照比例代表制度的分配，甲党应举代表三人，乙党二人，丙党一人。然后再就各党中的候选人得票最多者为当选人。只因其中有政党预选候选人手续和政党候选人名单，美国的改革家极不愿意于城市选举方面采用这名簿式的比例代表制度。

美国各城所采用的是另外一种比例代表制度，叫做海尔投票法，是一个英国人，名海尔，提议的。这种制度是非常复杂。第一，各候选人的姓名均依照其第一字母的先后排列次序，印在选举票上。每一个选民只有一票投票权，但同时却能在选举票上指定他的第一选，第二选和第三选。选举完竣后，选举官须把每区所投的总票数，以该区应举的代表名额加一除之，除出来的数目，再加上一，叫做“选举商数”，这就是当选人应得到最低限度的票数。例如选举的时候，选民共投一万张票，代表名额是七个，七加一是八，以之除一万，其得数是一千二百五十，再加上一，是一千二百五十一。凡候选人所得的第一选票得到了这个数目就正式宣告为当选。如果当选人的第一选票超过了这个数目，那多余的票数就转移给该票上所指定的第二候选人；如果第二选候选人的第一选票和第二选票也已凑足了此数，那多余的票数就转移给该票上所指定的第三选候选人。如果这样计算后，七个代表的名额还不能补足，那就把各候选人中得第一选票最少数的人除去，把他的票转移给该票上所指定的第二候选人，凑足他的票数后就把他宣告为当选。这样的方法确是很复杂的。

城市选举最容易发生种种弊端，因此，各国均有严格的选举舞弊法律，禁止选举时候一切不合法的选举。选举时候的弊端种类甚多，其中最重要者是冒名顶替，重复投票，私改选举票，金钱贿赂等。在欧洲各国城市，选举时候只有官吏或雇主威吓选民的弊端，至于那种极重大的选举舞弊却很少发现的。在从前的时候，英国时有贿赂和别种选举舞弊，但大都也只限于国会选举方面。在美国，选举时候的弊端较多于无论那一国。这也有种种的原因。美国大城中政党的争斗非常激烈，并且选举得胜后的利益实非常之大，所以各党极力想得几张票，希望将来当权以后能为所欲为，满足他们党员富贵的欲望。又加以大城中居民大都不是久居在一个地方的，所以冒名顶替和重复投票的弊端是很不容易发觉的。选举官又大都是依靠政党党魁的势力而得到这种职位，所以计算选举票时候，更难免作弊的行动。只有到了最近的二三十年之内，各邦才规定了极严格的法律，禁止一切的舞弊行动。不合法的注册，金钱贿赂，冒名顶替，重复投票，私改选举票，均为法律所禁止，违反者须受极重的刑罚。

此外尚有许多行动也是法律所禁止的。例如在投票场的一定范围之内，政党不得运动选民投票，也不得散布一切的印刷品。凡关于选举的一切广告亦须有一个合格的公民签字。各候选人选举时候的一切费用，亦须于选举后一定期限之内公布出来，就是那种正当的费用也不得超过法定的数目。这位规定的目的一方面可以使选举变成一种极庄重的事物，又一方面可以使那贫富不均的候选人有同等的机会。违背这类法律的事虽也时有发生，但各政党候选人大都均一致的遵守。

选民于选举这一日往往因出外未归而不能亲自出席投票，也是时常有的，例如一切的兵士，轮船上的水手，出外贸易的商人，火车上有职务的一切工人，出外求学的大学生。这一般人民总是出外的日子多，在家的日子少，并且在美国各邦中，每邦平均计算起来，总有好几万合格选民只因职业上的关系，万不能亲自出席投票。这一般人民必须费去很多的旅费，并经过种种的困难，方能回家投他们的票。所以近来美国有几个城规定一种方法，使那般于选举时候不在家居住的选民，也能投他们的票。凡不能在家等候选举的人民，须于选举之前，呈请那法律所指定的官吏，预先发给他一张选举票。该选民把选举票上他所愿意选举的候选人划出后，须装封在一个信封内，并须另由一个公证人证明后，方交回选举官。在计算选举结果时候，这类的选举票须与其余的票同样的算入。有时候，那不在家的选民能由邮局呈请发给空白的选举票，并于选举之前由邮局寄回那已经选定的选举票。

欧洲各国城市还实行一种强迫的投票制度，尤以比利时，西班牙，新西兰为更严格。凡合格选民，没有正当的理由，于选举日不出席投票，须得受罚，或科以相当的罚金，或取消其选举册上的名字。在比利时，强迫投票制度的成绩甚大，只有百分之五的合格选民不出席投票。在美国各城，不投票的选民往往占全体选民中的百分之二十或三十。在西班牙，强迫投票制度却没有什么成绩。

总而言之，简单的选举票和秘密的投票是民选制度的根本原则。选举票如果太复杂，太长，选民往往对于选举票的内容完全不能明白，那能有意识的去投他的票呢？所以短选举票较长选举票更能达到民治的目的。还有一层，选举场上也得有种种的防御，使政客，官僚或人民不能舞弊。良好的选举法，简单的选举票，人民自动的监督，确能减少政客和官僚的为恶机会，使他们不能不依法律的规定。无论怎样的防卫，有时候也有违法的行动发生，并且有时候政党方面也有因违法而占胜利。但这种胜利只是一时的，是偶然的，并且从远处着想，却是得不偿失的。欧美各国的政客亦深悉这种情形，所以往往不敢轻易犯法。

第十三章　市民的直接立法权

民治政府的根本原则就是一切重要问题的解决必须依照人民的意志。这并不是说个个人民能自行直接解定一切的问题，但人民必须有种方法，能以公共的意志表示他们对于一切问题的办法，并有实权能使他们的公共意志发生效力。实行民治政府的方法有两种：第一，人民有选举和罢免官吏的权；第二，人民能以直接立法的手续，创制或复决一切法律。人民选举代表，执行城市政府的职权，是现今各国城市所通行的方法；至于人民直接立法的手续，执行城市政府的职权，现今尚未普及于各国城市。

代议政府是人民代表执行政权的政府。人民代表应当是人民中最有能力最适当的人物，能体察人民公意的趋向，执行政府的职权，并为全体人民谋他们的幸福。但因选举方法的不能完善，或因人民方面缺乏监督政治的能力和责任心，人民代表中往往有自利自私的人物，他们往往利用其职权，扩充私人或政党的权利，而不顾全体社会的幸福。在代议制度之下，人民只能在选举时候执行其权利，人民平时监督政治的权利却没有执行的方法。选举官吏只是这几年举行一次，官吏选定后人民差不多就没有直接监督他们的权力。现今美国各城所采用的人民罢免官吏的方法，就想矫正这选举制度的缺点。

人民公意有时候确能监督或指示官吏的行动。在许多社会中，人民公意的势力确是很大的，但在别处，公意的势力却不十分重大。“公意”这名词的意义又非常广泛，很不容易拿简单几句话把这名词的内容完全表示出来。究竟什么叫做城市的公意，是很不容易分析的一个问题。有许多学者往往把这种公共意见认为同个人意见有同样的性质，由同样的方法造成的，并依据一种同样的原则。他们把社会看作一种有人性的团体，也同个人一样，能发表其团体的意见。但这样的观念却不甚可靠的。公意应当和多数人民的意见相合，但所谓公意并不是多数个人意见的总数，决不能计算其人民的数目而确定其是否为公意。公意的要件有两种：第一，必须是一种意见，不是一种任情任性的欲望，也不是一种痴心妄想的观念，换句话说，必须依照人民的知觉而采择的；第二，必须是公共的，是多数人民心理中的一种最有势力的确信。

表示公意的方法亦甚多，政府官吏总是继续不断的受公意的节制。凡报纸上的论文及其新闻均是传达公意的机关。新闻记者和报馆主笔无论怎样的抱定公平的态度，他们总免不了受到那种流行的观念的影响。在城市之中，凡各种会社和团体所通过的议决案，市长和市议员所收到的各种意见书，公民讨论市政时候所发表的一切观念，均是表示公意的方法。民选官吏和政党领袖均时时想探测公意的趋向，而定其政策的方针，但他们却亦时有错误的地方，往往误认假公意为真公意，因之而时受人民方面的反对。在欧美各城市中，也时有人攻击城市官吏，说他们违反人民公意，但从事实上着想，欧美各城的民选官吏决不敢胆大的违反人民意志，只因他们误认人民公意的趋向，所以其政策往往为人民所反对。

还有一层，所谓公意往往和一部份人民的宣传或鼓吹互相混杂，很难分别清楚。有许多的报纸往往只表示他们的主笔，或股东，或一部份有关系人物的意见，所以在大城之中，报纸之意见也不是可靠的。就是那商会，工会，公民团体，或别种会社所通过的议决案往往也不能表示真正的公意。这类的议决案往往是很草率的通过的，并没有经过详细讨论该问题的各方面后才议决。大概先由一个主要会员把该议决案的草案提出，在会场宣读后，即一致表示，并即移交市长或市议会，作为他们团体的一致的意见。所以公意的趋向是很难推测的，社会上没有一种固定的标准，能确定什么是公意，什么不是公意，我们同时也可以说，社会上这样的标准实在是太多了，各指定各的方向，而没有一种确能使我们得到可靠的向导。大部分的公意又只在选举场上才表示的，在平常的时候，多数人民往往是不发表意见的。因此，真正的公意就更难推测了。

现今美国各城市所通行的人民创制权，复决权，和罢免官吏权，就想使人民有较多的表示公意机会，并使人民公意能于政治方面发生较大的较为直接的影响。这种制度的发生及其推行，一方面可以证明人民对于代议制度的不满意，又一方面证明他们确信选民的政治能力。

创制权和复决权，合并起来就是直接立法权。直接立法是人民直接制定各种法律，不必得人民代表的同意，至于代表所制定的法律，反须得人民的同意，方能发生效力。创制权是人民制定法律的权。如立法机关不遵照人民的公意，拒绝制定种种需要的或适宜的法律，人民可以提出议案，请愿立法机关通过；立法机关如不能或不愿意通过那人民所提出的议案，须于一定期限召集投票大会，或于下次选举时候交付选举团，由人民表决去取。但人民也可以不必经过立法机关，直接提出议案，交付选举团公决。所以创制权有两种：（一）直接的创制权，（二）间接的创制权。复决权是人民否决立法机关所制定的法律，复决权也有两种：（一）强迫的复决权，凡立法机关所通过的法律，必须交付选举团表决去取后，方能决定该法律的能否发生效力。（二）选择的复决权，凡立法机关所通过的法律，不必一定交付选举团表决，但选举团能于一定的期限之内，要求立法机关把该法律交付人民表决去取。所以创制权使人民能自行制定那种需要的法律；复决权使人民能否决立法机关所制定的那种不需要的法律。

市民直接立法制度近来在美国城市中非常盛行。但从事实上着想，这种制度却不是新近发生的。所谓创制权和复决权只是一种旧制度的新名词而已。因为从前的民治制度都采用那直接立法的方法。在瑞士，人民向来有直接立法的权利。就在美国，直接立法也是一种最古老的制度。照一七七七年乔治埃（Georgia）第一次邦宪法的规定，人民能直接提出宪法修改案。美国各邦的新宪法大都均经人民投票表决后才能发生效力。美国人民复决法律的权却是新近发生的。在一八二五年，美国马里兰（Maryland）立法部制定一种义务初等教育的法律案，使人民投票表决该法案的去取。别邦也即采用这种方法，在宪法内规定；凡属于几种列举的事项范围以内的法律，立法部制定后，非经人民表示赞同不能发生效力。这种事项的范围以后又逐渐推广，大概包括邦城的迁移，选举资格的更改，赋税制度的改革等类。

从邦法律方法，复决权制度就推行到城市法律方面。这是因为邦立法部时常干预城市事物，使地方人民发生反抗的态度，所以他们就在宪法之中，禁止邦立法部未得城市人民的同意不得修改其市规约；就是宪法上没有这样的规定，各邦立法部也往往先将城市规约草案征得市民的同意后，方制定为法律。市民复决权的范围以后又逐渐推广，非但市规约须经市民复决，就是其余那种关于普通市政的法律案，也须经市民复决。例如各邦法律更改城市的疆界，或改变城市的法律地位，或以城市的进款为担保发行市公债，那种法律非经市民表示赞同后，不能发生效力。所以美国市民也往往把它们的表决权看做他们的特别权力，不肯轻易让弃。

创制权制度直到十九世纪下半期才通行于城市法律方面。美国人民早有创议修改邦宪法条文的权，但他们却不常执行这项权利。他们在普通法律方面的创制权虽到了近来才得到正式的承认，但他们却早就利用了。因为有几种法律只有利用人民创议的手续方能正式提出，方能正式制定。例如邦宪法禁止立法部为各城制定各种特别法律，那末，凡关于城市的法律只有两种制定的方法。第一，由邦立法部制定一种普通的划一的法律，适用于全邦所有大小不一，性情各别的城市。这种制度有种种弊端，我们已在前章内详述了。第二种方法是由立法部以普通法律规定，使各城市能依照法定的手续，自行提议，自行制定其市规约。这种制度是叫做自治市规约，是市民创制权的发源地。

市民直接立法制度的推广是和城市政府改组的运动有连带的关系。美国城市组织的改革是从复杂的制度变为简单的制度。委员会式和经理式的政府组织是美国近来最通行的最简单的城市政府组织。当初人民对于那种集权的委员会制度总觉得有些不妥当，深恐那几个少数委员利用了他们的大权，发生什么自私自利的行动；但以后委员会制度中又加入了人民的创制权，复决权，和罢免官吏权，人民就随时可以有监督那委员的实权，并且又能随时更改他们的政策，或直接的罢免他们，这集权的委员会式政府决不能有什么专权的行动或别种危险。所以这两种的城市改组运动，一方面改变城市的政体，一方面增加人民监督市政的实权，是有连带关系的，并能互相扶助，这一种运动得到那一种运动的帮助，并逐渐增加其势力，散布于全国各处的城市。因此，市民直接立法制度能盛行于美国各城市。

但在欧洲各国城市，市民直接立法制度至今尚未采用。在法国，人民是没有创制和复决的职权，并且人民方面也没有积极的运动，要求中央政府或地方政府采用这样的制度。在英国，凡关于城市方面几种特别事务，例如发行市公债等类，向来是交付城市选民在选举时候投票表决的，但创制权和复决权尚未变成政治制度中的一部份。照德国新宪法的规定，人民对于中央政府的法律有创制和复决的权力，但并未规定人民对于各邦法律和城市法律也得有同样的权力。一九二〇年普鲁士新宪法也规定人民有创制和复决邦法律的权，但对于城市和邦内其余的政治区域，并未规定同样的人民直接立法制度。

美国和欧洲各国情形这样的不同，当然有种种原因。仔细分析起来，人民直接立法制度之所以能盛行于美国城市，有三种主要原因。第一，美国城市官吏，特别是那市议员，确实不能使人满意。在这五十年之内，美国各城市议会的职权逐渐减少，因此，那般优秀份子和有才能的人民决不愿意充当市议员，只有那般庸庸碌碌的毫无作为的小政客才肯去运动选举，做一个无聊的市议员。人民都晓得市议员是决不可靠的，凡议会所制定的市法律决不是为全体市民谋福利的工具。人民就采用这直接立法制度，剥夺市议会制定法律的权，而自行创制一切需要的法律，并复决市议会所制定的不需要的法律。第二，在十九世纪下半期，美国的邦议员和市议员往往想逃避责任，把那种难解决的问题使人民自行决定。当时的市议会也有种种的困难，差不多不能不如此办理。市议会必须有确定的权力，还须有极能干的领袖，方能制定一切适当的市法律，执行一切的职务，但美国的市议会大都均没有这两种要素。美国市议会中往往捣乱的机会是非常之多，市议员又是一般无能的人物，他们对于一切困难问题就不晓得怎样办理，他们对于各派的选民，不敢得罪这一派，也不敢得罪那一派，所以他们的唯一办法，只有把这困难问题于选举时候提出，使选民自行决定。市议员既可以逃避一切的责任，又不至于得罪任何一方面。但选民既由市议会交付他们自行解决法律问题的权，他们就觉得凡各项法律均须由他们复决。从这样的办法到那种强迫的复决制度，只是一个时间问题而已。第三，就是上述的那种与委员式的组织所发生的连带关系。

美国各城市所采用的创制和复决权制度虽在原则方面是根本相同的，但在手续方面却是各不相同的；并且其手续又非常复杂。我们只能将其大概情形约略叙述。创制权手续的第一步是提出创制请愿书并市规约或市法律的草案。选民或团体，如商会，工会等均能随时提出这样的请愿书。该项请愿书须由法定的选民数目署名，最低数目是全体选民中的百分之十或十五。征求选民签名的方法也有好几种：或由发起人召集一个会议，请到会人民各签一名，或由发起人持签名簿到选民家中，一家一家的征求他们的署名，或把请愿书放在各店铺，或银行，或别种公共地方，使人民签名。得到了法定的选民数目签名以后，该项请愿书和当时所提出的法律草案即呈送城市书记官或选举注册官，再由主管人员依照选民名册，核算那署名选民的数目。请愿书的格式及其提出的手续如能完全依照法律的规定，而毫无错误之处，主管人员即须证明其合法，并须于下次选举时候将该法案交付人民表决。但市议会如能于同时将该草案通过，制定为法律，人民就无须投票表决了。如离下次选举的时期太远，有许多城市能专为表决该法案问题，召集一个特别的投票大会。为选民的便利起见，有许多城市往往预先将提出的草案及其赞成和反对方面的各种理由，印成小册子，于选举之前，邮寄各选民，每人一册。人民在投票时候只须在选举票上"是"或"否"字之下划一记号而已。

人民对于市议会所通过的市法律如有不满意的地方，能依照复决权的手续，提出抗议，并征求选民署名。得到了法定数目的选民署名，该项抗议即呈送市政厅，再由主管人员审核其内容是否合法。在人民未曾投票表决以前，该法律暂时不能发生效力。

市民直接立法运动初发生时，人民的意见颇不一致，赞成者对于这种运动的希望非常之大，反对者又抱了极悲观的态度。但从这二十多年的美国经验着想，直接立法制度并没有当初那般赞成者所希望的那样有益，也没有那般反对者所攻击的那样有害。直接立法制度并没有推翻政客的势力，也没有打破政党制度，也没有增加选民对于政治的兴趣。凡由创制和复决手续所制定的市法律也大都和从前市议会所制定的法律大致相同，没有什么进步，也没有什么退步。直接立法制度的主要优点在于使人民能直接监督市议员的行动，市议员不敢过分的违反人民公意，制定种种自私自利的法律。

罢免权是和直接立法制度的性质相同的一种制度，就是法定数目的选民能提出罢免官吏的动议，并使全体选民投票表决。罢免官吏的请愿书得到了法定数目的选民署名后，也须呈送主管人员，再由主管人员审核其内容。该请愿书须声明罢免的理由。投票时候，如果多数选民赞成此项提议，该官吏须立即免职，另由人民选举别人充当；如此项提议于投票时候被否决，该官吏能继续行使其职权。罢免权的作用在于使官吏时时刻刻的对于人民负责。人民能随时罢免官吏，官吏的任期亦不妨较长，而种种长期的计画亦易于实行。但罢免权用之不当，却也易与被一部份人民利用为攻击官吏的武器，其危险亦甚大。总而言之，这种新式的民治方法必须有智识极高的责任心极重的人民，方能用之有利无害。但这种种方法同时却也能给人民一个实习做公民的机会，使他们逐渐明白他们地位的重要，政治事务不是别人的事务，是他们自己的事务。

第十四章 城市的政党

凡人民的思想或观念大概都是受到外界的影响而发生的。很少有几个人能仔细研究各种公共的政治问题而表示他们个人的意见或观念。普通人民既没有这样的能力，又没有空闲的时间，所以他们只得把别人的现成意见作为他们自己的意见。在每个社会之中，大概总有一个或几个团体，由人民因遗传性的势力，环境的关系，或别种原因而于无形之中组成的。每个团体各有各的制造意见的方法，而人民亦大概均各以其团体的意见为意见。这种团体就叫做政党，其发生的原动力并不只是政治信仰的不同，并且还有种族，宗教，职业，和地理方面的关系。这样的趋势在大城之中是更显而易见的。人民因种种非政治的关系而结合团体，往往对于政治问题有一致的观念。

政党是人民政府的出产物，也是人民政府所必不可缺少的现象。这是因为人民有了共同利害关系的觉心，他们总想有一致的行动。人民有了言论自由权，有了思想自由权，有了参政权，凡有同样主张的人往往就联合起来，组织一个团体，同心协力的进行，以便达到他们的共同目的。所以民治制度非但能使人民中各团体发生种种不同观念，并且能使各团体各表示其团体的意见和观念。政党的组织就是各团体表示其意见的唯一方法。在专制政体之下，人民没有批评政策的权利，并且结党的举动又是法律所禁止的，所以政党是不能发生的。但在民治国，人民结成政党差不多是没有方法可以阻止的。人民方面政见的不同逐渐表示出来，各派的领袖逐渐显露出来，各团体的机关逐渐组织起来，各种主张亦逐渐成熟起来。所以只有民治制度发达后，政党制度才能产生，才能逐渐推广。

凡人群的组织总有一种目的，而其合组的原动力就是从这种目的发生的。每个政党必有一个直接的目的，同时还有一种最后的作用。政党的直接目的是争夺政权；其最后的作用是利用政权执行其政策。因此，各政党必须预选各民选官吏的候选人，筹集款项为运动选举之用，并且极力运动，使本党候选人当选。只有本党候选人员当选后，政权才能夺到，本党的政策才能实行，当初组织政党的最后目的才能达到。一群军队不单为训练兵士之用，军队的目的是为打胜仗，训练兵士只是达到目的一种方法。政党也有同样的性质。政党的组织，领袖，选举运动，及其余的一切举动，只为达到选举胜利的目的。如果本党的候选人员得到选举场上的胜利，夺到政权后，政党就有达到其最后目的的方法，这就是实行本党的政策。

所以政党的目的并不是完全自私自利的。真正的政党决不是那种营私舞弊的小党，也不是乱国殃民的叛党。真正的政党就是公民的一种团体，其目的是要根据于他们党员的天良，苦心经营那种种谋社会全体福利的公共政策，使之能成为事实，能达到目的。所以各党的政见和政策虽有极不同之处，但在这样不同的政见和政策的背后，他们却有一个共同的目的，这就是谋国家和全体人民的幸福。各党对于政府价值的观念，和所期望达到的理想目的，大致是相同的。所以一国的人民虽则分成几个政党，他们却还能维持社会中那种所谓公意。人民的公意是指人民对于他们政府的性质和目的，所表示的公共意志；政党政策上的不同是在于达到这种目的的方法。

政党虽因政策的不同而组织的，一部份人民因为主张一种特别的政策，并为希望执行这项政策起见，就组织一个政党，但以后这个目的达到后，这个政党往往并不因之而消灭。为达到他们的目的和别党争斗的时候，这党党员逐渐增加他们的团结力，并且他们的团体中又发生种种习惯和领袖。党员逐渐加多，团体逐渐坚实。以后政党的目的和政策虽则改变了，党员的团体却已根深蒂固，不能打破了。政党本身又逐渐得到新的政治观念，新的大政方针，同时党员方面又时有更动，旧党员逐渐死亡了，新党员加入了。少年男女到了成年时候，或加入甲党的团体，或加入乙党的团体；他们有时候或为党纲所感动，或为政党领袖所引诱，而选择他们的党籍。但人民选择他们党籍最重要的标准却是他们的遗传性或环境的关系。多数人民的党籍大都是世袭的，不是根据于理性而选定的。照美国各城市的情形，各党世袭的党员差不多占全体党员中的百分之七十五。所以凡是一家的人，到了投票时候，往往投同一个政党的票；这个区域中的多数人民均属于甲党，那一个区域的多数人民又大都属于乙党。

人民的习惯也能影响于他们的政治行动。如有一人投了好几次某党的票，以后该党的政策就是更改了，这个人的党籍未必因之而更改。这种趋势又以乡区的情形为更甚。在城市之中，家族关系的观念是很浅薄的，人民又往往早就脱离家庭的关系而各自谋生，并且各种人民间的接触又非常之多。城市人民的眼光决不能像乡间人民那样的只知保守老祖宗的成法，而不肯更改他们的观念。城市人民确能容纳各人的各别观念，并且又时受其影响。但无论何如，党员对于政党的信仰大都均不是根据于理性发生的，往往从他们少年的时候，因家族，环境，职业，习惯或私利的种种关系，于不知不觉之中训练出来的。

但多数人民均不愿意拆开天窗说亮话，当众的承认他们的党籍不是根据于理性而发生的。这尤以那般受过教育的人为更甚。他们总以为他们的党籍是依据他们的良知而慎重其事选定的，如果他是一个甲党的党员，他总说甲党的党纲是合于他的意见，如果他是一个乙党的党员，他总说乙党的政策是他所赞同的，所以他才入乙党。多数人民均以政治观念的独立为人民的德行，决不愿意人家把其中的底细明白宣布。人民的偏见和党见总是免不了的，这种偏见和党见却早已于少年时候，不知不觉之中就发生了。

政党制度虽是各民治国所通行的制度，但政党制度的弊病也是非常之多，近来各方面对于这种制度又攻击得非常利害。政党制度是否可以废除，确是一个很有趣味的问题。我们也许可以把政党废除，但政治方面的种种情形亦须受到根本上的更改。如果没有政党，政府方面决不能和现今有同样的状况。民治制度中最重要的一部份是选举制度，只有采用选举的方法，人民才能举出代表，执行政治上的大权。但每次选举却须经历过好几种的手续。第一，人民对于各种问题的意见，各候选人的观念，必须想种种方法去探听出来；同时还得鼓励人民表示他们的观念，使他们讨论各种问题的各方面。种种提议逐渐提出，借以探察人民公意的趋向。到了相当的时期，各候选人均选定了，他们各人的政策也宣布了。在欧美各国国会或省议会选举时候，大政方针是由政党宣布的，在城市选举时候，各候选人各自宣布他们的政见。各候选人往往于选举之前出外演说，宣布他们的政策；各种各样的印刷品或由邮局或由专差递送到各选民的家中；报纸上天天有长篇的论文或记载，讨论各问题的各方面和各候选人；人民在这样状况之下无论怎样总得有多少的感觉，总能发生多少的兴趣；末了，到了选举这一日，由选民多数表决各项问题，并从候选人之中举定那执行政权的官吏。所以每次选举，从入手预备到选举完竣的时候，至少需经过六个月或以上的时期，许多人民须用尽无数的心血，社会上平常的生活须受到种种的障碍，同时还须费去极大的款项。

如果没有政党，选举时候的情形当然不能是这样了。候选人不能由正式的团体预先举定了，政策的方针也没有宣布的方法了，人民的兴趣也没有人去鼓励了。在现今各国的城市中，情形这样的复杂，各人所须注意的事物又这样的多，人民各自顾虑各的私心，尚恐照顾不完备，他们那有空闲时期去研究那公共的政治问题呢？只有各政党用了极新鲜的方法，极奇妙的手段，人民对于选举方面的兴趣才能鼓励出几许。取消政党的结果只发生了许多别种团体，改换一个名称，执行政党的职务。政党既有重大的职务执行，政党的组织是不能取消的。

从城市政府方面着想，政党有五种重大职务。第一，预先审核各项候选人员。什么“为事择人”都不过是一种门面话，选民决不能从好几十个候选人之中，一致的选择一个最适当的最合格的人物。各政党预先把各党的候选人选定后，人民选择的范围就缩小了，他们只须注意于几个人物，不必费去时间，研究那帮不合格的人物。这样看起来，政党就变成选举机关中的一部分。第二，政党能确定选举时候各方面所争执的问题，或者，选举时候的主要问题如果早已表示了，那末，政党也能确定各该党对于这项问题的具体主张，使人民在投票时候，不但选举执政人员，同时还能表示他们对于当时政治的主张。第三，政党能用种种方法鼓励人民对于选举的兴趣。这是很重要的，因为近来各国城市选民对于政治事务往往是漠不关心的。有了政党方面的种种鼓励，选民尚且不能个个都到选举场去投他们的票，统计起来，十个选民中大概有两三个不出席投票。如果没有政党方面的极力鼓励，试问投票时候能有多少人出席呢?

第四，政党能使城市政府一切的官吏负一种共同的责任。城市政府中民选官吏的职务往往是极不相同的。市议员的职务是制定一切的市法律，市法官执行那市议员所制定的市法律，市长和其余的官吏执行城市方面的行政事务。这三种官吏如能和衷共济，良好的结果才能发生；否则，政治上定必发生种种阻碍，非但政策不能一致，就是平常的例行事务恐亦不能顺手。立法，行政，和司法官吏如果没有什么个人的关系，他们决不能有一致的行动。只有他们共同隶属于一个政党，由一个政党的党员选举出来，他们才能采用共同的政策，和衷共济，不致于发生什么冲突。三权分立制度，箝制和平衡制度无论怎样的能保障人民的自由权，但在实际上，却有种种不方便之处，万难严格的实行。共同的党籍确是政治上和衷共济的主要要件。

还有一层，各项民选官吏如果没有共同的党籍，他们的责任也只是个人的责任，到了他们的任期满了以后，他们的责任也就因之而没有了。市民对于那种不满意的市议员，至多只能说：“你使我们大大的失望，到了任期满后，我们决不再举你了。”这样的责罚实在是不够的。真正的责任必须是一部份人共同担负的责任，同时还须有一种永久的性质。如果民选官吏的候选人是由政党提出的，那末，政党就须替他负责，政党把某人提出以后，差不多就变成他的保证人。将来当选以后，他如能办事得力，政党就得人民的信任，如果办事不得力，人民也能责备他所隶属的政党。各政党的成绩全以他们所提出的候选人员的成绩为定的。因此，各政党选择候选人员的时候，就不得不慎重其事。

第五，政党又是人民和政府之间的中间人。凡人民和政府各机关间的冲突，大都均由那几个政党领袖出来调停。政府的政策由政党机关详细解说，使人民明白各种政策的各方面；人民的种种意志和观念亦由政党传达于政府。政府方面如有侵犯人民权利的举动，政党往往出来干涉，使人民不至于受政府的无理压迫。这种情形在欧美各大城之中确是常发生的。城市中多数人民大都不明白他们的权利，时被资本家，房主或政府官吏所压迫，政党差不多就变成人民的保护者。政党的势力是很大的，政党的领袖有时候也是很腐败的，但他们对于那小百姓却往往非常体恤，时时救济他们的贫穷，或帮助他们寻觅工作，或保护他们的权利。这样的举动虽则出源于自私自利的目的，是一种收买人心的行动，希望将来选举时候能多得几张票，但那无数的小百姓确能大受其益处。

城市政府的政党制度确是非常的不满意，其弊病较之中央政府的政党为更甚。无论在美国或欧洲各国，其情形都是相同的。这也有种种的原因。第一，在大城之中，人民往往根据于民族的，社会的，或职业的关系分成阶级，使政党内部发生分裂的趋向。政党领袖的地位在城市中较在别处更为重要，城市选民注意于政党的人物，不大十分注意于政党的党纲，大多数的市民都是隶属于某人的党派之下，并不是隶属于某党。因此，城市政治差不多变成一种人的问题。

还有一层，城市政党大都不是独立的，他们往往是全国政党的附属品。多数人民所注意的是全国的政治大问题，不是一个区域的，或一个城市的政治小问题。所以全国的政治问题能使人民分成党派，组织政党，以后政党组织成立，各党又逐渐发展其个性与一切的习惯，所以全国政党确有一种永久的性质。地方政治往往不为人民所注意，所以一切政治问题很难使人民分成党派，组织永久的政党；即使偶尔地方上发生一个重大的问题，为人民所注意，他们因而组织纯粹的地方政党，但以后这问题解决了，这样的政党定必解散，决不能如全国政党那样的能永久存在。城市无论怎样的有自治权，城市政党决不是独立的，决不是自治的。在无论什么地方，城市政党只是全国政党的支派。在英美两国的城市，人民大概分为两党，至多三党；在欧洲大陆各国的城市，人民的党派，分得非常之多。但英美和大陆各国的城市政党均有一个共同的特点：全国政治问题是城市人民分成党派的根据。

欧美各国城市选举时候的竞争差不多完全是全国政党的竞争。有时候城市政党为迎合市民的心理起见，也往往采用一种各别的名称；例如在英国伦敦，城市政党叫做平和党和进步党，同时全国的政党叫做自由党和保守党。但名称方面虽则不同，英国全国政党和伦敦城市政党的人物还是相同的。在欧战时候，英国采用了混合内阁制度，政党的界限暂时打破；同时在城市的选举，也有同样的状况发生，旧时政党的界限也即打破。

近来社会党和劳工党在欧洲各国的势力逐渐增加。从这两党方面着想，全国政治和地方政治是没有什么区别的，所以他们有全国的政党组织，也有各城市和各地方的政党组织。比方从社会党方面着想，全国各区域的根本问题是相同的，他们的目的是想把各种生产的工具变为社会化。社会党在全国各区域的政治行动只有这样一个目的。社会党员决不能看出全国政治问题和地方政治问题的区别，因为从他们的眼光看起来，政治上只有一个根本问题，这就是使个人主义变为集合主义。他们主张国有铁路，他们主张市有电车，这两种主张的理由是完全相同的。又如劳工党的主张也能同样的适用于全国政治方面和地方政治方面。劳工党员的目的是合组一个中央的劳工组织或劳工联合会，其范围是包括全国的区域，甚而至于全球各国。所以全国政党如果趋向于经济一方面，以经济问题为分成党派的根据，那末，全国政党和城市政党更不能分立。

现今各国政党确有这样一种趋向。政党的党纲差不多变成一种经济的信条。政治差不多变成经济，选民和立法者的团结力大都是一种经济的利益，他们逐渐改变全国，各省或邦，各城市的政治方针，使之趋向于统一的目标，旧时政党组织的势力却就有不能支持的趋势了。现今的政党差不多是人民团体的团体，并不只是人民的团体，各政党的内部问题就是要用种种方法，调和那利益不同的各种经济团体。为达到这个目的起见，各政党往往有自相矛盾的政策。因之现今各国政党内部的团结力决没有像从前那样大。这种情形尤以美国各大城市为更甚。旧时政党的界限打破了，较大的政治问题不注意了，人民就根据于民族的界限，宗教的观念，社会或经济方面的不同，而分为派别。一切的党见都是从人民的偏见发生出来的，决不是从理性一方面发生的。一切的选举竞争也只变成个人间的竞争而已。世界上无论那一处的城市决不可能因政党界限的消灭而提高其地方政治的性质。

在美国各大城市，纯粹的城市政党也时有发现的，但他们往往于数年之内消灭，决不能永久存在。这也有种种的特别原因。第一，各城市没有一种永久性质的重要问题，能使人民组织永久的地方政党。人民对于市政方面的较大问题，大都均有相同的观念。人人赞同市政的逐渐改革，使之一天完备一天；人人愿意采用那种最有效率的而又极经济的政策。但到了实行这类政策的时候，人民却又意见纷歧，这一部份主张采用这种方法，那一部份人民又主张采用那种方法。就在一个团体之中，各人的意见又往往各不相同，内部往往因之而发生冲突。美国和其余各国城市中的多数市民团体大都均有这样的经验。有许多人往往责备市民，说他们缺乏公共的精神，没有合作的能力，所以不能维持那种改革市政的永久团体。但这也不是一种确切的解说。城市政党之所以时常失败，其原因并不在市民一方面，却在于政党的性质方面。政党虽是发生于政治问题，就是人民对于各种问题有各别的观念，所以才组织各种政党；但政党的存在还须依靠种种习惯。城市政府的问题却时时改变的，所谓习惯等类差不多没有成立的机会。往往今天所拟定的计画，到了明天，因别种情形的更变，就不能适用了。除此之外，城市政党还有别种实际上的困难。城市政党的费用甚大，其收支两方面决不能出入相抵而无亏损。人民对于城市政党的募捐，决不能像他们对于全国政党募款的那样乐于捐助。这并不是因为人民不知城市政府的重要，这只因为城市问题不能激动人民的爱国心，使他们捐助大宗款项。

所以在欧美各国，凡利用全国政党机关执行城市改革计画，较之另行组织各别的城市政党易于入手。市政改革家和那政党机关联合起来在美国是时常发生的。这样的联合虽能得到选举时候的胜利，但那般当选的执政人物却不能完全脱离政党的色彩。政党党员在选举时候出了力，他们往往要求大部份的利益。只因他们的组织是极完备的，所以他们也很容易为所欲为，达到其所希望的目的。新的执政人员还是为党员谋私利，并不为全体市民谋公共利益，改革家就大失所望。当初联合的时候，政党宣言不党主义，故能得改革家的赞助；但选举胜利的目的达到后，改革家就无节制政党的能力了。

城市政治的自治本来是很不容易保障的。但在美国，近来政党干预城市政治的行动却日渐减少，决没有像从前那样的横行无忌。这也有种种原因。民选官吏数目的减少是一种原因。现今所流行的那种短选举票很不利于政党的舞弊。市议会议员名额的减少，委员会式和经理式的市政制度的推广，均能减少政党为恶的机会。各邦选举和城市选举不于同日举行，也能使城市政治和各邦政治脱离关系，有单独提出城市政治问题的机会。末了，文官考试制度的推广减少各邦或全国政党干预城市政治的欲望。

欧洲各国城市政党的组织和美国有一个大不相同的特点。在欧洲城市，政党并没有经法律所承认，所以其一切行动也不必受法律的节制。政党组织不必依照法律所规定的手续行使其职权，而一切党员也没有法定的直接参与政党事务的权利。在法国，德国和意大利，所谓城市政党只是市民所组织的一切会社，是自由集合的团体，其主要人物只是城市中几个活动的政客。他们没有那美国式的预选会，使党员能直接提出候选人，直接监督政党的执行委员会。法律完全没有承认政党的存在。但这许多自由结合的政治团体也提出他们的候选人名单，并于选举时候极力运动选民投票。这类团体却又非常之多，所以各团体的单独势力非常薄弱，他们如想得到选举时候的胜利，实非联合起来不可。各政治团体的联合又不十分永久，他们至多于一次选举完竣后，其联合团体立即解散。只因欧洲各城市政党的势力非常薄弱，并且又不是永久的合组，所以法律实无须干涉其行动。

英国政党也不受法律所监督的。各政党的一切职务均以非正式的手续办理的。在城市之中，每区各有一种团体，无论什么人只须交纳会费就能加入其团体。每年的会费虽甚小，人民中加入者只是极少数。英国城市各区的团体也和法国城市中的政治会社有同样的性质，其中的会员大都均是那般活动的政客。每区的团体均各有一个委员会，执行其一切职务，凡委员会所提议的总是经全体所通过，凡委员会的一切行动总是经全体所承认。我们尽可以说各区委员会就是各区的政治团体。但英国各委员会的会员都是普通公民，不是那般以政治为职业的政客。所以英国的城市政党也不是一种极有势力的组织，法律尽可以取不干涉的放任主义。

美国的政党制度就有根本上不同的特点。第一，美国的政党是受法律的严格节制，并有几种确定的职务，如预选候选人，宣布党纲之类。第二，美国的政党组织是完全根据于民治主义，就是政党的大权（至少在名义上）是在党员手里，党员能随时更换他们的党魁。第三，美国政党在各大城中各有一种极完备的组织。美国政党的组织是全国一律的。从大西洋口岸到太平洋口岸之各城市，均有一律的政党组织。各城政党组织的单位是区，每区的党员于一定的时期，举出本区的政党委员会，另外再举出几个代表，联合别区所举出之代表组织全城的政党委员会。凡关于一区的事务由该区的委员会执行，关于全城的事务由全城的委员会执行。在表面上看起来，这样的制度是很合于民治主义，执行党务的职员都是党员所举定的。但从事实上着想，这种制度却非常复杂，普通人民往往不能明白其中的奥妙，所以很容易被那般政客所利用或愚弄。

美国政党的职务较之欧洲各国实多出好几倍。欧洲各城市民选官吏的任期是很长，所以每次选举完竣后，政党机关就没有什么事可做，须经过极长时期，到了下次选举时候，政党党员才有活动的机会。欧洲的政党党员好像一种义勇队，须到了有事时候，才召集起来。他们只有在选举前的一二个月方振作精神，运动选举。选举完后，他们又各自恢复他们的职业，办理他们的私事。美国政党党员差不多是一种常备兵，时时刻刻不能离开职务的。有时候他们为生活起见，也偶尔有多少公务或私事，但他们只能分极小部份的精力办理他们的公务或私事。各种各样的预选会和选举，全国的，各邦的，各地方的，继续不断的举行，各政党时时刻刻用尽他们的全副精神，尚恐照顾不周。所以人民中日常靠政党政治为生者有好几万或几十万人。

第十五章　市议会

欧洲各国和美国城市制度的主要区别在于市议会的性质及其地位。在欧洲各城市，市议会是城市政府中最重要的并且最高的机关。城市政府中的一切机关须受市议会的节制，所有的城市行政官吏须对于市议会严格的负责。在法国，德国，意大利，和英国，城市的行政首领都是市议会所选举的，他们的主要职务也只是执行市议会的议决。欧洲各城市并没有行政和立法职权分立的制度，也没有职务分配的制度。欧洲各国自从代议制度设立以来，无论在中央政府，各邦或各省政府，或城市政府，立法机关总是处于最重要的地位。

在美国城市政府初成立的时候，市议会的地位也是很重要的。市议会是殖民时代城市中最主要的机关。当时的城市政府差不多只有一个市议会。这是因为殖民时代的美国政治制度都是由英国移殖来的，英国的市政制度没有经过根本上的更改，就即移殖到美洲殖民地。殖民时代的市议员，也和英国一样，是由城市中的自由人民所选举的。市议会中有两种会员，一种是市议员，其余一种是副议员，市议员的数目三倍于副议员。副议员有时候还能执行市法庭法官的职务，但除此之外，他们的职务是和市议员相等的。市长也是市议会中的一份子，并且又是市议会的主席。他的投票权是和其余的会员相同的，市议会的议决案不必得到他的同意后方能发生效力。除了市议会特别委托外，他也没有什么任命权。市议员和副议员所组织的市议会，执行殖民时代城市所有的职权。直到了美国革命时候，市议会是美国城市中最高的政府机关。

美国革命并没有更改美国市议会的地位。但有许多地方，市议员和副议员各自分立开会，所以那两院制的组织就发现于城市政府方面。当时美国城市虽没有普偏的采用两院制的市议会组织，但在革命以后的二十五年之内，这种制度确是很通行的。两院制成立后，两院的职权也就有分立的趋向，但市议会全部的职权却并不因之而减少。直到了十九世纪初期，市议会的职权才逐渐减少。当时有少数城市把市长改为民选的。从此以后，市长就可以不必受市议会的节制。当时市长虽则还没有独立的职权，虽则还不是行政长官，但市长既改为民选的官吏，其权力的扩充确是很容易做到的。

三权分立制度是美国联邦政府和各邦政府的根本原则。但美国最初的城市政府却并未采用那立法和行政职务分立的原则。到了一八三十年，美国的市长才有否决市议会议决案的权；再过几年，市议会才逐渐失去其任命官吏权的一部份。市议会虽则失去其一部份的职权，但在城市政府一方面，市议会还是其中的主要机关。市税是由市议会规定的，城市的政费是由市议会议决的，除了那最高的城市官吏之外，其余的执政人员还是由市议会选择的，并且各项官吏的职权也是由市议会规定的。市议会大概还选派各项委员会执行各项职务，所以当时各城市有道路委员会，学校委员会，公产委员会等类。以后美国城市逐渐发达，各市议会的会员也逐渐加多，而各委员会的会员也因之增加，十五个人的委员会以至二十一个人的委员会是很普遍的。城市职务由市议会所选派的委员会执行是欧洲各国所通行的方法，英国城市就在现今时代还采用这种制度。但在美国，市议会所选派的委员会实无执行城市职务的能力。在从前城市不十分发达一切事物非常简单的时候，委员会尚能对付各种事项。但在十九世纪中期，美国城市发达的速度实非欧洲各国所能比得上，城市事务就于数年之内从最简单的变成最复杂的，各委员会就无对付的能力了。人民对于市议会的信任亦就逐渐减少，各邦立法部即依照人民的心理，于南北战争时期的前后，逐渐剥夺市议会的行政职权。到了十九世纪的末期，美国市议会就变成城市中最不重要的机关，一切的行政权都在市长或别种官吏手里，其立法职权也时受邦立法部的干涉。因此，城市的自治权利就时时被邦立法部所侵犯。

所以现今美国市议会的地位和欧洲各国及日本的市议会大不相同。欧洲各国的市议会都是城市政府最主要的机关。在法国城市，市议会的组织是一院制的，其议员的数目从十人至三十六人，是由市民选举的，任期四年。凡人口满六万以上的城市，市议员的额数是三十六名，但里昂Lyons和巴黎除外，里昂市议会有议员五十六人，巴黎有市议员八十人。小城市的市议会是由全体市民共同投票选举的，大城市的市议员以分区选举的方法选举，每区至少须选出四名。法国市议会职权的范围甚大。市议会从其会员之中选出市长和副市长（一人或数人）。市议会的议决案不能被市长否决，但有时候却能被中央政府机关批驳。市税是由市议会规定的，每年预算案是由市议会议决的。但市议会并不参与行政方面的事务，因为行政职权完全在市长和副市长手里。凡关于各种重要的行政事务，如街道，卫生等类，市议会中各有一个常设的委员会，作为行政官的咨询机关。法国市议会并不像英国市议会那样的能直接监督城市事务，也不像美国市议会那样的没有实权。法国市议会有选择市长和副市长的权，所以能在根本上监督行政方面的事务。市长都是从市议会的多数党党员中选出来的，如同内阁制中国务总理的选择方法一样。但市长选定后，他就有确定的四年任期，市议会不能于任期未满以前罢免他的职位，从这方面着想，他的地位又和国务总理不同了。

普鲁士的市议会是两院制的，一个普通议会和一个行政议会。普通议会议员的额数是从十二个到一百个以上，都是根据于比例代表制度，由人民以直接的，秘密的，普通选举制度选举的。各议员均由城市各区域中选举出来的，其任期为六年，每二年改选三分之一。行政议会是一个较小的机关，大概只有那普通议会议员额数的四分之一。行政议会的会员不是民选的，是由普通议会任命的，其任期或是六年，或是十二年，或是终身的。这两院各自开会，但行政议会会员有出席于普通议会的权利，并同时还有发言权。这两院的职务是大致相同的，各项议决案又须得两院的同意，方能发生效力。每院均能各自提出各种议案，但在实际上，一切议案大都经由行政议会提出的。至于行政方面的事务，普通议会是不直接参与的，这类事务是属于行政议会的。此外还有一个两院的联席委员会，由两院的代表和院外的普通人民共同组织的，其职务就是直接监督城市政府各行政部的事务。所以德国市议会在市政方面的职权没有像法国市议会的那样大，更比不上那英国的市议会，但较之美国的市议会，其职权已经大得多了。一九一八年德国革命并没有从根本上改变市议会的职权，但市议会中两院的关系却稍受几许影响，从此以后，那普通议会在行政方面的职权已增加了许多。

日本市议会议员的名额是依照城市人口的数目规定的，其额数如下：

（一）凡人口满五万的城市，市议员的名额是三十人。

（二）凡人口在五万以上，十五万以下的城市，市议员的名额是三十六人。

（三）凡人口在十五万以上，二十万以下的城市，市议员的名额是三十九人。

（四）凡人口在二十万以上，三十万以下的城市，市议员的名额是四十二人。

（五）凡人口满三十万的城市，市议员的名额是四十五人。

（六）凡人口满三十万以上的城市，每增人口十万，市议员名额增加三人。

（七）凡人口满五十万以上的城市，每增人口二十万，市议员名额增加三人。

但以上所列举的额数，市议会能以市条例增减之。日本市议员任期是四年，自总选举的日期起算。凡有选举资格的市民即有被选为市议员的资格，但市制第十八条规定下列各项人民，不得当选：

（一）官吏退职后未满一月者。

（二）所属府系之官吏及有薪吏员。

（三）市之有薪吏员。

（四）检事，警察官吏及收税官吏。

（五）神官，神职，僧侣及其他诸宗教师。

（六）小学教员。

（七）市事业之包工者及其经理，与以同行营业有法人资格公司之无限责任股东及重役（公司之总理，董事，经理，查账人等，有重大责任者，均称重役。）

（八）与现任市议会议员有父子兄弟之关系者。

（九）与市长，助役，市参事有父子兄弟之关系者。

（十）市吏员依惩戒而免职者，二年以内不得就市之公职。

凡关于选举诉讼，第一审属于市议会；第二审属于府系参事会；第三审属于行政法庭。日本市议会开会的次数和时期，并无法律上的限制，市长认为必要时或三分之二市议员请求时，市长就能召集开会。

英国的城市政府是一种市议会制的组织。在英国城市，市议会是一院制的，但其中的会员却分做两种：一种是市议员，一种是参议员。市议员的额数是依照城市人民数目定夺的，并由城市合格选民选举的。在小城之中，市议员是由全城选民共同选举的，但在大城，市议员是分区选举的，每区举出三人。市议员的任期是三年，每年改选三分之一，所以每区每年选举一次市议员。市议员再从其内部会员之中，或从外边人民中，选出一定的参议员数目，其名额等于市议员额数的三分之一。参议员的任期是六年，每三年改换二分之一。所以英国市议会中有三分之二的民选会员，和三分之一的任命会员。市议员每年改选三分之一，参议员每三年改换二分之一，所以英国市议会确有一种永久的性质，其政策和行政方针不致于时时更改。参议员和市议员的职权是相等的；但参议员是任命的，不是民选的，其任期较长于市议员，并且又往往充当各种重要委员会的委员长，这就是参议员和市议员性质的不同之处。

市议会差不多就是英国的城市政府。英国城市所有的职权都由市议会执行。市议会从其会员之中，选举一个市长。市长是市议会的主席，但同时却没有独立的职权。市议会制定一切市法律，议决市税率，分配一切政费，任命所有城市官吏，并直接监督各行政部的事务。这种监督权是由市议会中的常设委员会执行的。市议会对于各行政部的事务，各设立一个常设委员会，专任监督的职务。各部的行政事务却由那般永久的官吏，得委员会的同意而执行的。在表面上看起来，这种英国式的市政制度确是很离奇的，城市的行政官须对于委员会负责，那委员会又须对于市议会负责，这样复杂的情形很易于使各行政官吏，各委员会，和市议会，各推却责任；如果市政方面发生了弊端，行政官吏可以推在委员会身上，委员会可以推脱于市议会，市议员又能推到行政官吏或委员会身上。各委员会如果真正直接执行城市行政事务，市议会如果真正干涉各行政部的事务，英国的市政制度恐就须一败涂地了。但在英国的政治制度方面，理论和事实往往是绝不相同的。市议会虽有处置市政的全权，但市议会往往把其职权委托于各委员会，凡委员会所提议者，市议会总是同意的；各委员会又往往根据于城市行政官吏的提议而代为提出于市议会。在事实上着想，英国市政的全权还是在于那般永久的行政官吏手里，一切的责任也都是由他们担负的；各委员会和市议会的职权只是批准他们的提议而已。习惯是政治上最大的是势力，英国的政治制度都是从习惯上发生的。所以英国的市政制度有两个特点：一方面能保持人民主权的原则，又一方面能使那专门人才执行一切事物；这两个特点能各补各的缺点，同时又能互相防止各走极端。

美国各城市议会的情形非常复杂。我们万不能以简单的几句话，描摹美国的市议会及其职权。在美国，没有两个城市的市议会有同样的组织，和同样的职权。法国，德国，和英国的市议会均是全国一律的。法国马赛城Marseilles市议会的组织及其职权是和包杜城（Bordeaux）的市议会完全相同的。英国伯明罕城（Birmingham）的市议会也和里治城（Leeds）的市议会大致相同。但在美国，纽约城的市议会绝不是和波斯敦的市议会有同样的性质；包而铁马（Baltimore）市民也决不能承认旧金山那种委员会制是他们市政制度中的一部份。又如纽约邦的埃彭纳城（Albany）有一个市长，一个审计院，一个监督院，一个没有行政职务的市议会（会员十九人）；但同时白反路城（Buffalo也在纽约邦）没有独立的市长，没有审计院，也没有监督院，只有一个委员会，会员五人，一切立法和行政职权完全在其掌握中。总而言之，全国市议会的大小，会员选择的方法，市议会和市长的关系，市议会议事的手续，及其职权均不是一致的。并且在现今时代，各处市议会的不同情形更甚于从前；因为在这二十年之内，各城的市规约修改又修改，不知改了多少次数，凡经过一次的修改，总发生多少新的特点，所以美国市议会在城市政府中的地位是极不一律的。

美国多数城市的市议会大都均采用那一院制的组织。但在二十五年以前，两院制的组织却非常通行，那时候很多的重要城市均有一个上议院，叫做参议院，此外还有一个下议院，大概叫做普通议院。所以那时候城市的立法机关未免太复杂，但当时人民却以为这两院制的组织能使立法方面慎重其事，不至于制定种种不适当的和忽略的市法律。这就可以见得美国十九世纪初期的市政制度是完全根据于联邦政府和各邦政府的组织，人民没有明白城市政府的特质，更没有明白市政的复杂情形，所以就糊里糊涂的抄袭联邦政府和各邦政府的组织。以后城市发达，各城市的问题亦逐渐复杂，那两院制的组织就觉得不能适用；市政的改革逐渐从复杂的改为简单的，两院制的市议会也就改为一院制的。现今美国十二个最大城市均采用一院制的市议会，至于那许多小城市也没有几个采用两院制的组织。

在欧洲各国，市议会的大小大都依照城市的大小，成一正比例；美国的情形却不是这样的。美国两个最大的城市确有最大的市议会，纽约市议会有议员七十一人，支加哥市议会有议员五十人。美国第三个大城，费立特而费埃，有市议员二十一人，但同时那较小的城市却有较大的市议会。例如圣路易有市议员二十八人，克立勿伦有市议员二十五人。波斯敦只有市议员九人。那较小城市的市议员名额大概是从七个到二十个。在这二十五年之内，美国各处的市议会有两种很显著的趋向：第一，减少市议员的额数；第二，减轻市议会的职权。在许多地方，人民总觉得这市议会决无代表社会上各阶级人民的能力。

美国市议员的任期大概是二年，但也有一年或三年的。在包而铁马城（Baltimore），市议员的任期是四年。如果市议员的任期是在一年以上，那末，市议会每年必改选一部份的市议员。大概有选举资格的市民都有被选为市议员的资格。小城市的市议员往往没有一定的年俸，至多每次出席会议能支多少出席费。但在各大城，市议员均有一定的年俸，费立达而费埃（Philadelphia）和笛典劳农（Detroit）的市议员每年支年俸五千美金，芝加哥和纽约三千美金，克立勿伦一千八百美金，波斯敦和包而铁马一千五百美金。市议员的薪俸也是市政上一个重大问题，并且经过学者争论了许久时候。市议员的职务繁重，非把全副精力用在市政方面，实不能尽其所应尽的职务。市议员如果不支年俸，多数人民就万无充当市议员的能力。即使有人愿意尽义务，充当那不支薪水的市议员，他们往往为生计所迫，不得不想种种办法，弥补他们经济上的损失，或在那种私人公司中支领干薪，或从公共建筑方而舞弊，市政方面种种弊端也许就因之而发生。但从那一方面着想，市议员的薪俸如果太大了，那般以政治为生活的政客就想极力谋充此项职位，市议员的缺额就变成政客们争夺的目的物。因此，美国有几个城市对于这问题，想用一种调和的解决办法，一方规定市议员所应得的年俸，使他们能维持其生活；一方面又把市议员的年俸定得很低，不至于使市议员的地位变成一种优差美缺，为政客们所期望得到的目的物。

市议员选举的方法有两种。第一种是分区选举方法。这是五十年以前美国各大城所通行的办法，也是欧洲各国大城市现今所通行的办法。照这种办法，每城分做人口相等的若干区，再由每区举出一个，或两个，或三个市议员。例如美国芝加哥共分五十区，每区举出一个市议员。但城市中各区域的划分是很武断的，各区域的界限又随时依照人口数目的增减，随时可以更改的。每次划分区域的时候，地方上的政客往往利用这种机会，增加他们政党的利益；所以分区舞弊的事情，和那种有政治作用的划分区域，是时常发生的。第二种方法是全城市民共同选举的方法。照这种方法，城市是不分区域的，在每次选举的时候，市议员是由全城市民共同选举出来的。这是美国各小城市现今所通行的办法，同时有几个大城也采用的。

这两种选举市议员方法各有各的利弊。分区选举方法的优点在于能使市议会代表全城的各区域；市议员既由各区域选举出来，他们对于各处的情形和特别需要，定能知之详细，不致有隔膜之处，并且各政党也能各有代表在当选的市议员之中。但从那方面着想，分区选举方法却有种种的弊端。这种方法很容易鼓励人民的区域观念，是他们忘却全城人民的共同利益，一个城市并不是几个独立区域合并起来的总数。各城市均各有一种统一的精神，共同的观念。所以关于那种种重要的问题，城市中往往有一种全城一致的观念；如有机会表示，这样的观念定能表示出来的。但分区选举制度往往能打破这种一致的观念，使之不能发生效力。凡从一个区域中举出来的市议员，他的心目中只有这一区的利益，他决不能顾虑到全城的利益。如果他所代表的是第一区，他对于第三区的利益是毫无关系的。他在市议会中的一切行动专为他本区域争夺最大的利益，使本区市民能满意，并能于下次选举时候复选他为市议员。他只须能满足本区市民的欲望，他的地位就能稳固，即使别区域中十分之九的市民一致反对他，他也决不致因之而落选。他亦往往帮助别区的市议员，为别区域争夺利益，但这样的举动只是一种交换条件。所以市议员中往往有互相利用，狼狈为奸的行动。他们所代表的只是各区域的利益。最进一步，他们就能为各区域中的资本家或有势力的人所利用，代表那私人的利益。

全区选举制度是没有这种弊病的。并且这全区选举制度又能使市议会代表全城市民的意志，使市议员注意于全城的利益，市议员不是一个区域中的市民所选举的，是全城市民所选举的，所以凡各候选人必须得到多数全城市民的赞成，方能当选。这是全区选举制度的优点。但同时这制度也有多少缺点。市议员如由全城市民共同选举，他们也许都是从几个区域中选举出来的，其余的区域在市议会中也许完全没有代表。并且他们也许完全由多数党的选民选举出来的，少数党也许完全没有代表。这种情形确是时常发生的。现今各处所通行的比例代表制度或能免除那全区选举制度的弊病，亦未可知。

市议员选出后，市议会须于一定的日期开成立大会。以后须看事物的多寡，定开会的次数。在法国，市议会每三个月开会一次，但每次开会的时期却甚长。法国市议会开会后，往往日夜继续会议，直至议完一切事务后为止。英国，德国，和美国的市议会每星期或每两星期开会一次，每次开会的时期只有几个钟头。并且随时又能召集特别会议。在法国，英国，和德国，市长是市议会的主席。但在美国，多数城市的市议会均自行举定其主席，只有少数城市的市长能充当市议会的主席。

欧洲各国的市议会大都均能自行规定其议事手续，但在美国，市会议的议事手续却规定于市规约之内，市议会没有自行决定的权利。在欧洲，市议会的议事规则是很简单的；在美国，这类的规则是非常复杂。凡市议会的例行职务大概均由委员会执行的。在英国，委员会有直接监督各行政部的职权。并且有许多委员会是法定的，各城市非有这种委员会不可。其中最重要者就是督察委员会（Watch Committee）其职务是执行城市的警察权。在德国，市议会两院代表所合组的行政委员会也有很大的行政职权，但没有像英国城市各委员会所有的那样大。在法国，市议会的委员会也执行一部分的行政职务，但其地位差不多只有一种顾问的性质；法国各委员会的势力虽也很大，但并不直接决定各行政部的政策。总而言之，欧洲各国的市政有一个共同的特点：这就是市议会的行动，大概总依照委员会的提议；市议会在委员会未曾报告之前，总不至于将各议案自动的表决；市议会虽亦能否决那委员会的提议，但这样的举动却很少发现的。这是因为欧洲各国市议会对于选举委员会非常慎重，委员会中各会员对于市政方面各项事务总有特别的经验或专门的学问。又因为欧洲各国市议会的任期是甚长的，三年，四年，或六年，并且各议员又时常连任几次，所以他们均有机会专任研究一部份的市政事务，而市议会能将其议员中的专门人才选派为各专门委员会的会员。

美国的情形与欧洲完全相反。市议会选择委员会的标准并不依照各议员的专门学识，却以各议员的资格，政治势力，个人的好恶，地理方面的分配为标准的。有时候，凡有专门智识的市议员也许派为该专门委员会的会员，有时候也许派为该委员会的会长，但这样的事情却很少发现的。有许多委员会也许有很重大的职务，也许有多少任命权，所以市议员对于这类委员会中的位置，争夺得非常利害。有许多委员会也许什么职权都没有的，各市议员也很不愿意充当这类委员会中的会员。但重要的委员会只有几个，万难满足各市议员的希望；所以在分派各委员会委员的时候，只有那几个最有势力的市议员方能派充最优美委员会的会员。美国市议会选派委员会完全是为人择事，并不是为事择人，往往街道委员会中没有一个有工程知识的人物，市议会中即使有工程人物，这工程师也许派充为救济贫穷委员会的会员。

美国和欧洲各国市议会任命委员会的方法也是根本上不同的。欧洲各国市议会的委员会是由全体议员推选，美国市议会的委员会是由主席派委的。美国市议会主席往往利用这样职权委派那般和他有关系的市议员充当委员会的委员。并且各重要委员会的职位往往在主席未选定以前，预先由主席的候选者拟定名单，作为选举主席的交换条件。所以一个市议员很难继续连任两期的委员会会员。凡市议会中政党的势力更改后，或主席更换后，各委员会的委员也往往因之而更动。并且各市议员又往往希望在重要委员会中占据一席，或希望由委员会的地位升为委员长。因之每次选举以后，各委员会的委员中总得更动一次。差不多没有一个市议员能长久在一个委员会中，对于该委员会范围以内的职务，能得到多少的经验或兴趣。所以凡是委员会开会讨论的时候，各委员对于一切的讨论，完全没有兴趣的，他们很不愿意细心研究，详细讨论一切问题，他们都是门外汉，决不能有所贡献的。这是美国市议会中各委员会的普通情形。

这样的委员会当然不能使人民和市议会重视。美国市议会绝对不愿意遵照各委员会的提议，凡各委员会的提议往往被市议会随意的否决，随意的修改。在委员会一方面，各委员亦明知他们的提议不能得市议会的赞同，所以他们议事时候，亦就糊里糊涂，潦草塞责而已，决不肯尽心极力，详细研究各问题的各方面，而慎重其事，将其研究所得的结果，提出于市议会。欧洲各国市议会中各委员会所以能为人民重视，为市议会信任，是因为各委员会的会员都是有经验的，或有专门智识的人才，他们确有很好的成绩。欧洲各国委员会制度所以能有良好的成绩又因为三种特别原因：第一，组织委员会的方法良好；第二，各委员会的委员有永久的任期；第三，那种服从专门人才意见的习惯。

至于市议会的职权，各国的情形不同，所以我们很难以简单的几句话撮要说明。无论在什么地方，市议会是城市的立法机关，但其立法的职权范围，却又各国不一律的，这是因为各国市议会只是附属的立法机关，其职权范围是由高级机关规定的。例如日本市制第四十条，规定市议会的职权，其内容如下：

（一）关于市之事件：

（甲）条例、规则之制定。

（乙）以市费与办之事件。

（丙）岁出入预算。

（丁）决算报告所承认之使用费，办事费，加入费，市税与夫役，现品之赋课，征收。

（戊）不动产之管理，处分及取得。

（己）基本财产公积金之设置，管理及处分。

（庚）新义务之负担及权利之抛弃。

（辛）财产及营造物之管理办法。

（壬）吏员之身分保证。

（癸）关于涉及城市之诉愿，诉讼，及和解之事。

（二）依法律勒令而属于城市议决之权限者：

（甲）关于城市之事，例如关于市名之变更，补缺选举执行之必要。

（乙）关于国家或其他团体之事，例如关于府县税赋之议决而付诸市议会议决者。

在欧洲大陆各国，市议会的职权是概括的，其范围是很广泛的，但在执行之时，市议会须受行政机关严格的监督。在英国和美国，市议会的职权是列举的，并且在执行之时，万不能出这列举的范围之外，这种情形又以美国为尤甚。美国各市议会的职权近来愈缩愈狭，有许多市议会差不多没有什么重大的职权，只是一个有名无实的立法机关而已。

无论其范围或广或狭，市议会的立法职权须依照法定的手续执行的。凡在其职权范围以内的一切事务，市议会能制定各种条例或规则，规定一切详细的办法。这种条例或规则也与法律有同等的效力，但在欧洲各国，有时候须得到高级机关批准后方能发生效力。举凡公共卫生的保障，消防事务，房屋建筑事务，食料的查验，各种买卖的特许等类，市议会制定详细的条例或规则。市税率，城市行政机关的组织，各项官吏的薪俸等类，如果未经市规约或法律所规定者，也由市议会以条例或规则规定之。在法国，市议会所议决的条例或规则不必得市长的同意，英国也是这样的。但在美国那种市长和市议会制的城市政府，市长往往有否决市议会议决案的特权。不过美国市议会的条例或规则，依法制定后，不受联邦或各邦政府的干涉，联邦或各邦政府的任何机关没有批驳市议会议决案的权力。

市议会还有许多重要的财政权。在欧美各国，市议会虽不能征收新的赋税，但在一定的限度以内，市议会能决定各项市税的税率。至于什么样的财产或权利是应当纳税的，并怎样的征收，是由中央或各邦政府的法律规定的。所谓城市赋税自治虽也有人主张，但因这样制度确是弊多利少，所以尚未实行过。在英国城市，市预算案是由市议会中的一个委员会预备的，美国有几个城市，例如支加哥，也已采用这种方法。在法国城市，市预算案是由市长预备的，美国多数城市也是这样的。照各国的通例，市预算案须经市议会通过后，方能发生效力；并且各项支付也须得市议会同意后，方能照付。这是市议会最重要的职权，并且又是各国一律的。但各国市议会执行这项职权的时候，其权限的大小各有不同的地方。在英国，市议会制定预算案的职权是没有限制的。除了几种款项在事实上必须加入外，如市公债的利息等类，市议会能自由加入，减少，增加或删去预算案中无论那一种款项。在法国，市预算案经市议会通过后。还须得到高级机关的批准，方能发生效力。在美国，各城市的职权是极不一致的，有许多城市制定预算案的职权是与英国城市同样的大；有许多城市能删去，但不能增加预算中各款目；在还有少数的城市，制定预算案的权是在一个特别的预算委员会手里，市议会不过在形式上承认该委员会所提出的议案而已。

欧洲市议会有许多关于行政方面的职务，例如任命官吏等类。美国市议会早已完全失去这项职务。从美国人的眼光看起来，市议会是一个纯粹的立法机关，所以依照三权分立的原则，万不能听其直接干涉行政事务。美国有几个市议会绝对的没有行政方面的职权，例如照波斯敦市规约的规定，市议员如干涉行政事务，须受刑事上的处分。这种制度和英国的情形完全相反，英国市议会有全权执行地方行政事务。法国和欧洲大陆各国的制度是在英国和美国之间。欧洲大陆城市

并没有确实的把行政和立法事务分开，由各别的机关各执行一种职务，但他们也在原则上承认这两种职务分立的优点，所以一切行政事务虽则还在市议会的势力范围之内，但并不由市议会或其委员会直接执行，却另由行政官吏或行政委员会执行的。

此外，另有许多杂项职权，名目繁多，很难一一列举出来。各国市议会对于这种杂项事务方面的职权也颇不一致，并且又很难确定。市议员自己往往亦不能明白他们市议会确定的职权范围。如有疑难问题发生，他们往往把这问题交城市的法律部核覆，而法律部的意见大

概是很长的，很复杂的，往往牵涉许多的法律和许多的前例。各国市议会有许多的议决案，条例或规则往往被法庭宣告为无效。美国是这样的，英国也是这样的。关于某城市究竟是否能执行某项职权的问题，其唯一的解决方法，就是执行这项职权，人民或别机关如果反对，他们定必提起诉讼，由法庭判决。

英国人，法国人，德国人或意大利人对于他们的市议会均没有什么不满意的地方，他们此刻决不致于想改组他们的城市政府。市议会是他们城市政府的主要机关。在已过的五十年之内，欧洲各国市议会的职权并没有什么减少丝毫。英国市议会的权力，此刻还是和从前一样大；法国市议会也是这样的。普鲁士从欧战以后，市议会的职权较之从前反而大大的增加，此刻普鲁士市议会对于城市政策方面确有很大的权力。但在美国，市议会的状况却与欧洲各国完全不同。在美国人的眼光中看起来，这市议会的成废确是将来的一个问题。在过去的几十年之内，美国各处市议会的职权继续不断的减少；若在这五十年之内，市议会的职权还是这样的逐渐减少，那恐将来的市议会一些职权也没有了，这市议会究竟还有什么用处呢？将来的事我们此刻当然不能预料，也许同时会发生一种反动力，逐渐恢复市议会从前的职权及其地位，现在所盛行的经理式的城市政府也许能使市议会恢复原状。但照现今美国政治方面的趋势看起来，恐怕不能有这状况发生。经理式的城市政府也许非但不能帮助市议会恢复原状，恐怕也许还要被市议会制度所牵赖，因而不能盛行。人民对于现今那种立法机关早已失去信用，非但在市议会方面是这样的，就是对于各邦立法机关和联邦立法机关也何尝不如此呢？将来究竟发生怎样的结果呢？或者把全权交托行政首领，或者由人民直接立法？这确是很有研究价值的问题。在我们中国，这城市政府组织问题还尚未解决，市政方面的一些事物将要办理的时候，这样的问题更有研究的价值。

第十六章　市　长

欧洲各国城市政府都有一个行政首领，普通叫做市长，但各国文字中均各有一个各别的名称，例如在德国，叫做Bürgermeister，在意大利，叫做Syndic，在西班牙，叫做Alcalde，在法国，叫做Maire，在英国，叫做Mayor。美国各城市的行政职权或在市长手里，或在一个委员会，或由一个雇用的经理人执行。各国城市的市长非但在名称方面这样的不一致，并且各城市行政首领的任用方法，任期，职权和势力均是各国不同的。

在欧洲各国，城市的行政首领或由中央政府机关任命，或由市议会选举。市议会选举的方法较中央政府任命的方法更为通行。欧洲各国城市一概没有民选的市长。在普鲁士，市长是由市议会选派的，大概是由市议员范围以外的人民中选择一个充任的。市长的任期差不多都在十二年以上；在德国革命以前（一九一八年），市长的任期大都是终身的。各大城市的市长不是一个普通公民，却是一个很有经验的专门人才。他的薪俸是很大的，并且将来退职以后，还能得到一种养老俸。他的职位完全是一种职业，并不是政府中的一种差使。他是市议会上院的议长，又是该院中的主要人物。但他没有否决两院议案的职权，也没有重要的任命权，也不直接执行城市政府中各行政部的事务。他是一个普通的监督，监督各行政部的事务，并使各部和衷共济，分任城市行政方面的各项职务。德国市长在法律上的职权并不甚大，惟多年的习惯早已把市长的地位抬得甚高，所以他很能有一种指导的能力。

法国的市长也是由市议会选举的，大概总是从市议员之中选择一人充任的。他的任期是四年。他是不支薪俸的，但市议会每年照例拨付一笔款项，作为市长的公费。他是市议会的主席，也和其余市议员同样的有投票权，但对于市议会的议决案没有否决权。城市政府中重要的职位，都是由他任命的，但各项官吏法定的资格却规定得很严格，他决不能随意的派委。并且城市官吏又没有一定的任期，凡任命以后，不能无故免职，所以各项官吏职位的缺额，除非现任官吏死了以后，平时决不出缺的。城市每年的预算案由市长编制以后，再提出市议会；城市的一切政费也都归市长经营。至于各项行政机关，如街道，给水，卫生等类，也在市长的监督权之下，但市长却有一个或一个以上的副市长帮助办理。副市长也由市议会从市议员之中选择充任的。

法国市长有双重的地位。他不但是城市的行政首领，同时又是中央政府的代表。以中央政府代表的资格，市长公布那内务部长或省长的一切命令，他又负责编制选民册，关于编辑户口册和其余许多涉及全国的事务，他也有种种重要的职务。但这类的事务大都均由市政厅中那般永久官吏所承办的。他并不是市政的专门人才，也不是以行政为职业的人物，但他在未曾充当市长之前，总已充当过好几年的市议员或副市长，所以他对于市政事务大概总有多少经验和阅历。并且法国的习惯又往往继续选举前任的市长连任，所以他对于市政事务决不是一个门外汉。

在英国，市长的势力没有像德国或法国的那样大。英国市长也是由市议会选举的，或从市议员之中，或从市议员范围以外的人民中，选择一人充任均可。他的任期只有一年，虽也有时连任，但不连任的市长却多于连任的。他是市议会的主席，但不能选派市议会的委员会，也不能任命城市官吏，也不能管理行政部方面的各项事务。市议会的议决案不得他的同意，也能同样的发生效力。他是没有薪俸的，但市议会往往拨付他多少经费，作为他的公费。英国市长每年的费用是非常之大：凡从国外或国内来游历的名人，须由他招待；一切捐款薄须由他列首名，提倡捐助；所有一切慈善的或社交的事务亦须由他首先发起。他的地位是很高的，但没有什么权力。关于政策方面的事务，是市议会多议数员议决的；关于行政方面的事务，是由他的属员执行的。依照法律，他的职务是很轻的，不必费多大的时间；但依照习惯，市民方面无论发生什么事故，或对于市政有什么不满意的地方，或要求什么样的利益，个个人都要请市长代为求达目的。市议会选择市长时候所采取的标准，并不是要选择一个真能办事的人，只因为某人是地方上的著名人物，人民应当尊重他，所以把他举为市长。但近几年来，英国劳工党占了势力以后，他们在许多城市内，就从劳工界之中，举出市议员和市长。将来劳工党如能逐渐发达，并能维持他们的政治势力，市长的地位也许更变，但现在我们尚不能预料。英国市长并不是中央政府的代表，但伦敦政府如与城市政府发生什么交涉，市长就要做双方的中间人。

照以上所述德英法三国市长的大概情形，我们就可以看出他们有一个共同的特点，就是，他们都是由市议会举出的，并对于市议员负责。从这方面着想，市长和市议员的关系差不多像国务总理和国会的关系。但市长选定以后，市议会却不能指挥他怎样执行他的职务，从事实上着想，市议会实无指挥市长的必要。市议会定必明白某人的态度和性质后，总把他举为市长。市议会决不致于举那种倔强的，与多数市议员宗旨相反的人充当市长。一个守旧的市议会所举出来的市长，一定是一个著名的守旧人物。一个趋向于激烈派方面的市议会一定举一个志同道合的人充当市长。从欧洲各城市的大概情形而论，凡举为市长的人物大都均做过多年的市议员，或副市长，或行政官，市议员对于他的态度和性质，都已明白非常详细。市议会决不会举出一个反对派的人物，等到他接任以后，次次与市议会为难，发生种种的困难问题。并且英法两国市议会在市政方面的至尊地位，早已为人民所承认，现在已无疑问。在欧战以前，德国市议会是否是市政方面最高的机关，尚有问题；但从一九一八年革命以后，市议会的地位亦已抬高，不能再发生什么问题。总而言之，欧洲无论那一国没有那种独立市长的观念，也没有这样的习惯。

世界上只有美国和坎拿大把市长职位作为城市政府中的独立机关。坎拿大当然是受了美国的影响。美国市长职权的逐渐发展，从最初没有什么势力的市议会主席地位，变成现在的独立地位，是城市政府历史上最显著的特点。这就可以证明一种政治制度，能因环境的更变而逐渐改变其性质，到了后来，就与原来的制度没有一些相像的地方。美国现在的市长与一百年前的美国市长绝对没有相像的地方，并与其余各国的市长，也很少有类似之处。美国的市长在城市制度中确占一个很特别的地位。但在这一百年之中，美国并没有什么人想把市长的地位抬到像现在的那样高，把他的职权增加到像现在的那样大。美国市长地位的抬高，职权增加完全于无意之中，依照社会状况的变迁，一步一步的逐渐变更的。在最初的时候，美国市长，本来是与英国市长相同的，只是市议会的主席，同时又是市议会中的一份子。以后市长的职权稍为增加一些，市长和市议会之间就稍有一些不同的地方，再后这种不同之处又逐渐增加，直到现在，市长和市议会变成完全分立了。美国市长的历史是政治进化的最显著的实例。所以我们值得把美国市长职权和地位的变迁从详讨论。

在美国革命以前，各殖民地的城市各有一个市长，或由殖民地行政首领任命的，或由市议会从其议员中选择一人任命的。他的任期只有一年，但也时常继续连任。他的地位和职权同现今英国市长完全相同，只因当时殖民地城市没有英国城市那样大，所以他的地位没有像英国市长那样尊严，职权也没有那样繁多。以后市长改为民选，市长和市议会的关系就没有像从前那样的密切了。但当时市长虽是民选的，同时却还是市议会的主席，并且也没有得到什么独立职权。

但一切权力却有集中于市长的趋向。第一步，市长以市议会主席的资格，就有选派市议会中常置委员会的职权。究竟在什么时候，并为了什么原因，市议会把这项职权委托他们的主席，我们此刻实无从得知，因为所有各城市的记录中没有什么线索可以使我们寻得其中的原因及其发生的时期。但推想起来，大概总是因为便利起见，为免去全院选举各项常置委员会的麻烦，当时就正式的委托主席选派。过了几时，主席选派常置委员会却就逐渐变成一种习惯，末了再由法律追认这种习惯。这不但市议会如此，就是美国各邦议会和联邦国会也同样的把这项职务委托主席执行。但无论何如，市长得到了选派常置委员的职权，他对于各委员会所管辖的行政部事务，就有一种间接的势力。各委员会的委员长是一个主要人物，所以委员长的选定差不多已经把一部份的政策方针预先决定了。

从选派委员会的职权，市长就不久又得到任命行政官吏的权力。这两种职权有连带的关系，重要的委员会既由市长选派，那种行政的事务官吏为什么不也归市长委任呢？所以美国市长就有了这项职权。在最初的时候，市长所任命的官吏须预先得市议会的同意，但以后连这样一种限制也废除了。在十九世纪中期，市议会的权力一些一些的减少，市长的权力却一些一些的增加。多数城市的市长就不做市议会的主席了。他脱离了市议会的关系，就独立了。如果他和市议会有什么交涉发生，他就依据总统和邦长的前例，以公文送交市议会。以后又依据联邦政府和各邦政府的前例，市长又得到否决市议会议案的特权。因此，市长就变成城市政府中一个独立的机关，和市议会立于同等的地位。

美国城市方面的行政职权为什么在十九世纪能这样的推广呢？这是很容易说明的。市政职权从市议会方面转移到市长手里是出源于两种主动力。在一方面，人民有一种观念，以为市议会从其性质上着想是一种讨论的或立法的机关，所以依照三权分立的原则，不应当同时执行一切纯粹的行政职权。人民方面有了这样的观念，市长就很容易把持一切权力。十九世纪美国城市的行政职务又推广得非常之快，这是美国城市的发达时期，为社会状况所逼迫，城市政府的职务不得不增加，而这种职务又大都是属于行政方面的；至于立法的职务却没有十分推广的需要。美国人民心理对于一切政治事务，总想依据原则办理的，所以他们就把一切新发生的行政职务完全交托市长执行。同时还有一个事实方面的原因。那时候凡市议会所办理的事务总是办得很不好，但市长所办的事往往办得很好。市议会对于各项事务往往迟延不办，并且还不肯负责；市长却把一切事务办得很快，并且又公开的办理，使市民能明白详细的情形。行政机关的效率较大于市议会，并不是偶然的，却是当然的。因为那般市议员都是分区选举出来的，他们心目中所有的只是他们所代表的小小一个区域，他们并不以全城的利益放在心中，他们的党见又非常之深，并且在选举的时候，又不免以种种舞弊方法取得当选的资格。市长的选举当然也免不了舞弊的行为，但市长是由全城选举出来的，所以能够照顾全城的利益。市议会中又缺少出众的领袖人物，市议员就容易被那腐败政客所利用，变成一切黑暗势力的傀儡，不顾公共利益，为几个少数资本家或大公司谋私利。这种情形是市民所知道的，所以市议会和市长争权的时候，市议会万非市长的敌手。市议会每次失败，市长每次得胜，直到了十九世纪的末了，市长争夺到所有重要的职权，在名义上和在事实上，变成城市政府中的首领。

但这样严格的把行政和立法事务分立，却很不利于市政的进行。在联邦政府，政策方针大半是以立法手续决定了，所以三权分立制度很能使行政和立法两方面有一种平衡的趋势。各邦政府的情形大概也是如此的。但在城市，各项条例和规则的制定只是政府职务中很小的一部分，这样的分权未免太不均匀。市长的职权太大，市议会的职权太小。市议会既没有多少立法事务执行，市议员就想干涉他们职权范围以外的事务。其结果就使市议会和市长及其附属的行政官吏时常发生冲突，以致一切市政事务不能进行。城市政府中的分权制度万不能使立法和行政两种机关和衷共济，却是他们互相冲突的原因。

近二三十年来，美国有一部分人民对于城市方面的分权制度，觉得利少弊多，所以就极力提倡市政改革的运动。在许多城市中，人民组织了种种团体，共同研究和提倡市政的改革。他们这种种运动忽然于二十世纪的第一年，由南方一个城市叫做高费司敦（Galveston）指示了他们改革的方法。那一年高费司敦从根本上推翻了分权制度的原则，设立一种五个人委员会，并把城市政府的一切职权（行政的和立法的）完全交托这委员会执行。从一千九百零一年至一千九百十四年之间，这种所谓委员会式的城市政府在美国各处非常盛行。从这种委员会式的制度，以后又发生一种经理式的政府组织，也绝对的否认分权原则和独立行政机关的根本观念。

所以在现今的美国各城市，那种高级的行政职务是由四种方法执行的。第一，在许多城市，一切行政职务都在市长手中，市议会绝对没有参与的权。这是纽约，波斯顿，和其余许多大小城市所采用的方法。第二，还有许多城市的市长只有一种有限制的行政职权，市议会却保留一种监督的职权；例如市长所任命的官吏，须俟市议会批准后方能行使职务，又如市长非得市议会的同意不能罢免城市官吏。这类城市的市议会还有许多关于编制预算案，订立各项合同，发给种种特许状方面的职权。这是支加哥，费立达而费埃（Philadelphia）等城所采用的方法。第三种就是那几百个委员会式的城市政府，他们的行政职权是分给五个委员执行的。末了，还有那种经理式的城市政府经理监督一切的行政机关，但经理是由市议会任命的，并须对于市议会负责。所以在美国，市长的地位及其责任不是全国一律的，各处人民对于城市行政机关组织的问题，例如行政职权须增加或缩小，须采集权制或分权制，责任制或独立制，没有一致的意见。在美国政治制度中，以城市行政机关的组织为最不一致。

在美国各城市中，市长都是民选的。他的任期是从一年到四年，大概在大城之中，四年任期最普通，小城的市长往往任期二年，只有极少数城市每年选举一次市长。但各城市都有延长市长任期的趋向。在少数城市，市长任期未满之前，人民能投票表决罢免他的职位。市长任期满以后，普通都能继续当选连任，但有少数城市禁止市长继续当选连任。这是恐怕市长在任期以内，利用他的地位运动下次的选举，把他职务内应做的事务反而弃置不顾。

美国市长的权力很难以简单的几句话说明，因为各城的情形是各不相同的。照美国人普通的观念，市长是城市的行政官吏，没有参与城市立法事务的职权。但这句话实不能描摹市长的地位。美国市长确实不是市议会的议员，但他对于市议会的行动，却有很大的势力。第一，他能随时在市议会中提出议案。他能出席市议会，把他的意见提出；或以公文叙述他的提议送交市议会。在表面上看起来，这提议议案的权没有什么多大关系，市议会不必一定依照他的提议办理，市议会尽可把这类的提议置之不理。但在市议会中，市长一定有他的党羽。他未提出议案以前，往往预先与他的同党市议员商议过了，所以他的心中早已预先明瞭大部分市议员的态度。市议会对于市长的提议所采取的态度，并不专靠该种提议的内容如何，还得要看市长在市议会方面的政治势力如何，然后方能定夺。市议员如果得罪了市长，他自己本人或他所代表的区域决不能得到什么益处。他如果能提出种种交换条件要求市长承认，作为他对于市长的提议所投的同意票的代价，他又何乐而不为呢？所以市长对于那种纯粹的立法事务也有很大势力。这一层是学者所不可不注意的。

市长提议议案的权是从积极方面使市议会依照他的意志制定种种条例或规则。他同时还能从消极方面阻止市议会制定那种他所反对的条例或规则。这就是他的否决权。凡市议会所通过的一切议决案，须由市长签字承认后方能发生效力。市长如果不赞成某项议决案，他能于一定期限以内把原案送回市议会，并声明他不赞成的理由。如果过了法定时期，市长没有把原案送回市议会，他就是不赞成，未曾签字，该案却也能发生效力。市长如把原案送回，市议会可以覆议该案，如得到法定数目的市议员同意，普通是三分之二，该案也能成立。但在平常时候，三分之二的同意票很难得到，所以市长的否决权实在有很大的势力。

市长参与立法事务究竟有何利弊？我们讨论这个问题，非把市长的提案权和否决权分别讨论不可。提案权确是有利无弊。就是普通公民大概均有请愿立法机关的权利，为什么做了市长就不应该有同样的权利。至于说市长的势力太大，凡他所提议的总能得市议会的同意，因此市长就不应该有提案权；这样的理由却很能成立。否决权的性质和提案权完全不同。这种所谓有限制的否决权是美国人发明的，是当初制宪者所拟定的。其原来的用意为防止立法机关的专权。这种制度所提据的学理原则就是孟德斯鸠的权力互相钳制的学说。只因为联邦宪法和各邦宪法中均有这种制度，各城市政府也就模仿采用了。但城市政府绝对没有立法机关专权的危险。市议会只是一种附属的立法机关，其职权有严格的限制，并且市议会如有法外的行动，邦立法院随时可以干涉，随时可以取消其议决案，实不必另外使市长和市议会互相钳制各的职权。所以市长的否决权实无成立的理由。

在市长的行政职权中，最重要的就是任命城市官吏权。大多数城市的行政部长和各委员会委员都是民选的。但现今民选官吏的数目已较从前减少得多了。有许多财政方面的官吏，如计核和库藏等官职，也是民选的。因为这类重要官职应当是独立的，不应当由市长任命，致使随时受其节制。还有许多城市的教育委员会也是民选的，因为决定城市教育政策应当使各级人民都有代表参与其事。除此之外，其余各项城市行政官吏大都是由市长任命的。并且这几年来，市长的任命权又大有增加的趋势。在委员会式的城市政府，任命权是在委员会手里，那经理式的城市政府把一切任命权委托城市经理执行。委员会和经理所任命的官吏不必经别种机关批准承认。但市长没有这样的自由权。有许多城市市长所任命的人员须经市议会批准承认后，方能发生效力。这种制度又是受了联邦政府的影响。在美国联邦政府，总统所任命的重要官吏须得到上议院的同意。联邦上议院的同意权并没有什么弊端，但市议会的同意权发生了许多弊病。这是因为上议院和市议会两方面的习惯完全不同。联邦上议院对于总统所提出来的人物，大概总是同意的。在这八十多年来，凡总统所提出的内阁员名单，上议院未曾否决过一次。上议院以为总统对于行政事务须负一切责任，所以关于选择官吏，他应当有一种自由权；但市议会没有这种观念。市议会对于市长所提出的人员，随意否决或承认，毫无一定的标准。并且市议会所否决的人物，不一定是坏的；所承认的人物，又不一定是好的。无论如何，市议员总是脱不了党派的观念，他们总想利用他们的权力，替他们党员谋位置。近来虽则有少数城市早已取消了市议会的同意，但多数城市还保留这种制度。

市长第三种职权是编制预算案，提交市议会。但只有少数城市的市长有这样的职权。在从前的时候，美国各城市都把编制预算案作为立法方面的职务，是由市议会委托委员会执行的。英国各城市此刻还是这样的，美国有许多城市此刻也是这样的。直到最近的几年，美国联邦国会和各邦议会中的各委员会也有提议支付各种款项的职权。但在美国各级政府，预算制度最为不满人意，尤以那种分区选举的市议会的状况为更甚。在这类的市议会中，编制预算差不多变成各区域互相抢掠公款的行动。就是在那全区选举的市议会，预算制度方面的弊端也非常之多，最显著的即浪费浪用，市议员又互相推却一切责任。因此之故，近来美国各城市才把预算事务作为行政职务，并使市长担负编制预算案的责任。有少数城市另外设立一种预算委员会，市长是该委员会的委员长。但预算案无论是由市长单独编制，或委员会编制，必须提出市议会，得其同意后，方能发生效力。所以议决预算案中岁入岁出各种款项还是立法方面的职务。

市议会虽有修改预算草案中各项款目的权，但同时亦有种种的限制。例如在纽约，市议会能删去或减少，但不能增加，各项款目。市议会如果删去了或减少了预算草案中的各项款目，市长有否决的权，并且市议会在覆议时候，须有四分之三的多数同意票，方能推翻市长的否决。在波斯敦，市议会对于市长所提出的预算案，除了减少或删去其中的款目外，没有别种修改的权，并且市议会的议决经市长否决之后，不能再行覆议。在费立达而费埃，市议会能随意修改预算草案，但市长有否决的权。在支加哥，预算案是由市议会的财政委员会，会同市计核编制的，预算草案先经市议会投票表决后，再送呈市长，市长能否决全案或其中的一部分，但不能增加或减少其中的款目。

在各小城市，关于预算方面的市长职权更不一致。但各处均有显著的趋势：一方面把编制预算案的职权委托市长，又一方面逐渐的减少市议会的职权，预算草案由市长编制后，市议会即不能再行增加其中的款目。从市议会方面着想，减少或删去预算草案中的款目是一种空空洞洞的职权。因为市议员所注意的，并不是减少城市政府的费用。他们都想替他们的区域争夺种种利益，如一切公共建筑或别种与人民私利有关系的事务。他们总觉得城市的公款，为什么不拿出来化呢？所以市议会如果只有核减预算草案中各项款目的权，这预算草案到了市议会，决不至于修改的。市议员还有核减税率的权，所以那“人民赋税的担负须得他们代表同意后，方能征收”的空洞原则还是保留存在。但税率是依据一切支付款项而定的，现今各国财政方面所采用的普通原则是“量入为出”，所以市议员默认了一切支付的款项，他们就担负了规定税率的责任。但在事实上，美国多数城市中财政方面的责任是市长担负的。

各国市长还有许多各种零星的职务，其中有许多是属于社交方面的。在美国，市长有监督城市行政的职权。但市长如果没有任命和罢免官吏的权，没有规定预算的权，这种普通的监督行政权是不能执行的。此外，种种社交方面的职务是非常繁多，例如欢迎一切著名人物，接待人民或团体的代表，出席一切公共集会并发表意见；此种种事务均须费去极多的时间。他差不多没有多少时间执行他的例行公务。市长又是城市中的政党领袖，所以有许多党务又须他照料。美国市长确是一个极忙的人。

在这五十年以来，美国市长的职权确已大大的增加，世界各国的市长没有一个能与他相比。纽约市长是世界上最有势力的市长。在他的职权范围以内，他差不多能同别国皇帝那样的专制。他的权力比各邦邦长更大，很可以同欧洲的立宪君主相比。

第十七章　委员会式的城市发展

这七八十年以来，欧洲各主要国家的城市政府制度差不多都没有经过根本上的改革。在法国的市政制度方面，市民的选举权虽已推广了许多，城市官吏虽较前更加对于人民直接负责，但各项官吏间的职权分配，如省长，县长，市长，副市长，市议会间的关系，尚未有多少重大的变更。现今法国地方政府的大纲还是当初拿破仑所规定的。英国也有同样的情形。英国中央政府各机关间的职权分配虽经过重大的更改，如一九一一年法律剥夺上议院的权力等类，但城市政府组织还是依照一八三五年的法律。德国在几年前虽发生了重大的改革，并从根本上改革了中央政府的精神和形式，但一九一八至一九一九年的改革并未推翻城市行政的组织。市长，参议会，市议会间的职权分配还是和从前相同的。新旧制度的主要区别只在于民治精神方面。城市选举制度从那种不平等的三级制度改为男女平等的，秘密的，直接的普通选举制度，一切官吏也较前更加对于全城选民负行政上的责任。总而言之，欧洲各国的地方政府制度确有一种永久和固定的性质。

在美国，城市制度的历史就与欧洲各国大不相同。现今美国城市政府的大概情形与七十五年前的情形差不多没有什么相像的地方。凡城市与各邦的关系，城市政府机关和各机关间的关系，城市政府职权和职权的分配均经过根本上的大改革。城市政府的重心点忽而在这机关，忽又而在那机关，变化无常，毫无停止的时候。在这七八十年以来，美国各处的城市政府改了又改，不知改了多少次数，并且这种改革又不是逐渐的发生的，却都是忽而发动的。凡一种运动，或一种改革计画，在一个城市中发生后，就可以在极短的时期中，推广到各处。如果过了多少时候，另有新的运动或新的计画发生，那种旧的计画就能消灭。这样变更进行不已，直到如今，还是继续的进行。美国确是各种新式的城市制度的试验场。凡在美国试用过的种种计画，种种制度，较之世界上其余各国所试用过的数目更多。

美国这种特别状况当然有特别的原因。十九世纪上半期美国城市政府组织的根本原则是错误的。这种所谓根本原则，就是分权制度。因为职权分散了，一切责任也就分散了。例如立法职权是分给市议会和市长，两方面对于职权互相争夺，对于责任却又相互推托。行政权也是同样的分散于各机关，一切行政事务就没有确定的负责人员。立法和行政机关完全分立，只有到了市议会投票经过市长任命的官吏，分配各行政机关的经费，设立，改组或取消各行政机关的时候，两方面才有接触的地方。因为市长所任命的官吏往往须得市议会的同意，所以行政方面的责任须由市长和市议会共同担负。在法律上，市议会是立法机关，不能干涉行政事务，但在事实上，城市事务往往逃不出市议员的势力范围之外。因此，各机关就免不了时常发生冲突，致使市政事务时有停顿的危险。有了这样的制度，就是有那般最诚实的最有能力的人执行政权，市政方面也决不能发生良好的效果。

分权制度是美国城市政府组织的根本缺点。同时还有几种连带发生出来的缺点。各城的市议员往往太多，致使立法事务不能很顺利的进行。凡人数愈多，办事能力愈薄弱。外国有一句俗话：个个人的事务，往往变成没有人做的事务。美国市议会之所以失去人民的信用，所以不能有什么成绩，最重要的原因就是因为人数太多了。那种两院制的市议会把权职和责任分得更进一步，如有什么弊病发生，人民差不多就在黑暗之中，不晓得应当责备那一个。各城市的民选官吏又往往非常之多，所以选举时候的选举票就非常之长，选民到了选举场上投票的时候，万难辨别各候选人的人格和能力，最简单的办法就是他的政党所提出的候选人都选举了。这样的投票如同瞎子投票一样，毫没有价值的。此外，美国城市政府制度还有种种弊端，如分区的选举市议员方法，那种极复杂的政党初选和选举制度，没有罢免腐败官吏的方法，市民不能使市议会制定那种需要的好法律，亦不能否决那种不需要的坏法律。

因有这种种缺点，美国人民对于他们的城市政府制度早就非常不满意。从十九世纪中期起，城市问题就变成一个极重大的问题，所谓城市改良运动就布满全国。市政改良本来不是容易的，进步是非常之慢。不过这种运动，就是在最初时候，早已激动了几千人民。他们到处组织市政改良会，到处演说市政的腐败，到处开会讨论改组城市政府的方法。但这般改革家虽则极力鼓吹，极力提倡市政的改组，他们却没有彻底的改良目标。他们忽而提倡这种方法，忽而提倡那种方法；忽而试用这种计画，忽而又试用那种计画。他们如同一个病人卧在床上极力叫痛，忽而翻到这面，忽而又翻到那面，极力想减少他的痛苦，但翻来覆去，无论怎样的翻覆，痛苦从未消减。他们没有寻出病源，不从根本上去医治，所以无论怎样的改革，总不能有良好的成效。直到了十九世纪之末，一切的市政改革计画差不多都归失败。欧洲各国城市制度当然不能算是尽善尽美，各处城市也时有弊病发生，但他们城市政府组织的根本原则是集权制度。职权集中，责任明确是欧洲各国市政的特点，所以欧洲各国不必像美国那样的试验各种各样的新制度。

美国人对于政治事务另有一种特别观念。他们存了法律万能的观念，总想以法律改革政治上的弊病。他们今天修改这种法律，明天又修改那种法律，把几个立法者忙得不了。他们的行动是很热闹的，但都不是从根本上着想的。例如他们把选举官吏的方法从市议会任命改为人民直接选举，再改为市长任命，有几个城市再把市长任命改为邦长或法庭任命。监督各行政机关的权从市议会的委员会移到民选的委员会，再移到那任命的委员手中。选举制度从分区选举的方法改为全区选举。两院制的市议会大都取消了，选举候选人的方法也改革了，民选官吏的数目也减少了，选举时候的弊端也有防止的方法了。这种种的改革当然也有种种的效力，但都不是根本的改革。现今学者虽都承认政治或社会方法的改革进一步是一步，但一种制度根本原则不稳固，无论怎样的修改总是改不好的。比方一所高大的房屋，当初建筑的时候，没有把根基建筑得稳固，此刻到了将要倒塌下来，我们万不能只将其内部门窗修改一下，就想维持这所将倒的大屋。十九世纪末了的美国城市政府制度是建筑在一种根本错误的基础上，所以须得把这制度推倒后，重行改造一种新制度，方能有良好的效果。

美国的城市改革家直到二十世纪的第一年才达到这种根本改造的目的。在二十世纪之前，美国也有几个有胆量的改革家主张从根本上改造他们的城市政府制度，但他们这样的提议，直到了高费司敦（Galveston）城改组计画实行后，才为人民所注意。高费司敦城改组计画适发生于人民正在觉悟的时候。在十九世纪的末期，人民不满意于他们的市政状况已到了极点，他们对于政治的腐败，政客的专权，实在忍无可忍，不能再容忍下去了。全国人民都有了一种觉悟，觉悟一切政治的腐败，并不是人的问题，却是制度的问题。政治制度的根本原则错误，无论怎样的零零碎碎修改，总不能发生多大的效果；政治组织不适用，虽有很好的人民，总不能运用他们的才能。所以要改革那腐败的政治，必先推翻了一切陈旧的政治理想和制度，然后再从根本建设一种新制度。二十世纪的初期（从一千九百年到一千九百二十年），是美国政治大改革的时候，创制权，复决权，直接罢免官吏权，直接选举候选人，民选参议员，妇女选举权等制度均于这时期之内实行的。高费司敦城适在此时期推翻旧制度，创设一种简单的委员会式的政府组织，恰合人民的心理，无怪这委员会式制度能于短时期之内推广到全国各处的城市。

高费司敦城是南方铁克塞司邦（Texas）的主要海岸，又是南部的商业中心点。这城旧有的城市政府是和美国普通的城市政府相等，没有特别的优点，也没有特别的坏处。其政府机关有一个市长，各种民选的官吏，一个分区选举的市议会，各机关各有各别的和独立的职权。没有官吏考试制度，没有行政机关拟定的预算案，没有那种确定的办事方法。凡美国城市所有的种种弊端高费司敦差不多都有。一切的职位差不多是政客的专利品，税率是非常之高，人民却不能得到什么益处，每年的岁入总不能足敷岁出的费用。所以不得不发行公债补足财政方面的亏空。从一八八十年至一千九百年的二十年之间，该城市公债的总额增加了三百万金元。有时候，市民和商业公司因为税率太高了，也偶尔提出抗议，反对城市的行政办法，只因为那种腐败政客的势力根深蒂固，市民方面的抗议往往不能发生效力。多数的高费司敦市民就觉得市政的腐败是没有救药的。

高费司敦城忽然发生一种意外的事故。该城市是墨西哥海湾的一个口岸，在一千九百年的九月八号，海里起了大风，潮水冲进了城，把城中房屋街道冲没了一大半，溺杀人民五六千。水退以后，城中的一切情形就糟得不堪。所有一切有形的财产大半都冲毁了，大部分的居民都设法预备迁移到别处居住，城市差不多已到了破产的地位。在这样的困难形状下，那腐败的城市政府实在无恢复原状的能力。当时幸而有几个肯负责任的公民开了一个会议，举出了一个干事会，一方面维持市面上的秩序，一方面研究城市的改组问题。讨论了两个多月，他们决定从根本上推翻旧有的政府制度，采用一种简单的，统一的委员会制。他们以后就把城市的规约拟定，提出并通过邦会议。在一千九百零一年的四月，这委员会式的城市政府就在高费司敦实行了。

高费司敦市民原来的用意，想推翻了旧有的政府制度，把市政的全权交给一个由邦长任命的委员会执行。深恐人民所选举的官吏，难免有腐败政客混杂其间，故不如把选择的权委托邦长，邦长总能比普通人留心一点，总能选择那合格的人物充当委员。但想取消人民选举权利是很不容易的，所以不得不采用一种调和办法，规定五个委员执行城市政府所有的职权，其中有三人是邦长任命的，其中二人是人民选举的。因为邦长任命的占了多数，所以这种制度就叫做委员会式的政府。但以后发生了宪法上的问题，高费司敦的市规约会经修改过，把邦长任命三个委员这一条取消，所有的委员一律改为民选。其余采用这种制度的城市均没有邦长任命委员这一层，但“委员会”这名词，只因当初用惯了，所以没有更改。

改组以后的高费司敦城市政府就是一个委员会，会员五人，其中一人仍旧叫做市长，其余四人都叫做委员。他们是由城内合格市民选举出来的，任期两年。该委员会的职权就是城市政府所有的职权。凡从前市长和市议会所有的职权，如任命城市官吏，执行一切行政事务，和制定各种市法律的权，都在这五个委员手里。市长是委院会的会长，开会时须做主席，每天至少须办六小时公事。其余委员没有一定的办事时间，大约每天每人须费时二小时。城市的行政机关共分四部分：（一）警察和消防，（二）街道和公共工程，（三）给水和沟渠，（四）财政和收入。四个委员各人分管一部，但他们的职务只是指遵和监督而已。至于每部实在的行政事务是委员会所任命的专任人员管理的。

这是高费司敦委员会式的城市政府大概情形。从前几十人或几百人所有的职权现在完全归并到五个人身上。行政和立法权是一个机关执行的，从前的分权原则现在已根本推翻了。这种委员会式的政府当初只是一种临时计画，于无可奈何的时候，高费司敦市民才想出这样的集权政府，以便恢复他们水灾以前的原状。他们万想不到这样的组织就是他们的永久政府，更想不到以后别城市改组政府时候就以此为模范。并且当时铁克塞司邦议会通过此项计画时候，是很不愿意的，那般邦议员总想将该城原状恢复以后，旧式的政府组织还须恢复。但以后的情形竟出于他们的意料之外。高费司敦委员式的政府成立以来，成绩就非常之好，非但本地人民，就是别处人民，个个称赞不置。于极短时期内，委员会就建筑了一条极长的海墙，并抬高了全城的地平线，同样的水灾将来可以不致于再行发生。街道和一切公共建筑也与极短时期内修造好。人民的公用事务，如自来水、电灯、电话、电车，亦均立即恢复原状。在这样的重行建设时代，当然需用大宗款项，所以不得不发行大宗市债。委员会在行政方面采用极严格的减政主义，市民的税率反而能逐渐减低，市政方面的乾薪一律取消，种种弊端都一律革除，一切费用都减至最低限度。总而言之，这五个委员差不多采用那种普通商业公司中的办事方法理市政方面的事务。五年以后，高费司敦的市政比之水灾以前状况好了几十倍。委员会制的成绩实在太好了，没有人再想恢复从前那种城市政府的组织。

同时别城市也就注意到这高费司敦式的城市政府。各处报纸极力鼓吹这一种市政制度，还有许多人民特意到这地方来亲自参观。那时候高费司敦差不多变成美国最有名的城市。市政改革家也觉得这是市政的根本改革，并不是一种空洞学理，却是一种具体的事实。高费司敦城所能做到的，别处城市也能同样的照办。但在最初几年，虽有种种人民替这种新式的城市政府极力鼓吹和提倡，但别城并不踊跃的效仿。直到一九零七年，美国全国只有两个城市采用，除了高费司敦之外，还有候司敦（Honston），也是铁克塞司邦中的城市。别处城市所以不踊跃的效仿这种新式制度，也许因为不能确定这新制度究竟能否适用，也许觉得这种制度也有多少危险。照普通人民的眼光看起来，委员会式的城市政府果然是很简单的，如果能够得到好人充当委员，自然能发生很大的效果；如果充当委员的仍旧是从前那般腐败政客，那末市政便格外糟糕了。从前城市政府各种官吏的权力是有限的，并且又有种种均衡的方法使这个机关防止那个机关，这个官吏防止那个官吏，所以从前市政虽腐败，究竟还有一种限度，几个人是很难单独作弊的，他们要作弊，非通同好几个机关的人员不能实行。但在这委员会式的组织之下，情形完全更改了，城市的政权完全集中在几个委员手里，各种官吏全由他们任命，所有关于城市的行政立法和司法权职全由他们执行。人民举了他们之后，就把管理城市的全权交托他们，他们要怎样便能怎样，如果他们所做的不能得到人民的赞同，他们任满以后，人民可以不再举他们，但在任期以内，人民是没有阻止他们的实权。因为这种种的缘故，这委员会式的城市政府的组织当初并不为人民所欢迎。

但在一九零七年，这委员会式的城市政府经过一种很大的修改，差不多把新近发生的民治制度完全加入在内，例如人民的创制权，复决权，直接罢免官吏权等类都变成其中的一部分。人民有这种种权力，就是一时误把那腐败政客举入委员会之中，也有法权上的权力能防止他们的行动，到了万不得已的时候，还能投票公决罢免他们的职位。有了这样的保障，从前人民对于这委员会制的疑惧就立即消灭了。人民的态度就变为欢迎的，采用委员会制的城市也就一天多似一天了。

改变这委员会式的城市政府是由埃哀亚哀邦（Iowa）的首城第麻恩（Das Moines）创始的。第麻恩的城市政府组织也和美国别处城市大致相同，其腐败情形也和别处城市差不多。有几个热心公益的知道攻击那腐败的官吏是不中用的，因为赶走了这一班的腐败官吏，那一班的腐败官吏还能上台，攻来攻去，总是攻不完许多的腐败官吏，根本解决的方法在于改组制度，并不在于攻击个人，有了这样的观念，他们就十分注意于那委员会式的政府组织，适在这时候，有几个第麻恩公民因事到高费司敦，他们就在那里聚集了许多关于这种新式政府的材料，还到第麻恩就做了一个极详细的报告，把高费司敦的种种情形报告于第麻恩的市民。结果便由人民公举出三个有声望的公民组织一个制定市规约的委员会。过了几时，新的市规约拟定出来的非但把高费司敦的制度完全抄袭，并且又加入许多新的民治制度，如创制权和复决权之类。但以后提出邦议会的时候，不能得到多数邦议员的同意，所以当时没有通过。这一次的市民运动总算没有得到好的结果，但市政改革的运动并不因之停顿。人民觉得非把那陈旧的制度推翻，这市政问题万不能得到一个根本解决的办法。从一九零六年的夏天起，人人对于这种改革运动非常热心，个个人觉得非奋图达到目的不止。第二次的制定市规约委员会又举出来了，新的市规约又拟定了。这一次提出邦议会，邦议员也知道这种改革是出于人民的公意，反对是不中用的，所以就立即通过了。这种法律不久便得到很大的名望，叫做第麻恩式的城市政府制。

这种法律是一种普通法律，就是为邦内所有城市而制定的。邦内的城市只须有这法律所列举的种种资格，如人口的数目等类，就能召集一个人民的选择大会，投票公决是否采用这种法律。这是因为邦宪法内有禁止种种特别的地方法律的规定，所以邦议会决不能为第麻恩一个城市制定一种特别法律。如果一个城市因有特别的情形急需一种特别的法律，邦议会也只能通过一种普通的法律，由各城市自由选择采用，但在这样的法律之内，邦议会能规定什么样的城市有自由采用的权利和什么样的城市不能有这样的权利。

照埃哀亚哀法律的规定，凡二千人口以上的城市就有自由采用这种委员会式制度的权利。第一步的手续是由百分之二十五的合格公民请求采用这种委员会式的政府。第二部的手续是由市长召集一个特别的投票大会，由人民公决城市政府的改组问题。如有多数人民赞成改组，第三步的手续就是选举新政府的人物。

埃哀亚哀法律所规定的委员会式政府组织，是与高费司敦的组织差不多的。城市政府的机关只有一个委员会，凡城市所有的职权全由这个委员会执行。第麻恩式和高费司敦式的委员会制不同的地方，就在于人民和委员会间的关系方面。在高费司敦，人民没有直接干涉委员会的权。第麻恩式的委员会制度包含种种最新式的民治制度，如创制权，复决权和人民直接罢免官吏权。所谓创制权，就是百分之二十五的公民可以提出各种议案要求市政府指定一个投票大会，由人民公决这议案的去取。复决权就是人民对于市政府所通过的一切市法律或规则均有否决的权。罢免权就是人民能投票公决，取消委员的职位。还有一层，在选举委员的时候，政党差不多没有什么多大的关系了，候选人是由那种不属于政党的初选会选出的，选举票上也没有政党的记号。

从一九零七年至一九一四年，这委员会式的城市政府推广得非常之快。在一九一十年，全国差不多已有一百多个城市采用这委员会式的政府，两年以后，又增加了一倍；到了一九一四年，采用这种委员会制度的城市差不多有五百个。但这类城市大多均是小级或中级的城市。美国共有十二个超过五十万人口的城市，其中只有一个采用这委员会式的政府。凡人口在二十万和五十万之间的城市，共二十一个，其中只有五个采用这种新式的组织。在这五百余个采用委员会制的城市，约有三十个超过十万人口的城市，约一百余超过三万人口的城市，其中多数城市均是一万或一万以下人口的城市。这是因为小城市的一切问题是很简单的，所以这种简单的组织确是非常适宜。

从一九一四年以后，这委员会式的城市政府组织非但没有推广，并且有几个已经采用这种制度的城市又恢复了那旧式的城市政府组织。从那经理式的城市政府实行以后，这委员会的制度似乎已经变成旧的制度。各城市在改革市政制度的时候，往往又都采用这最新式的经理制，决不愿意采用那较为陈旧的委员会制。

所以现今美国采用这种委员会制的城市约共五百个。他们的委员会制也各有各别的地方，但其大致的情形都是相同的。委员会制的主要特点就是一个民选的委员会，委员大概五人，但也有三人或七人。委员是由全城人民共同选举的，其任期是两年或四年。委员都有确定的薪俸，但其数目是不等的，年薪差不多从数百金元直到一万金元左右。委员之中有一人是委员会的主席，往往就叫做委员长或市长，他的职权大概和其余的委员相等，但有几个城市的委员长或市长也有较大的职权。各委员各管理一个行政机关的事务，他们各人所管辖的机关大概是选举后再分配的，但亦有由人民直接举定的。

委员会式的城市政府在美国已经实行了二十余年。这种制度究竟有何利弊呢？凡会研究过这种制度的学者都觉得这委员会式的城市政府确有几种显著的优点，但同时亦有几种很大的缺点。所以这委员会制也和其余所有的政府制度一样，差不多是利弊相同的。但委员会制的优点是很显明的。普通选民一看就能明白的，但其弊端却藏在里面不容易察觉的。所以这委员会制容易被普通人民误认为城市政府最好的制度，所以前几年在美国推广得那样快。

委员会制最显明的优点就是简单，从根本上推翻从前那种市长和市议会的分权原则，责任分散的趋同，把所有的政权集中在一个委员会手里。组织简单，权力和责任集中，自然有很大的很明显的价值。人民能够专心注意于一个机关，当权的官吏决不能把责任推却在别人身上。出了乱子，执政人员决无推托的余地。

委员式的城市政府是很简单的，所以人民就能一目瞭然。人民不必读了许多书籍才能明白他们城市政府的组织。从前那种市长和市议会制因有种类繁多的行政机关，实在是太复杂了，人民很难明白其详细情形。市长能否决市议会的议决案，市议会又能批驳或承认市长所任命的官吏，各机关又时时互相冲突，人民看见这种种情形，往往莫明其所以然。普通人民绝不能够晓得某种职权是由某机关执行的，或由某某几个机关分任执行的。政府应当以被治者的同意为根据，但人民对于政府莫明所以然，那能表示他们的同意呢？政府应当对于人民负责，但政府的组织非普通人所得知，这样的政府那能负责呢？拿破仑说过一句话：宪法中的条纹应当含糊的，以便使执政者到了万不得已的时候能为所欲为，不致于受宪法条文的约束。从前美国的政客对于市规约和城市组织也有同样的态度。市规约内条文愈含糊，政府组织愈复杂，政客愈能把持一切政权。旧式的城市政府在黑暗中执行其职权，委员会制放入光明，使人民能明白政府的情形。

那旧式的市长和市议会制把城市的事务作为政治看待，委员会制把城市政府作为事务看待。市长和市议会极力想阻止权力集中，免得官吏利用职权侵犯人民的自由；委员会制的目的就想把权力集中于一个机关，使之能在执行的时候不致于受任何方面的阻碍。城市政府既经是事务，那确当的办法就是举出一个董事会，使之执行一切事务。这样的辨论当然是很动听的，有一部分人就用了这样的议论，到处鼓吹委员会制的优点，并能发生极大的效力。但严格的说起来，城市政府并不是一种纯粹的事务，同样却还带有政治和慈善的性质。并且这委员会制也没有严格的依照那实业公司的办事手续。每个实业公司都有一个单独的执行首领，各公司的职权并不均分于五个董事。他们的董事会并没有亲自执行一部分的事务，董事会只把职权委托于一个总经理。委员会制的城市政府并未设立一个单独的执行全城事务的首领。但无论如何，从办事手续方面着想，委员会制确实胜过那旧式的制度，各城市改用委员会制以后，都能有条理的认真办理一切事务，决非旧时代的状况所能比得上。

委员会制又能把一切事务办理得很快，内部不至于发生什么冲突的地方，并且又能把一切情形公布而没有隐匿。在从前的时候，几十个市议员和许多行政官吏，各决定一部分的政策，各执行一部分的事务，往往发生相互冲突，其结果就是什么事都办不起来。五个人很能和衷共济的办理，五十个人就势有所不能了。执政机关人员愈多，发生冲突的机会亦愈大，并且一切事物亦大概更容易被少数人所把持。委员会制却很容易使五个委员和衷共济，很敏捷的处理一切公共事务。我们当然不能保障那委员会中绝对的没有发生冲突，美国这二十年的经验已经证明，就是这样的小委员会，有时候也能发生种种冲突，但比之从前的情形，确已好了万倍。

十多年前委员会制在美国盛行的时候，有人预料这种新式制度的执行人员总能胜过那时代的人物。在从前的时候，民选官吏的数目太多，所以那不合格的腐败政客往往能混杂其间。人民每次选举时候须选四十五个官吏，他们那能很仔细的审查各候选人的资格，而选出其中的最适当人物。这是绝对的做不到的。但民选官吏减到五个，选民就能辨别各候选人的能力而定他们的去取。这样的预料却至今尚未实现。城市官吏的人品如何，当然不能以统计的方法比较的。但现今充当委员的人物大都还是旧时代的城市官吏，并未有什么根本上的更改。这也是当然的事，不足怪异的。凡能当选为城市官吏的，大都总是那般能演说的，人人所晓得的人物，他们又都是专心于政治方面的活动。无论候选人有多少，这般人物总有当选的希望。但官吏数目的减少以后，虽则执政人员还未更改，他们却较从前容易表示他们的能力，确较从前能有所作为。这也是委员会制的一个优点。

当时那般热心鼓吹委员会制的人物又预料这种新制度能减少城市的费用，减轻城市的税率，并能使城市以较少的费用得到较大的利益。这种预料现今也没有实现。城市政府无论怎么样的，费用和税率大约是不能减轻的。这是因为城市人民都不容易满足他们的欲望，他们有了这样又要那样，至于费用多少，他们是不愿问的。这种情形又以那种进步的社会为更甚。一切改革的计画，一切新的设备，都是需用大宗的经费。那般主张采用委员会制的人，以后也晓得这种新制度是不能减少政费的，但他们又以为委员会制能使人民化了同样的钱，得到较大的利益。这也许是对的，也许是不对的，我们却无从证明了。因为各城市的种种情形不同，我们没有一种确定的标准，可以比较两个城市的费用。城市行政的好坏大都是人民主观方面的意见，差不多很少有两个人的意见相同的。比方说某城市的警察费或消防费和别城市比较起来未免太大，也许就有人出来辨护，说这城市的种种问题较为困难，并且警察和消防等事又办得较为完善，因之一切费用就不得不大了。美国人也最好说大话，各城市的人民总以为他们的城市是世界上最好的城市，一切市政比之无论什么地方都办得好。如想城市官吏承认别城市的市政办的更好，税率更低，差不多是万万做不到的。所以关于那委员会制究竟是否使人民得到较多的实际利益，是万难证明的。

总而言之，委员会制虽有种种的优点，但决没有像从前提倡这制度的人所希望的那样多。委员会制当然也有缺点，但亦没有像从前反对这制度的人所预料的那样大。反对派总以为这委员会制易于使政客把持政权，并盗公款。几个委员互相联络，并得到他们政党的帮助，差不多就能为所欲为，毫没有什么限制。但照这二十年的经验看起来，这类的事却永未发生过。并且在这种委员会制的城市，政客的权力决没有像在别种城市的那样大。像从前那样把政权分给许多的机关，实在不能阻止各种机关通同作弊。在实际上，那腐败的政客很容易操纵一个极大的市议会，但很难操纵一个很小的委员会。人民监督几个委员也较之监督大群的市议会容易得多。防止政治上的弊端，只有一个最好的办法，就是有人民选举极少的官吏，使他们严格的负责，并使他们把一切事务公开办理。

但这二十多年经验确也证明委员会制的缺点。其中最重要的是行政方面的责任还没有真确的集中。委员会制是五个委员的政府，但其中却没有一个首领。五个委员往往因意见不合而发生冲突，并且五人之中，又往往有三人联合起来和其余二人为难。这类的事情是常时发生的。各委员虽各分配执行一部的事务，但委员会全体却随时能否决他的计画。委员会如果干涉各部的事务，该部的专任委员就能推却他的责任，从前那种种杂乱状况又复现了。这是委员会制的根本缺点。城市各行政部决不能完全独立，各自执行各的事务；必须有一种督查的总机关，各部方能有一致的政策。委员会如果替各委员决定各部的政策，那末各委员之间就势必至于有冲突发生。各行政部决不能一方面是独立的，一方面又须受委员会的节制。各部独立，和统一的督查是万难联合起来的。委员会制的根本错误就是没有一个负完全责任的行政首领。职权分给五个人，自然较胜于分给五十五人，但把职权集中于一人，使他们负执行时候的一切责任却更好。多数制的行政组织很难使人民完全满意，委员会制也不能完全舞弊。

在统一行政方面着想，五个委员的委员会是太大，但从人民代表机关方面看起来，这委员会又未免太小了。委员会的职权是制定一切市法律，议决税率，通过一切的支付案，发行市公债，决定其余一切普通的政策；这样的机关应当代表人民间的各种根本的观念。这并不是说人民间各种各样的意见，如政治的，种族的，宗教的，社会的和地理的，都须有代表在内。这样选出来的市议会或委员会实在是太大。市议会或委员会的大小应当依照城市的大小及其性质而决定的。比方在二万或二万以下人口的城市，五个委员应当足够了。美国采用委员会制的城市大都是这类的城市。但在较大的城市，五个委员绝不能代表全城的几种重要意见。所谓代议制度，只是一种政党的，阶级的或区域的代议制度。这样的观念在美国已经是根深蒂固，很难更改的。所以东城或南城市民如果没有代表在委员会之中，他们总是不能满意的。

还有一层，委员会制非但不能利用专门人才，并且往往还阻止那般有能力的和有经验的人充当各行政机关的首领。各委员执行一部的行政事务，照原来的计画，各委员并不直接执行一切行政事务，他们都没有经验，又没有特别的资格，所以在事实上也不配执行行政事务。他们只是处于监督的地位，同英国市议会中各委员会长有同样的性质。至于一切行政事务须另派专门人才执行。但这样的计划却没有实行。各委员的薪俸很大，他们总想扩充他们的职务。他们不愿意只领乾俸而不做什么事。所以不愿意只有行政部长的名义而没有行政部长的实权。还有许多城市确实不能为一项职务支付双重薪俸，例如一份付给民选的卫生委员，一份付给公共卫生专家。所以各委员有时候亦不得不进一步执行那种他们所不配执行的事务。一个普通人民决不能因为做了公共卫生专门委员就能立即变成一个公共卫生专家。选民的选举票决不能把一个普通人民，于一天之内，变成一个专门人才。美国有一个城市举了一个工匠做财政专门委员，还有一城举了一个理发匠做公共卫生专门委员。诸如此类的事务，实在举不胜数。各项职业的人当然都有充当代表的资格，但城市政府的一切事务决不是普通的诚实的公民所办理的。

城市政府的组织固然是很重要的，但其内部办事的方法也是非常重要。政府组织改革了，从最复杂的改为最简单的，职权和责任集中了，从前在几十个人手里，现在由五个人负责执行，但那种尽善尽美的市政却还未能实现。这是因为城市政府是极复杂的，人民如想改良市政，除了改革政府组织之外，同时还得要改革财政和会计的方法，设立官吏考试制度，为任免升迁人员的标准，革除种种舞弊浪费的机会，使各行政机关公开办事，并且鼓励人民对于市政的兴趣。这种种根本的改革决不能因政府的改组而同时实现的。市政的良好和腐败不单靠政府的组织，城市官吏执行职务时所采用的方法却更为重要。执行城市事务，无论是编制预备案，订立合同或购买材料等，有种种坏的方法，也有种种好的方法。如果不确定一种方法而由城市官吏自由选举，他们难免不采用那种坏方法。这并不是城市官吏都是腐败的，只因为他们不晓得其中的好方法，在黑暗之中选择，就不得不选择那坏方法了。使普通人民执行市政方面技术上的事务，如修造马路等类，他们决不能采用一种最省钱的最好的方法。所以建筑家建造一所房屋，他们决不致于使工匠随意盖造，他必须预先拟定图样，计算各处的尺寸大小，工匠依照图样盖造，寸分都不能差的。规定政府制度的人当然不能像建筑家那样的确定，但把许多重要部分弃置不处，危险未免太大。

委员会制因有上述的种种缺点恐将来不能再行推广。许多小城市还须保守这种制度，但在各小城市，无论那样的简单组织都可以适用的。委员会制很难适用于那人口超过十万的大城。这类大城市的问题非常复杂，解决的方法又非常困难，决非这种委员会制所能对付的。但平心而论，在美国市政改革方面着想，这委员会制确有极大的功劳。这种制度从根本上打破美国旧式城市政府组织的错误观念，提醒人民的改革欲望，使全国城市振作精神，从事于改革，委员会制确是开了美国城市政府历史上的新纪元，确定美国城市政府改革的标准。

第十八章　经理式的城市政府

经理式的城市政府是从委员会制变化出来的一种最新式的政府组织。委员会制的种种缺点，上章已经说明，其中最重要的就是：第一，没有一种统一行政事务的监督机关，第二，使那般没有专门智识的委员执行一切技术方面的专门事务。这种缺点在委员会制初实行的时候早已发现。市民举出少数委员，并使他们公开的讨论城市事务，决不能因之得到一种良好的有效率的市政。各委员不免时有发生冲突之处，各委员的竞争心太甚，往往阻碍市政事务的进行。城市政府所办理的事务并不是那种极重大的人人所注意的大问题，其大部分事务却是人民所不大注意的例行公事。所以人民方面决不能十分注意于一切的城市事务，继续不断的监督各委员的行动。那种旧式的市长和市议会制所以不能有良好的成绩就是因为各机关的权限不确定，责任不分明；现在委员会制在形式上虽已统一职权，确定责任，但因委员会中有五个地位相同的委员，他们也很难和衷共济的办事。各委员对于他们所管辖的那一部事务又不是专家，各人的主张和意见实很难使全体委员佩服而没有异议。各委员间如果发生了什么冲突，其状况差不多和从前市长和市议会制时代相同，他们对于权力互相争夺，对于责任又互相推却。

这种情形是那实行委员会制的城市时常发现的。市政改革家想革除委员制的根本缺点，又回想到各大实业公司的组织了。在形式上，委员会制是效仿各大实业公司组织，市民选举一个委员会执行城市事务，如同各公司的股东选择一个董事会执行公司事务一样的。但是在事实上，委员会制并未完全模仿各公司的组织。各大公司的董事会并不直接执行公司的事务。他们把一切买卖事务交托给一个经理完全负责。该经理如能办理得当，各董事决不干涉他的一切行动。城市既想采用那实业公司的组织，何不更进一步，使委员会处于公司董事会的地位，另由委员会雇用一个经理执行市政方面的一切事物呢？十几年美国市政改革家就抱定了这样的宗旨，再行修改那时候所通行的委员会制，并希望一方面保留委员会制的优点，又一方面革除其缺点。这就是经理式的城市政府所根据的原则。

所以经理式城市政府组织的内容可以分做两部份：（一）委员会。委员会是民选的，他们的职务是在于监督和立法一方面，所以非常简单，每天只需办一两点钟的公事。他们大概是不领薪水的，便领薪水也是很少的。（二）经理。经理是由委员会雇用的，他的任期是没有一定期限的，无论什么时候都可以被委员会免职的。他是一个有经验的和专门技术的人，委员会雇用他，因为他有管理城市事务的特别技能。凡行政一方面的事务完全归经理负责办理。

在经理式的城市政府，立法权和行政权重行分开，不过这种分权，并不是从前旧式政府中的那种分权制度。在从前的时候，人民因恐怕发生政治上的专制，所以才提倡三权分立的学说，把立法权和行政权完全分开，各部各自独立。现在因为那从前分权的市政制度发生了种种的弊端，所以有城市政府改革运动，所以打破三权分立的迷信，实行委员会式的城市组织。但把立法权和行政权聚集在一个民选机关，很不容易得到行政方面最大的效率。城市的立法事务是很简单的，但行政事务却非常复杂，决不是个个人能所做的，必须有经验和特别技能的人方能办理城市方面的一切事务。经理式的政府就比委员会制更进一步，使委员会的职务限于立法一方面，行政职务由专门的内行人员执行。

在一九一三年以前，这经理式的城市政府只在几个极小的城市而已，并且没有为人民注意。例如范吉尼亚邦（Virginia）的司坦敦城（Staunton）在一九零九年已经试用这种制度，又如北克尼亚邦（North Carolina）的逊模忒城在一九一二年也已采用。但经理式的城市政府近年来所以为人民注意，各城又非常踊跃的采用，完全因为奥哈奥邦（Ohio）的但敦城（Dayton）在一九一四年采用了的缘故。但敦是一个大城，有人口十二万以上。这样的大城市采用了那经理式的组织后，全国人民才知道有这样一种的城市政府组织，才知道这种组织确实胜过别种制度。

奥哈奥邦宪法于一九一二年修改的时候，即规定一种自治市规约制度，使该邦城市脱离邦立法部的随意干涉，自行制定各该城市的根本法律。这条宪法修改案于一九一三年正月一号实行后，就有几十个城市利用了这项职权，自行制定他们的市规约，但敦城也是其中的一个。当时但敦城的市民和团体，如商会，市政研究会等，均主张采用经理式的城市政府。但他们正在入手运动的时候，忽于三月二十五号发了大水，冲没大半个城市，财政损失不计其数。那时候该城的市长和市议会绝对没有能力救济当时的危急状况，省长因之即宣布该城为特别戒严区域，并委派一个有名望的公民执行一切职权。并且即依照邦宪法中自治市规约制度的规定，立即举出十五个委员的自治市规约委员会，入手制定该城市的根本法律。市规约委员会议决采用经理式的组织，并于最短的时期内拟定市规约草案，提交市民公决，经大多数市民投票可决，立即发生效力。但敦市政改革确实于最短的时期内达到目的的。大水发生于一九一三年的三月，自治市规约委员会五月举出，经理式的市规约于六月拟订的，市民于八月投票表决采用，新制度即于一九一四年的正月一号实行。

委员会式的城市政府是因为高费斯顿城市被大水冲没后于危机的时期发生的。但敦城采用经理式的城市政府也多少受于大水的影响。两次的水灾竟能把美国城市政府完全改革，竟然使两种适宜现今城市生活的组织传播得很广很远。这是因为在最危急的时候，如水灾火灾等类，当时旧有的腐败政府和不适用的政治制度无救济危局的能力，所以完全推翻，完全打破后，唯一的救济方法就是使几个有能力的有责任的公民出场管理一切事物，并维持危急的局面，人数愈少，管理方法便易于入手。这样简单的组织在危急的时候用过后，表现几种优点，并发生几种良好的成绩，人民就能明晰那旧式政治制度和观念的不能适用，而一切适宜于现今状况的政治观念和新式的政治组织就能因之而发生了。所以现今的政治观念并不注重于那种空泛的民权学说和民治理论，却注重于实际的效率一方面。人民所需要的是好政府，是有效率的政府。政治运动的目的也是好政府，也是有效率的政府。

从一九一四年后，经理式的城市就传播得很广很远，并且很快。到了现在，美国全国差不多已有二三百个城市采用这种经理式的政府。但其中的大城也是很少，超过十万人口的城市只有几个，大多数的城市都是人口在一万以下的城市，次多数的是一万至五万人口之间的城市。各处城市采用经理制的方法是极不一致的。总算起来，约有五种不同的方法。有许多城市并不从根本上改组其政府，旧时的政府机关如市长和市议会之类还是继续保留，但由市议会以市法律设立经理这种职位，委托他执行一切专门的技术事务。有十三个邦实行自治规约制度，使各城市自行制定各的市规约，这几邦的城市都能利用这项权利，制定经理式的市规约。还有几邦实行一种选举的市规约制度，就是由邦议会预先制定好几种市规约（经理制即其中的一种），使各城市人民投票表决采用那一种。大多数城市都是根据于特别市规约，得到邦议会的特别允许，由邦议会以特别法律规定各该城的经理式制度。还有少数邦议会制定一种经理式的普通市规约，邦内所有的城市都能采用。因为各城市采用经理式政府的方法不一，又因为经理式的制度本身方面近来又发生种种变化，所以我们很不容易确定一种标准，什么样的组织可以叫做经理式的政府，什么样的组织不能叫做经理式的政府。因为没有这种确定的标准，所以学者计算那种采用经理制的城市的数目也不一致的。例如照那城市经理联合会第九次年鉴，美国采用经理制的城市（到一九二三年止）共有三百一十个，每年增加的数目如下表：

年代	个数
一九〇八年	一个
一九一二年	三个
一九一三年	十一个
一九一四年	二十一个
一九一五年	二十个
一九一六年	二十个
一九一七年	十九个
一九一八年	二十九个
一九一九年	三十一个
一九二〇年	三十九个
一九二一年	五十四个
一九二二年	四十二个
一九二三年	二十一个
总数	三百十一个

依照美国市联合会（National Municipal League）所编制的统计，到一九二二年止，全国共有二百零二个采用经理制的城市，每年增加的数目如下表：

年代	个数
一九一三年	六个
一九一四年	十五个
一九一五年	十六个
一九一六年	十三个
一九一七年	十四个
一九一八年	二十个
一九一九年	二十个
一九二〇年	二十一个
一九二一年	四十四个
一九二二年	三十三个
总数	二百零二个

上列两表相差的数目约有一百余个城市。这是因为第二表并没有把那种城市以市法律设立的经理计算在内。照这两张表上所列的数目，一九二二年是经理式的政府最发达的一年。欧战与经理制的传播也有种种的关系。在战争时期，城市的行政费用增加了好几倍，城市税率也到处增加。各城市市民为减省行政经费起见，要求城市行政方面的改革，所以有许多城市就在欧战期内采用这种经理式的政府，希望这种新制度能减省城市政府的费用，减轻他们的赋税担负。同时却还有许多城市很不愿意在战争的危急时代，从根本上改组他们的政府，所以就延期到战争结束后，再实行改革。因此，欧战以后的几年，这经理式的城市政府更加发达。

经理制组织方面最重大的变化就在于增加委员会的委员数目。现今这种城市的委员会，其委员人数是五人或五人以下的，只占有该种城市总数的百分之七十八。这是因为近来有几个较大城市就采用这种制度，大城的种种情形自然较小城市复杂，所以不得不多设委员会的额数，一方面可以使全城各区域都能有代表在内，又一方面能执行那种较为复杂的立法事务。最大的委员会要算克利勿伦城（Cleveland），共有二十五个委员由比例代表制度选出的。克利勿伦是美国第五名大城，于今年（一九二四年）的正月一号实行经理式的城市政府。

以上是说经理制的起源及其传播的情形。至于经理制的内部详细组织，各城市极不一致，但其根本原则都是依照或模仿但敦城的制度。所以但敦城的市规约实有详细讨论的必要。

但敦市政府方面所有一切的职权都在一个委员会手里。委员会共有委员五人，由全城人民选举的，他们的任期是四年。但各委员的任期不是在一个时候能满任的，人民于每二年选一次，或选二人，或选三人，所以这委员会是一个继续不断的机会，无论在什么时候，总有两个或三个旧委员在内。选举时候的候选人是在初选时候选定的。初选的手续也和正式选举一样，并不是一种政党党员的推选。百分之二的注册选民能依法定手续，呈请把某人作为初选候选人。得票最多的四个或六个初选候选人就作为正式选举时候的候选人。在复选时候，得票最多的两个或三个候选人就作为当选的委员。其中得最多票数的当选委员就叫做市长。各项选举票上都没有政党的记号，所以在选举时候，普通选民不能从选举票上看出某人是某党所提出的，或者能免受政党的影响。在选举时候，选民并不指定某人执行某部事务，并且选定以后，各委员也不自行分配各部的事务。市长只是一个主席，在平常时候，他是没有行政方面的职务的。但也有几个城市，到了危急时期，市长能执行警察权，并能以命令管理城市事务。在但敦，各委员的年俸是一千二百金元，市长的年俸是一千八百金元。委员会中各委员执行了六个月职务以后，如不能使人民满意，百分之二十五的选民能提出罢免委员的请愿，由全体选民投票表决。但照但敦的人口计算起来，百分之二十五就有一万人民，所以罢免委员的请愿书也不很容易提出的。

委员会是城市政府的立法机关，制定一切市法律，支配一切政费，并决定市政方面的普通政策。凡委员会所制定的市法律不能立即发生效力，如有百分之十五选民请求将某项法律交人民复决，委员会必须于一定时期之内把该项法律交人民投票表决去取。百分之二十五的选民又能依照创制动议的手续自行提出议案。由全体选民投票表决。委员会能设立和取消各行政机关，能征收赋税，并能查核各行政机关的财政事务。委员会任命书记官一人（他又是城市政府的书记官），又任命文官考试委员会。委员会不能直接监督城市的行政事务。委员会最重要的职务就是选择一个城市经理，一切行政事务都由他一个人负完全责任。

但敦的城市经理是由委员会选择任命的，他的任期没有一定的期限，他的薪俸是由委员会规定的。委员会能随时罢免他，并且选民亦能以直接罢免官吏手续投票表决他的去留。经理不必是本城的居民，更不能因政党的关系而某得此项职位。照市规约上的规定：行政的经验和资格是城市经理的唯一资格。但这样的条文确是很不容易执行的，因为行政经验和资格时没有确定的标准，各人的意见决不能一致相同的。委员会如果任命一个本地政客做经理，市规约也没有阻止这样行动的能力。但委员会如果真想依照市规约条文的精神，他们对于外界的政治压力，就有理由充足的推却方法。

经理的职务大约可以分做四类：

第一，他是委员会的顾问。处于顾问的地位，他很能左右委员会的行动。他是市政的专家，是一个内行人物，各委员对于市政事务都是外行。俗话说得好："知识即权力。"他既有充分的智识，他的见解都比那外行的委员高明得多，委员会岂能不听从他的指遵呢？他出席于委员会的会议，有发言权，并能加入委员会的讨论，但没有投票表决权。所以他有极大的机会提议他自己的主张，并说明他的行政方针。

第二，他是城市政府的行政长官。凡委员会制定的市法律，或公布的命令，都由他负责执行。从这方面看起来，他又是委员会的代理人，他的地位又和从前市长相同。

第三，他有任命和罢免行政官吏的权。在但敦，和其余那实行经理的城市，这种任命权的范围非常之大。但敦的城市官吏分作两种：（一）考试出身的官吏，（二）非考试出身的官吏。各行政部的首领都属于第二类。城市经理能任命无论什么人充当这种职位，不必得委员会的同意，也没有别种限制。他又能在无论什么时候罢免或更换这一项的官吏。至于一切下级官吏都须经过考试的手续，任命权也在经理手里，但经理任命这项官吏的时候，须依照文官考试委员会所规定的办法。经理又能依照一定的手续罢免这一般考试出身的下级官吏。

第四，城市经理对各行政机关的事务，如道路，警察，消防等类，须负完全的责任。他能亲自查验，或派代表查验，各行政机关的事务。他须指遵各机关的首领的办事方针，并使各机关都有一致的标准，不致于发生冲突。因为城市经理有任命和罢免各机关首领的职权。所以他的监督和指遵权是很有势力的。

为便利城市经理执行他的监督和指遵行政事务的职权，经理式的城市政府往往把行政事务分为几大类，但敦城把这种事物分做五部，并且又把各部事务分门别类的，再分做好几种，每种事务各设立一科专任办理。因此全部行政组织能有升缩的余地。例如但敦的五个行政部是（一）财政，（二）治安，（三）法律，（四）工程，（五）福利。

财政部分做三科，就是收支，会计和材料的购置。治安部分做警察，消防，权量度，房屋的查验。法律部分掌管立法，诉讼，表示意见。工程部分为四科，就是工务科，包括建筑，沟渠，路灯等事；道路科，包括秽物的弃置，清道，修路的事；给水科；工地和公共房屋科。福利部包括卫生，公园，游戏场，改过局，佣工介绍处。委员会又能以市法律重新分配这种行政事务，取消，归并上列的各机关。或另行设立新机关。各机关均由一个首领，由城市经理任命的；各机关又分设各科，各有一个长官负责办理其范围以内的一部分事务。

现将但敦从前那种市长和市议会制的城市政府组织，和现今的委员式，经理式两种城市政府组织，分列三表如下：

但敦从前那种市长和市议会制的城市政府组织表

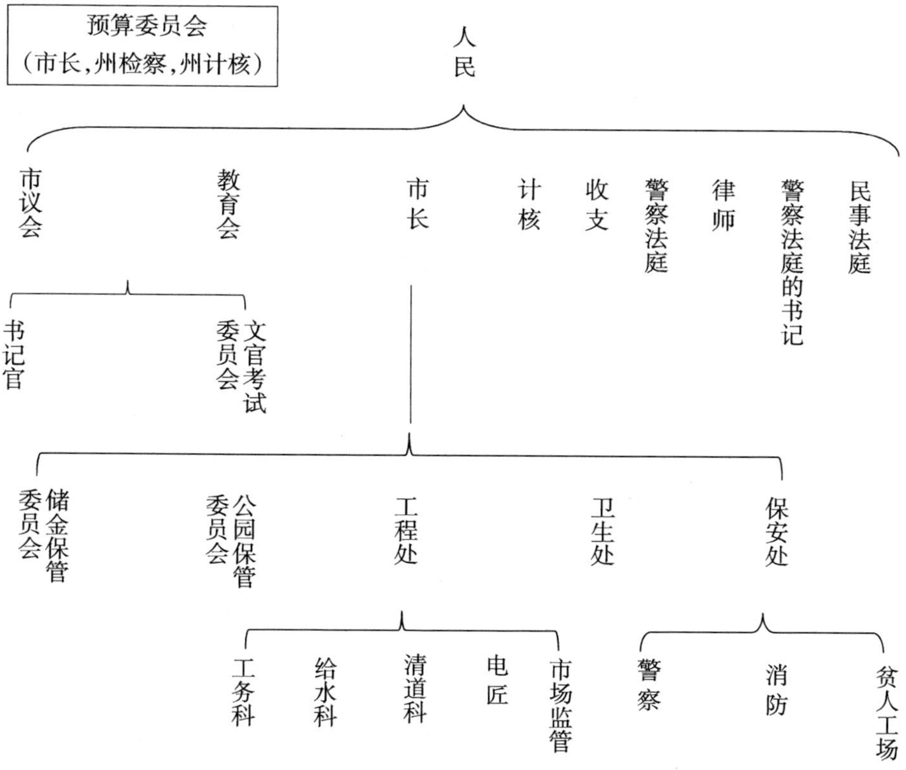

委员式的城市政府组织表

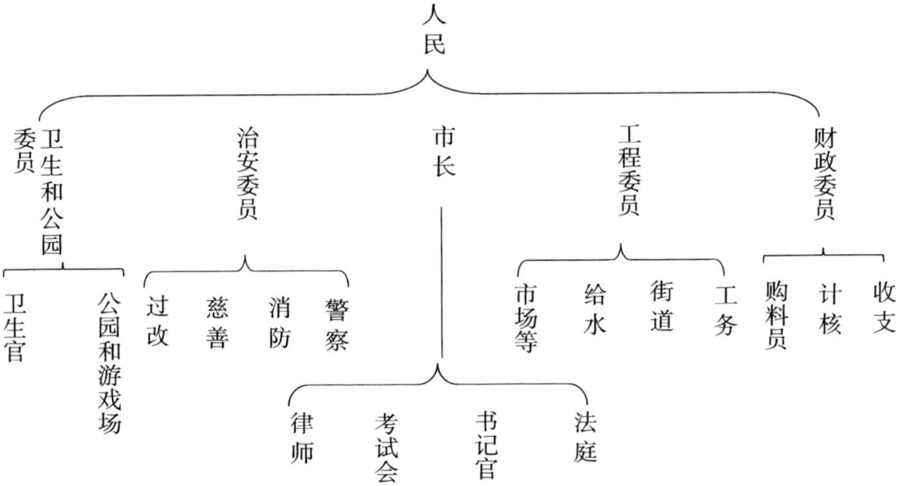

经理式的城市政府组织表（但敦）

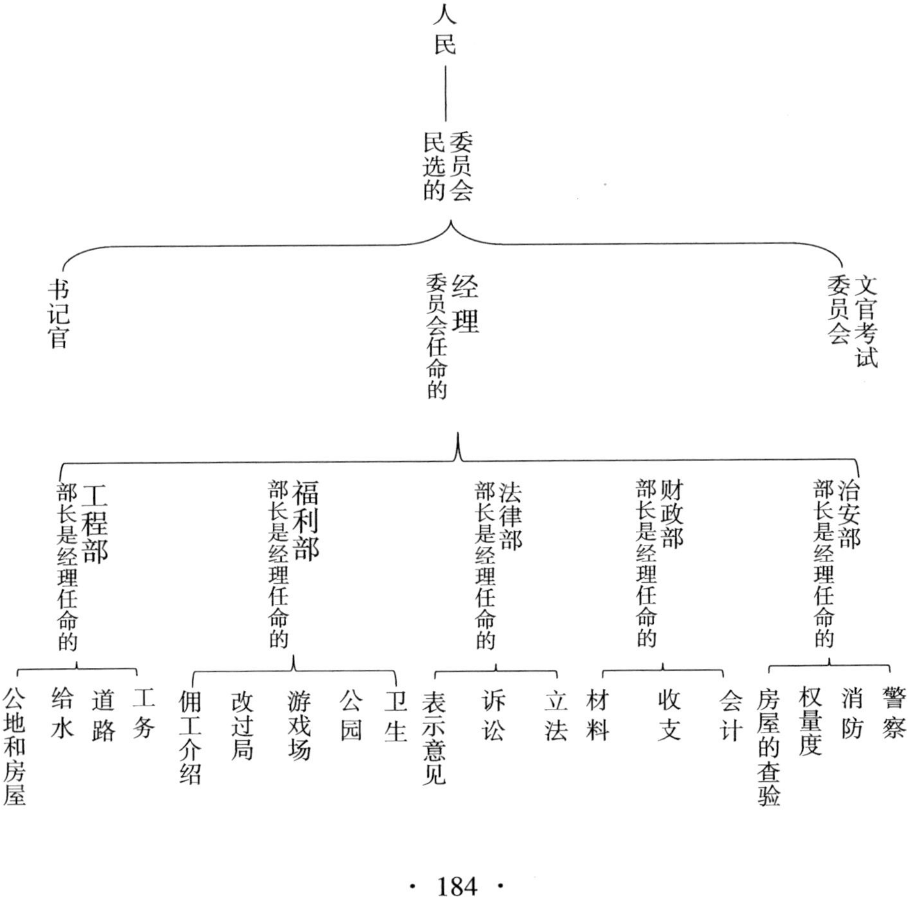

照上列三表比较起来，我们可以看出在那经理式的政府组织，行政方面的责任是完全集中的，各科的长官对于他们的部长负责，各部部长对于城市经理负责，经理又对于人民代表负完全的责任。

这是但敦经理制政府的组织大纲。经理制的市规约又注重于办事的手续。这是很应当的，因为办事的手续实在是非常重要。美国市政联合会所拟定的模范市规约中有大部分的条文都是关于这种办事手续，如支拨政费，编制预算，会计，计核，借款，材料的购置，年报等项。我们可以将这项重要规定约略选择一种讨论。

最重要的部分当然是关系财政的一部分。财政方面又以编制预算为更重要。在但敦，编制预算案的职务归城市经理办理。城市经理先从各行政机关调查各机关所需要的费用，调查完竣后，即编制下年政费预算草案，连同他所预计的进款表，呈请委员会核夺。委员会即将该项预算详细谈论，城市经理亦在场加入讨论，并须逐条说明，使各委员会能够明白各该项费用的性质。讨论以后，委员会能增加或减少各项款目，并能取消草案中所列举的条款，或另行加入新条款。修改以后，委员会即投票表决该预算案的全部。但从此以后，委员会即不能再行干涉支付款项的事务，关于用钱的一切权力都在经理一人手里。

并且除了询问和审查之外，委员会不得和各行政机关直接交涉，委员会如与各机关发生什么关系，必须由城市在其中做一个中间人。各委员如果违反这项规定，须受一种相当的处分。经理制的市规约大都又有下列的规定：一切的材料须由一个集中的材料处购置，一切建筑的承办须公开招标办理，各机关的账目须以统一的会计方式记录，各委员会不能与城市政府发生买卖方面的关系，一切会议均须公开的。

经理制的政府实行不久，我们尚难估计这种制度的结果。但有几种优点现在很已显明了。把全城的行政事务委托一个雇用的专门人员经理，当然能使各行政机关采用一致的行政手续，不至于发生冲突。经理制的组织又能使城市采用良好的编制预算方法，改革他们的会计制度，革除购买材料时候的种种弊端和种种回扣。有许多城市采用了这种制度后，不久即能减少他们债额，并能使他们每年入出相抵，不至于亏空。行政的手续也大有进步，各官吏薪俸的等级也有一定的标准，不像从前那样的杂乱。美国从前各种政治制度的改革都有一种通病，就是在入手改革的时候，人民的希望太大，到了实行以后，人民又觉大大的失望。经理制的组织总算尚未发生这种状况。有几个实行经理制的城市想恢复从前的市长和市议会，但在投票表决时候，多数市民总是不赞成的。现今就是有几处地方人民反对经理制的城市政府，大都也只反对某经理个人或他的办事方法，并不是反对这种制度的本身。

但这十多年的经验却没有使当初赞成这种制度的人民所希望的事实完全实现。采用了经理制的组织并没有使各城市减轻他们的税率，或减少他们的行政经费，或减去他们所担负的债额。有几个城市确已达到了这样目的，但这种情形并不是普通的。经理制的组织也并未使各城市的财政都能入出相抵，不必借债度日。这也许因为近几年来，各种物价的增加价格，无论那一种政府组织都不能阻止税率和债额的增加。平心而论，经理式的城市政府现今尚在试验时期中，究竟能有多少成绩，还得要过几年方能确定。

但有一事却甚显明的，经理制的组织将来的成败，完全以经理的人品何如为定的。经理是经理制组织中的最主要人物，如果将来缺乏这项专门人员，或社会上不重视这项人才，而使那般不够资格的政客充当经理，那末，经理制组织的失败，我们此刻就可以料定的。当初但敦的市规约委员会明晰经理的地位重要，职任重大，所以没有限定经理的居住资格，无论什么地方人民，只要他是最合格的人物，就能充当该城的经理。别城市也都依照此例。因此，别处人民往往选充经理。经理的责任重大，所以他的薪俸亦非大不可，并且任命以后，他如果确能胜任，决不可干涉他的行动。这都是很好的办法。如能保守这种精神，经理制的组织绝不致于发生重大的弊端。但美国各城人民是否能够永远保守这种精神，却是一个重要的事实问题。

但敦城市初改组的时候一切办法都甚好。委员会选择一个别处人民充当经理，并议决经理的年俸为一万二千五百金元，比之从前市长的年俸已经大了三倍。别处城市大都也照样办理。当时有许多城市采用经理制的组织，需要合格的专门人员充当经理。但美国向来没有这样的职业，所以也没有这样的专门学校，因此，各城市只能根据于几种极普通的资格选举他们的经理。有许多城市选择那工科大学卒业生充当经理，他们以为经理的职务大都是关于工程方面的，如街道，建筑，公园等类。有时候，律师或银行家也被选择任命为经理，有时候，甚而至于官僚政客也混杂其间。几个较大城市的经理往往会经做过小城市的经理，他们因为在小城市有了很好的成绩，所以升充大城市的经理。当时美国也有人预料这经理制的组织能使那般经理同德国的市长一样，从这城升任到那城。

但经理制度在美国实行不久，一切情形很不幸的都更改了。经理也不一定是别处人民充当的，经理的薪俸也不一定是很大的，经理的任期也不一定是永久的。有几个城市的人民就极力任用本地方人充当经理，他们总说：家里有合格的人为什么到外面去寻觅呢？美国各处人民的地方观念较之无论那一国都利害，在政治上是时时表示的。所以委员会在选举经理的时候，也得要顾虑到人民的偏见。但敦第一个经理是别处的人民，但第二个经理就是本城市民。选择本地人民充当经理差不多变成经理组织的一种普通趋向。有时候，在选举委员会的时候，选民往往要求各候选人预先声明将来被选以后，他一定选择一个本地人民充当经理；在选举竞争时候，各候选人又不能不依照选民的要求。有时候，甚而至于在选举委员会的时候，选民要求候选人承认将来被选以后，他一定选择某人充当经理，这样的选举差不多变成某人和某人竞争经理的选举，委员会只是一种选举会，并且他们所选的人又是预定的。有一二次，选民确实在选举场上举定经理的，委员会只正式承认选民所预先选定的人就是了。

这种情形是很不利于经理式的城市政府。有行政才能和经验的人决不是人民选举得出来的。人民要求选择本地人民充当经理，其结果必使那有势力的政客被选为经理。这样状况很容易使那般政客把持经理的选择，如同他们从前把持市长的选举一样。政客们一定组织起来，极力设法使那般有独立观念的人民不能被选为委员。将来人民如果明白委员会没有自由选择经理的权力，他们一定要求直接选举经理。这不是一种预言，美国已过的事实都能证明这样的更改。联邦上议员改为直接民选就是因为这种缘故。选举时候各候选人改为直接民选也是因为这种缘故。但经理式城市政府的主要特点却是经理必须由委员会自由选择，选择一个本地人民也好，选择一个别处人民也好。委员会如果顺从人民的要求，选择那人民预先拟定的人充当经理，这样的选择方法必不能发生好结果的。

经理式的城市政府最重要的问题就是怎样可以得到合格的经理。但城市如果不出重价，决不能得到相当的人物。经理的年俸万不能像从前市长的年俸那样小。每年做几百万生意的实业公司往往出了一万五千或两万金元聘请一个经理。但城市人民很不愿意出这样的重价。但敦第一个经理的年俸是一万二千五百金元，但因工党领袖的反对，第二个经理的年俸就减为七千五百金元。别处城市也有同样的困难。有许多经理做了几时以后，就觉得责任太重，薪俸太薄，所以往往就辞去经理的职位，另做别种事业。

以上所说只是实行经理制时候的几个最重要的困难问题。经理制确是美国市政制度中的一种好方法，但这种方法是否能达到市政改革的目的，还得要看这种制度试验的结果，同时还得要看人民对于这种制度的态度如何。

附录

张慰慈市政制度研究系列文章

美国城市自治的约章制度

(1920)

(一)绪　论

这篇所讨论的，是美国城市自治制度之一部份，英文叫做Municipal Home Rule Charter System。Municipal可以译作城市的；Home Rule自治；但是Charter这一个，不是容易翻译的，其意义就是关系城市的一种根本法律，举凡城市与邦政府的关系，城市的权限，城市政府的组织等，均由此根本法律规定之。城市的这种根本法律，和国家的宪法，一样，简单一句话，Charter就是城市的宪法。

在中国文字之中，想寻出一个字来把这Charter所包括的意义完全<表>达出来，是一件非常困难的事，不得已暂且把他译作约章。中国古时有所谓“吕氏乡约”，这“约”字就含有道德上和法律上的意义，差不多是一种政府的组织法。此刻我们中国的市政，本来没有一定的组织；有完全在乡董手里的，也有归官立市政公所管理的，也有属于警察厅的。城市须有一种根本法，凡城市政府的组织，城市的职权，须照这根本法执行，我们大多数的人民，还没有想到。这篇的宗旨，想把美国的自治约章制度叙述出来，供国内留心市政问题的人参考。

我们可以暂且先下一个定义：所谓城市约章，就是城市的根本法律。在往时的美国，此种法律是由邦议会制定的。邦议会可以细察各城市的特别情形，为各城市各立一种特别法律。不过在这种制度之下，城市的职权被邦议会剥夺殆尽，并且又发生出别的弊病；所以在十九世纪的中间，各邦宪法就有禁止特别法律的条文。于是各邦议会须立普通法律，凡邦内的城市的权限和组织均须照这普通法律所规定的；但是各城大小不一，情形不同，一条普通法律，万难适用于一邦内所有的城市。所以就有一种变通办法，一方面可以不犯宪法的禁令，又一方面可以免去普通法律的弊病，这办法就是把所有城市照人民的多寡，分做等级，凡在一个等级内的城市，须照一种普通法律去组织他的政府，规定他的权限。邦议会须为每等级的城市各立一种普通法律，例如一邦的城市分作三个等级，这邦必须有关于第一级城市的普通法律，第二级城市的普通法律，第三级城市的普通法律。但是此种城市分类法子，就是特别法律的变相，特别法律的流弊，一点也不能免去。因为这种种法子——特别法律，普通法律，城市分类——的失败，所以近来又通行一种新制度，这就是自治约章制度——人民可以照宪法或法律所规定，召集一个城市约章会议，制定城市的根本法律。如果要明白自治约章的确实性质，我们必须先明白城市自治的意义，和美国地方制度及所以发生这自治约章制度的缘故。

(二)城市自治的意义

“城市自治”这名词不是容易解释明白的，因为有两种原因：

第一，城市现在的地位与在历史上的地位完全不同。

第二，“自治”这两个字有好几种意义。

我们可以先讨论第一个原因。城市在历史上曾经过三个地位：

第一时期　城市国家

第二时期　作为行政区域的城市

第三时期　作为地方自治机关的城市

城市国家　欧洲在上古的时代，人民是聚集而居的；凡一族的人民，大概是崇拜一个神，信仰一种宗教；因为便于祀神起见，他们就聚集在一处，把庙宇祭坛等类造起来，组织一个城市。这种城市是完全独立的，现在的中央政府和地方政府，应尽之责务，应有之权力，均兼而有之，所以谓之城市国家。希腊罗马的城市，是属于这一类的。但是这类城市，此刻已经变了历史上的事实。现今所谓城市自治，并不是要城市脱离国家关系，完全独立；不过讨论城市自治的意义，我们必须晓得因时代的不同，这城市自治的意义亦因之而异；在历史上，城市曾有一完全独立的时期；但是此刻所谓城市自治，是一种有限制的自治。

作为行政区域的城市 在中世纪的时候，欧洲的意大利、法兰西、德意志等地方，因商务发达的缘故，又发现了许多城市。希腊罗马的城市式根据于血统和宗教，中世纪的城市是根据于商务同贸易。因为他们所处的时代不同，所有的性质不同，他们的地位也全然不同。上古时代的城市是完全独立的政治团体；在中世纪的时候，欧洲有帝王，有国王，又有无数封建的贵族，所以城市要完全独立，是万万做不到的。但是在封建时代的习惯之下，城市要自由发展他们的商务，也是不能的，所以他们极力想设法脱离种种束缚。这个时期适值国王和封建的贵族冲突的时候，城市就与国王联络起来，相互帮忙；以后贵族失败，城市固然得了他们的自由，不过同时国王的权力也增加了许多。在中世纪末，欧洲的民族国家渐渐发现了，所有的政权渐渐聚集到国王手里；当此中央集权的时期，城市从前得到的自由权，又失去了，渐渐变成国家行政区域之一种。

当时国王能够把城市作为行政区域，因为有两个重要的原因：

(1) 在社会简单的时候，各城可各管各的事情，与别的城市毫不相干。不过到了经济上社会上的各种事情发展后，有许多事情从前只与各地方相关，现在变了与全国有关系；因为顾全全国利益起见，中央政府不得把中央管理来代替地方管理。

（2）人民亦情愿中央政府来管理市政，因为中世纪的市政是完全在几个强暴的贵族手里，他们是非常腐败，非常暴戾；人民想早些脱离这种暴虐的城市自治制度，情愿把市政交给中央政府管理，反能够得到一点公平。

有这两种原因，中世纪末叶的城市变成国家行政区域的一种，完全在中央政府权之下，和别的行政区域没有什么分别。

作为地方自治机关的城市　城市国家是完全自治的，作为行政区域的城市式完全不自治的；这两种的城市组织是暂时的，不是永久的。只有欧洲上古时代的情形，才能发生那城市国家；只有欧洲中古时代的情形，才能发生出第二种的城市。所以社会上的情形更变后，这两种的组织法子也不能适用，必须有相当的新组织，才能适宜于社会上新发生的情形，这就是第三种城市发生的缘故：城市的地位，从国家的行政区域，变成地方自治的机关。

在十八世纪和十九世纪之初，欧洲的工艺也改革了，交通也方便了，所以大多数的人民就逐渐聚集到城里去；人民众多之后，就发生许多新问题，为中世纪城市所梦想不到的；欲解决这种新发生的问题，城市的政府必须改组；城市的职权必须加大，因之城市的地位又须改变。在十九世纪的时候，欧洲各国所订关系城市的法律，均是增加他们的自治权力；但是执行与别的城市或全国有关系的事情，城市又须在中央政府权力之下。所以现在的城市有两种地位：

（1）作为中央政府的机关，处理凡与全国有关系的事情。

（2）作为地方自治的机关，处理一切纯粹的地方事情。

作为中央政府的机关时候，城市是完全在中央政府权力之下；作为地方自治的机关时候，城市是可以完全自由的；这是现在欧美各国城市的实在地位。所以现在所谓地方自治，所谓城市自治，不过一种有限制的自治，地方或城市只能在中央政府所规定的范围之内，自治他们纯粹的地方或城市事情，这种事情必须与别的地方或别的城市没有什么相干。

我们明白了城市在历史上和现在所处的地位，就可以解释“自治”这名词的意义。自治二字和“地方”或“城市”连用起来，有好几种的意义：

第一种的〔意〕义，是地方或城市有权选举地方上的官吏。这种官吏可以执行各种法律，无论是中央政府的或地方政府的。这一种的地方自治制度在美国各邦之中是很通行的。美国各地方上的官吏，是完全由地方人民选举出来的，各邦政府法律在地方上的执行权，是完全在这种民选的官吏手里。

第二种的意义，是地方或城市人民有权决定所有邦议会制定的普通法律在各该地方或城市能通行与否。这一种地方自治权，在美国也是狠通行的。美国各邦的宪法，大多数是有禁止立法院通过特别法律的条文，所以邦政府不能为各地方制定特别的法律。如果邦议院通过一条关系地方或城市的法律，这法律必须通行于邦内所有的各地方或各城市。但是这种办法，有时候是做不到的：各地方有各地方的特别性质，特别情形，各城市的大小不是一样的，人民的职业和情形，万不能在各城都是一样，所以各地方各城市时时需要几条特别法律，适用于各该地方或城市的特别情形。因为这种种困难缘的〔的缘〕故，所以在美国有一种所谓“随意的法律”(Optional Law)。这种法律也是一种普通法律，为各地方或各城市而制定的，并不是为一个地方的或一个城市的。但是这种法律有一个特别性质：立法院通过后，暂时不能实行，必须俟各地方或各城市人民多数决定他们是要这一条法律后，该法律方可在各该地方或各该城市发生效力。

上文曾经说过所谓地方自治，是一种有范围的自治。地方自治的第三种意义就是地方人民有决定这自治范围的权力。地方自治问题，就是各地方究竟可以自治到什么样一个地位？如果各地方有权力可以决定他们自治的范围，这地方自治问题，是狠容易解决的，各地方要这么样，就可以这么样。但是地方政府的职务同中央政府的职务是狠不容易分开的。往往有许多事情在一个时候，完全是地方上的职务，同别的地方没有什也相干，不过到了交通便利，商务发达以后，就与别的地方有连带的关系；中央政府为保护全国人民的利益起见，万万不能听各地方各自为政；必须加以干涉才好。所以有许多事情，起初是地方的职务，渐渐变成中央政府的职务了。有这样的原因，地方自治的第三种意义是不能通行的。

第四种的意义和上述的第三种大意相同，不过范围是狭小一些。地方自治的第四种意义就是各地方可以照宪法所规定，组织他们的政府，制定他们的根本法律或约章，所以叫做自治约章。

（三）美国城市制度及自治约章所以发生的原因

执行国家职权的机关，叫做政府。政府的职务是非常复杂，非一个机关的能力所能及，所以一国必须分做几部份，各部份有各部份的机关，附属于中央政府之下。因为政府的各种职务性质之不同，所以有许多事情须归中央政府管理者；又有许多事情归较大的部份（在联邦政府叫做邦，在单独政府叫做省）的政治机关管理者；还有许多事情，因为只与各小部份有关，可以听各小部份的政治机关自行管理。城市又因他的特别地位，特别情形，所以又须有一种特别机关行使他的特别事务。所以美国有三级的政治机关：最高者为中央政府，执行一切与全国有关系的事情，如外交，财政，军事等项；次一级有各邦的政府，执行一切与全邦有关系的事情，如教育民法等项；最下一级有各地方的政治机关执行一切地方上的事务。

美国是一个联邦国，中央政府与各邦的政府同为宪法所设置的，他们的职权也是由宪法规定的，中央政府只能执行宪法所授与的职权，其余一切为宪法所未及道者，均留存于各邦政府。关于城市制度者问题，宪法上并未提及，所以凡与这问题有关的职权，均归各邦政府各自处理。在这种联邦政体之下，城市是完全在各邦政府的势力范围之下，城市与中央政府是一点关系也没有的。

美国的城市因为不在一个中央政府权力之下，所以没有统一的组织和职权，各邦尽可有各邦的城市制度，与别邦全不相同。近来美国的城市差不多变了政治试验场：凡有新奇的政治制度出现，总有几个城市把他来试验一试验；如果试验得有效，别的城市就可以仿效，并且还可以推广到邦政府或中央政府；如试验出来的成绩不好，就立刻可以弃之不用。近数十年来，美国的城市政体，改了又改，不知改变了多少次数，经过这许多次的改革，市政自然比较从前好得多，不过只从事于改革城市政体，万难解决关于市政的最困难最重要的问题。这就是城市自治问题。解决这问题的困难地方，是在于邦政府的职权和城市的职权不能清清楚楚分开。什么样的事务是纯粹城市的，与全邦毫不相干；所以各城市就可以完全自由管理？什么样的事务是与全邦有关系的，所以须受邦政府的节制？这个问题不是单从改良市政可以解决的。

这城市自治问题，是包含城市与邦政府的关系问题，所以我们必须先明白城市和邦政府的种种关系，然后可以讨论这问题。美国市政的腐败，有两个大原因：（一）因为城市政体及组织的不良，（二）因为城市的和邦政府的权限分得太不清楚，所以各城市时时受邦议会的和政客的无理干涉。近来对于解决这城市问题，是从两方面人手：一方面把最古的最复杂的城市政体改变成最新的最简单的组织，如近来最时髦的“城市委员会”和“城市经理”两个制度；又一方面规定城市和联邦的关系，如自治约章之类。城市的组织是不在本篇范围之内，可以不必提及；我们只须讨论城市与邦政府的关系。

美国各邦的行政官吏，大多数是由人民选举，他们的任期也是宪法规定的；所以邦长无统治这辈行政官吏的权。这种制度，从政行一方面看起来，是地方分权；不过在立法一方面说起来，美国的制度，又是非常集权的，因为在一邦之中，邦议会是独一的立法机关，所有关于一邦的立法事务均集中于这一个议会。这样的邦政府制度对于城市的地位，发生三种结果：

（一）城市是邦议会所设立的。

（二）城市只有法律所列举的权。

（三）城市早已失去了他们的自治权。

城市是邦议会所设立的，因为城市的根本法律，如无宪法条文保护，只不过是一种平常法律，随时可以由邦议会更改。照美国的制度，各邦行政官吏因为无权任免地方上的行政官吏，所以不能监督地方上及城市的事情。但是各城市同时也是邦政府的行政区域，替邦政府做了许多与全邦有关系的事务。为顾全全邦人民的利益起见，邦政府万不能听各城各自为政，以致全邦人民有所损害，所以不得不监督之。在美国的制度之下，只有邦议会由此权力。

城市的职权是在根本法内规定的，并且只不过在法律内所列举的几条，万不能出此范围。所以在一城之内，如有新发生的事情为法律所未提及者，城市政府必须呈请邦议会，给予管理该项事务的职权；如承邦议会的许可，城市政府方能执行；如被否决，则无论该项事情是怎样的重要，城市政府不得管理。所以美国的城市是完全在邦议会的权力之下，邦议会要他怎样，就怎样。

我们已经提及，城市是两种的作用：一方面为邦政府的代表，在地方上行使与全邦有关系的事务，又一方面为地方自治机关，行使只与本城市有关系的事务。为邦政府代表的时候，城市须受邦政府的监督或节制；为自治机关的时候，城市大可自由行动，不必受邦政府的干涉。但是这两个职务在美国是向来没有分清楚的，所以邦议会往往因干涉城市执行第一种的职务而牵涉到第二种的职务上边去。因为此种原因，美国城市完全失去了他们的自治权。

近二三十年来，美国人民渐渐觉悟起来了，他们可以看得出来邦议会无理干涉城市政治的种种弊病，所以在宪法之中，限制邦议会的权力的条文，也多起来了。限制邦议会对于城市的权力，有下列几种：

（一）禁止特别法律。在特别法律制度之下，邦议会可以用一种法律来组织甲城的政府，用另外一种法律来组织乙城的政府，并且可以为几个人的利益起见，时时修改这种法律。城市的特别法是时常出于不正当的主动力。那议会往往为权利所诱，随时随便通过几条关系城市的特别法律，至于城市居民的幸福的利益实不在他们议员的心目中。为扫除这种弊端起见，各邦宪法大半有禁止特别法律的条文。各城市的根本法，必须一律；如有关于地方的法律通过，此种法律必须通行于邦内的各地方。

（二）在宪法之中规定一个范围，在这范围之内，城市可以自由行动，邦政府不得干涉，例如：

（甲）所有纯粹性质的官吏，邦政府不得任命。

（乙）如无人民的许可，邦议会不得随意把城市街道的或别的权利允许给人家。

（丙）城市有制定他们根本法律的权。

（四）城市自治约章制度的历史

城市自治约章制度是最有效力阻止邦议会干涉城市政治。在这制度之下，城市可照宪法所规定，随意制定一条根本法律，适宜于他们的实在情形。这种制度，既无普通法律的硬性，又可免去特别法律的弊端。此制度是发源于密沙而立省（Missouri）一千八百七十五年的宪法。

在密沙而立，这个新制度是专为圣路易城(St.Louis)所设立的。圣路易是该邦最大的城市，其市政在那个时候是极端的腐败。并且时时受邦议会的无理干涉，例如从一千八百五十二年至一千八百七十五年，他的根本法律，是没有一年不被邦议会更动的。所以要改良他的市政，非从根本上设想不可。这根本解决方法就想把城市的和邦政府的职权分清楚，禁止邦议会干涉纯粹城市的事务。这个办法是由圣路易代表提出于宪法会议。照此议案，圣路易市民有权选出十三个人组织一个制定约章会（Board of Freeholders），其职务就是制定圣路易城的约章。该约章如得市民的同意，即可为该城市的根本法律。所以关系圣路易城的根本法律，邦政府的权完全取消。但是从当时人民的眼光看起来，这种制度，未免太激烈一些；因为如果实行之后，将来圣路易城政权太大，即使全邦有关系的事情，邦政府亦难以监督。由此种缘故，所以提议此案的人，又加入一条："虽有自治约章的条文，邦议会管理圣路易的权与管理别城市的权一样。"有了这一条修正的条文，此案就通过了。以后新宪法成立后，圣路易市民按照宪法的规定，举了十三个公民组织一个自治约章会制定他们的根本法律。

在密沙而立宪法之中，除了关于圣路易城的特别条文之外，尚有一条普通的条文，把圣路易城所享受的权利推广到别的过十万人口的城市。但是在这个时候，全邦只有圣路易城的人口是过十万，所以只有圣路易可以享受宪法所规定的权利。到了一千八百八十七年，克三水城也有了十万人民，在一千八百八十九年，克三水城也制定了一条自治约章。

圣路易城的自治约章，效力狠大，所以过了一二年，别邦也就想模仿起来了。第一个受影响的是太平洋口岸的加利福尼邦。加利福尼邦的经验同别邦是一样的，邦议会时时想法子避去宪法上的禁令，极力去干预城市政治。在一千八百七十八年，旧金山——加利福尼邦中最大的城——的根本法律有三百十九页之多，起初的时候这法律只有三十一页，但是邦议会因几个议员先生的私利起见，或为党派的关系，每年总要加入几条法律。旧金山的市政被几个政客闹得完全不成个样子。在一千八百七十九年加利福尼邦正在修正宪法的时候，有几个人想到自治约章制度，想把这制度来救济他们城市的市政，当时就把议案提出来。但是当时反对派的势非常之大，所以又加入一条修正的条文："自治约章由人民议决后，当呈请邦议会核夺，邦议会只能否决，惟不得修改。"除了这一条限制外，加列〔利〕福尼宪法规定凡邦内过十万人口的城市有他们的根本法律的权。这条宪法以后又修改了数次，这种权利推广到过三千五百的城市。所以在加利福尼，大半的城市均有自治约章的。

从加利福尼邦，这自治约章制度推广到华盛顿。在一千八百八十九年华盛顿邦正在制定宪法的时候，大多数的人想把加利福尼宪法来做一个模范，因为华盛顿邦的人民大半是由加利福尼邦迁移过去的。加利福尼宪法之中，为他们所特别注意的就是这自治约章制度。自治约章制度由城市组织委员会提及，不过什么样的城市才有这样权利这一个问题，费了许多时候才议决的。城市组织委员会主张过二万五千人口以上的城市方能享受此种权利。但华盛顿是个新的邦，人口是非常之少，完邦恐怕没有一城有二万五千人口，所以有许多人把这数减少到一万五千。有人主张把这权推广到过五千人口的城市。还有人主张推广到邦内所有的城市。经了许多争执，以后才定过二万人口的城才能享受这种自治权利。因为这种限制，所以华盛顿邦的自治约章并不十分发达。到了此刻，只有五个城市有自己制定的根本法律。

第四个邦允许城市制定他们的根本法律是米尼所达（Minnesota）。米尼所达在一千八百九十六年修正宪法的时候，就把这自治约章制度加入。这一邦的自治约章制度与别邦稍有不同：第一层，邦内所有的城市均能享受这权利，第二层，制定自治约章会的会员，由地方审判厅法官任命，不是由人民选举。在这一邦因为没有限制，所以自治约章非常之发达，到此刻差不多有五十多个城市的根本法律是他们自己制定的了。

在十九世纪，人民对于自治约章制度并不十分踊跃。到了这世纪的末了，一共只有四邦宪法给予城市制定他们根本法律的权利。不过到二十世纪，这制度就推广得非常之快。在这世纪起初的十二年，一共有八个邦加入这种新运动，所以此刻一共有十二邦——全美国联邦四分之一——有自治市约制度。以后加入的八个邦的历史，大半是与从前的几个差不多，我们可以不必细述。

（五）制定自治约章的手续

制定自治约章的手续，不是一定的。各邦的制度未免有大同小异的地方。我们可以把这手续分做五层：

一、制定自治约章手续的第一步

二、约章委员会的选任和组织

三、公布拟定的约章

四、人民决定该约章的去取

五、修改约章的手续

制定自治约章手续第一步，大概是由城市的立法机关发端的。但是又有由人民发端的，如能得法定人数的同意，他们也可以请求城市的立法机关，选择一个约章会议。还有一邦把这种权给予地方审判厅的审判官。这手续的第一步发端后，第二步就是选择约章会，由该会拟定一个新约章。这委员会的委员是从十三个到二十一个，除了一二邦外，均是由人民选举的。选举的手续是完全照选举官吏的手续。被选人员也须有一定的资格，如年岁，居住的时期等。这约章委员会是一个临时机关，约章拟定公布后，这委员会当即取消。照各邦宪法，约章委员会成立后，在一定期内，必须把新约章拟定，这期限是从三十天到一百二十天。

这手续的第三步就是公布拟定的约章。约章委员会拟定新约章后，当即交付城市立法机关或城市秘书，然后再由城市政府公布。公布的法子有好几种；有须宣布在城市的政府公报的，也有登在平常的报纸上，就可算数的，还有一个法子是把拟定约章由邮局寄给城内公民，每人一份。这种种法子的宗旨就是要人民明白晓得这自治约章的确实性质，究竟是好，究竟是坏，在选择的时候，他们就可以发表他们自己的意见，决定这约章的去取。所以各邦的宪法总是把发表拟定约章的日期规定，大概必须在人民选择期三十天以前宣布。时期长一点，人民可以有暇时来细细研究该约章的利弊；如果今天宣布，明天就须人民投票决定，人民那能知道这约章的详细情形；所以关于公布的种种手续，实在是非常重要。

制定自治约章手续的第四步，就是人民公决这约章委员会拟定的约章究竟能用不能用。拟定的约章公布后，过一定的时期，大概是从三十天到六十天，有一个选择的日子，在这一天人民就可发表他们的意见。如有过半数人民赞同这新约章，这新约章过了一定期限后，就变成城市的根本法律，以前的种种法律，均同时取消。不过在几个少数的邦内，人民决定后，这约章尚须等邦议会或邦长赞同后，然后可以实行。

至于修改自治约章的手续，大概是与制定自治约章的手续相同，故可以不必细述。

（六）结　论

自治约章制度的唯一目的，就是要给予城市一种有限的自治权利。从前美国市政腐败的大原因，在于邦议会的无理干涉城市政治。所以救济这一层弊端的方法，就是禁止这种干涉。这新制度并不是想设立一种完全独立的城市。城市所得到的权利只不过制定他们自己的根本法律，组织他们自己的政府，包括所有一切关于纯粹地方事务的自治权利。

现今的学者大半多承认城市政府为全国政府的基础。城市政府是顶重要的一种政府。平常人民大概与中央政府或邦政府是没有什么大关系的，每年除了纳税以外，如无特别事故，可以永远不见一个中央的官吏。不过对于城市政府，是完全不同的，我们一出门，就看见警察，我们平常一举一动，如有不得当的地方，就有警察来干涉。我们的生命，我们的财产，全靠几个警察来保护的。

总而言之，城市人民的生活，与城市政府有狠密切的关系。现今工商业渐渐发达，城市人民一天多一天，城市政府的重要亦一天更甚一天。城市政府并且又是极难管理的。现今城市的生活是非常复杂——人口渐渐加多，工商业渐渐发达，各种各样的特别利益，渐渐发现——要管理这种种复杂的事情，实在最不容易的。但是美国的市政制度，是前几十年城市生活最简单的时候组织的，所以用来管理现在城市实在是非常不适用。邦议会的议员大半是从乡间出来，城市的复杂情形，他们做梦也想不到，叫他们今天为甲城制定一条根本法律，明天为乙城制定一条根本法律，这种法律如何能适用呢？只有城市人民才能明白他们自己城市的特别情形，特别需要；才能制定一条法律适合于种种的情形，种种的需要；这就是最新的城市自治约章制度的功用，和他所以发生的缘故。

（原载《新青年》第7卷第2号）

市政问题

（1922）

大凡谈政治的人往往很容易误把政治的范围限于中央政府的政治，他们用了全副精神去讨论宪法问题，总统制，内阁制等类，还有一部份甚而至于去极力提倡空空洞洞的马克思主义，基尔特社会主义等，对于他们切身的市政问题和本地方上的政治，他们反而不十分注意。这是差不多各国政治学者的通病。所谓市政问题，是新近发生的问题。现今人民的老祖宗并没有晓得什么叫做城市生活和市政问题。那时候就是有几个城市，城市中的生活又是非常之简单，城市政府的组织就可以随随便便，无须十分完备。以后各处的城市虽则逐渐发达，人民又因有别种较大较重要的中央政治问题没有解决，那自然顾不到地方上的政治问题了。我国自从光复以来，直到现在，已经过了十一年，宪法还未制定，统一还未成功。全国人民中关心政治者能有多少人，这几个人对于宪法统一等问题，还没有办法，那里还有精力还有空间工夫去研究新近发生的市政问题呢？所以这市政问题至今还没有澈底的研究过。

但是现今学者多承认城市政府是全国政府的基础。城市政府是顶重要的一个政府，在市民方面着想，较之中央政府或省政府更加来得有密切的关系。普通人民大概与中央政府或省政府不时常发生什么关系的，每年除了纳税以外，如果不做犯法的事或不发生特别事故，可以永不见一个中央官吏。不过对于城市政府，是完全不同了，我们一出门，就看见警察，我们平常一举一动，如有不得当的地方，就有警察来干涉，我们的生命，我们的财产，全靠几个警察来保护。还有市民子弟的教育，公共卫生，市民权利的保障等，完全须靠办理市政的人有良善的计画，和适当的方法，才能发生良好的结果。现今工商业渐渐发达，城市人民一天多一天，市政问题的复杂，城市政府的重要，亦一天更甚一天。城市政府并且又是极难监理的。现今城市的生活是非常复杂——人口渐渐加多，工商业渐渐发达，各种各样的特别利益，渐渐发现——要管理这种种复杂的事情，实在是最不容易的，非普通的官僚，所能办得了的。

所以这市政问题是一个极大的极重要的问题，万非本报这一短篇文章所能详细讨论得了，我们只能提出这个问题中几个重大要点，以便引起一般人的注意，大家共同讨论解决的方法。我以为市政问题中最主要的问题就是（一）城市与中央政府的关<系>，（二）城市政府的组织。第一个问题是对外的，就是城市自治应该自治到怎样一个情形。我们在此地先讨论这一个问题。在下一期第二篇文章内再讨论城市政府的内部应当有怎样的组织。

城市自治并不是普通一般人心目中所想像的那样简单一个名词，其意义是非常复杂，并且是很不容易解释明白的。所谓城市自治并不是把城市中一切事务完全交给城市自己管理，中央政府对于城市一些管理权力也没有。这是叫做独立，不是自治。但是我们要晓得古代有一种城市，确是这样的。那时候有所谓叫做城市国家，兼有现今中央政府和城市政府，应尽之义务，和应有之权力。这种古代的城市是完全独立的。现今所谓城市自治并不是要城市完全脱离国家的关系，完全独立；此刻所谓城市自治，只不过一种有限制的自治罢了。

在社会生活简单的时候，各城自然可以各管各的事务，与别的城市毫不发生什么关系。不过到了经济上社会上的各种事情发展后，有许多事务从前只与各城市有关系，现在却变了与别的城市有关系，或与全国有关系。因顾全全国或别的城市的利益起见，中央政府不能听各城市各自为政，就不得不把中央管理来代替城市管理。近来欧洲各国所订定关于城市的法律，大半均是增加他们的自治权力。不过凡各城市执行与别的城市或全国有关系的事务，城市又须在中央政府的权力之下。所以现今的城市有两种地位：

（一）作为中央政府的机关，处理凡与全国有关系的事务。

（二）作为地方自治的机关，处理一切纯粹的地方事务。

作为中央政府的机关时候，城市是完全在中央政府权力之下；作为地方自治机关的时候，城市可以完全自治的；这是现在欧美各国城市的实在地位。所以现在所谓城市自治，不过一种有限制的自治，城市只能在中央政府所规定的范围之内，自治他们纯粹的城市事务，并且这种事务必须与别的地方或别的城市没有什么相干。但是什么是“纯粹的地方事务”，是很不容易决定的。往往有许多事务在一个时候，完全是城市的事务，不过到了交通便利，商务发达后，就与别的地方或城市发生连带的关系，所以就渐渐变成中央政府的职务了。关于这一个问题，美国已经有了很多的经验。美国各城的职权和各邦政府的职权因为没有分得清楚，在前几十年之中，发生了很多的冲突，各城的自治权因之受了绝大的影响。

近二三十年来，美国人民渐渐觉悟起来了，他们也看出邦政府无力干涉城市自治的种种弊病，所以在宪法之中限制邦议会的条文，也多起来了。限制邦议会对于城市的权力，有下列的几种：

（一）禁止特别法律（就是不划一的城市法律）

在特别法律制度之下，邦议会可以用一种法律来组织甲城的政府，用另外一种法律来组织乙城的政府，并且可以为几个人的利益起见，时时修改这种法律。城市的特别法律是时常出于不正当的主动力。邦议会往往为权利所诱，随随便便通过几条城市的特别法律，至于城市居民的幸福和利益实不在他们议员的心上。为扫除这种弊病起见，各邦宪法大半有禁止特别法律的条文。各城市的根本法律，必须一律；如有关于城市的法律通过，这种法律必须通行于邦内的各城市。

（二）在宪法之中规定一个范围，在这范围之内，城市可以自由行动，有完全的自治权，邦议会不得干涉，例如：

（甲）所有纯粹地方性质的官吏，邦政府不得任命。

（乙）如无人民的许可，邦议会不得随意把城市街道或别种权利允许给人家。

（丙）城市有制定城市根本法律的权。

所谓城市的根本法律就是城市的宪法，凡城市的权和组织的规定在内，又叫做市约。去年地方行政会议议决的，六月十七号总统以命令公布的市自治制之中，也有市公约这名词。第五条说："凡市关于其住民之权利义务及自治事务得制定市公约，但不得与本制及他法令抵触。"

所以市自治制里边所说的市公约并不是一种城市根本法律。这市自治制才是一种划一的城市根本法律。

这一种划一的市制将来究竟能否适用于我国这样大的地方还是一个问题，不过从欧美各国的经验方面看起来，这种划一制度恐怕不能适用。

我们姑且把美国的经验来述一述。在最初的时候，美国各邦的市制是极不划一的，邦议会可以细查各城市的特别情形，为各城市各立一种特别法律。这是叫做特别市约制。但是这种制度以后发生了种种弊病，上边已经约略叙述，所以在十九世纪的中间，各邦宪法就有禁止特别市约的条文。各邦议会须制定一种普通法律，凡邦内各城的权限和组织均须照这普通法律所规定的。但是各城大小不一，情形不同，一条划一的普通市约，万难适用于邦内所有的城市。所以就有一种变通办法，一方面可以不犯宪法的禁令，又一方面可以免去划一的普通市约的弊病，这种办法就是把所有城市照人口的多寡分成等级，凡在一个等级内的城市，须照一种普通法律去规定他的职权，组织他的政府。但是这种城市分类法子，就是特别法律的变相，特别法律的流弊，不能完全免去。因为这种种法子——特别法律，普通法律，城市分类——的失败，近来又通行一种新法子，这就叫做自治市约制度——人民可以照宪法或法律所规定，召集一个市约会议，制定城市的自治市约。

自从自治市约制度通行后，城市自治这名词的意义就变成市民根据于法律所规定，自行联定市约的权。照这样的办法，城市和中央政府种种的冲突，种种的争执，都可免去了。中央政府只须制定一种普通法律，把城市职权的界限大致规定，并给与城市居民自行规定市约，既可以免去特别市约制度的弊病，又不至于像普通市约制度那样的不能适用。现行市自治制对于城市政府组织一方面，规定得非常详细，并且非常复杂，对于城市和中央政府的关系，反而没有确实的规定，这样的市制，我们不能赞同。

城市政治是一种极困难的政治，因为工商业的发达，人口的增加，城市的职务就日渐加多，城市的生活愈加复杂，城市政府的组织也不得不时时改组，使之能适用于当时的实在状况。在最初的时候，因为人民不大十分注意于城市问题，所以多数国家的市政制度往往是随随便便抄袭中央政府的制度。在当初城市生活简单的时候，这种不合式的制度还能勉强敷衍过去，但是到了后来情形日渐复杂的时候，那就不能适用了，所以就发生城市政府改组问题。我们从各国的经验方面，很可以得到一个大教训，我们必须先把城市政府的性质和职务预先研究明白，然后才能规定一种最简单的最适宜的组织。

我们最先须注意的，就是城市自治完全是一个事实问题，绝对不是一种哲理的观念。我们必须从具体的事实一方面着想，去研究用怎样的方法，怎样的组织，可以使市民得到最大的利益；万不能说这样的办法是忘却民治的精神，那样的办法又不能使市民当行政之冲，与自治的精神不能相容。我们只须读一读美国市制的历史，就可以明白这一层。

美国最初的城市政府组织完全是抄袭邦政府和各邦政府的组织。美国制定宪法的时，是在十八世纪之末，当时的政治思想是一种个人主义理想，人民对于政府的观念，并不是要政府有很大的实权，能为人民做一些实在的事务。这个时期，是民治主义初发生的时期，人民从皇帝的威权得了许多教训，把强有力的政府看得非常可怕。所以那时候的政治哲学家，极力要想出一种政府的组织，使这个机关钳制那个机关，不让他变成专制的政府。所谓三权分立，两院制的议院等，均有这种作用在内。美国政府的组织受这十八世纪政治学说的影响非常之大，所以有两院制的议会，立法行政司法权完全分开，用总统来防止议会滥用职权，用议会来监督总统行使职权。最初的时候，因为大家不注意城市政府，因为没有人知道城市的实在性质，以为城市政府也是一种政府，大可以照中央政府的组织去组织城市的政府。所以从前美国城市的政府就有叫做“联邦式”的组织。在城市政府中，有一个市长，等于中央政府的总统；也有两院制的市议会，大半议员是城内各区选举出来的；也有三权分立的制度，市长市议会市法庭的权限完全分开。所以到了十九世纪之末，美国城市政府的组织是非常复杂，有各种的机关，不过都不能做什么事，因为城市的职权是由各种机关分担的。在职权一方面，各种机关是互相钳制的；在责任一方面，彼此又可以互相推托的。

三权分立，代议制度等在中央政府也许有成立的理由，不过在城市政府是万万不能适用的。我们要晓得城市政府的性质和中央政府的性质完全不相同：中央政府有决定政策和实行政策的两种职务，所以必须有两种独立的机关，决定政策的机关是立法部，实行政策的机关是行政部。但是城市并没有决定政策的职务，城市政府所做的事完全是几种实实在在的事务：如保护人民的生命财产，清洁街道，疏浚沟道，验查饮水和各种食物，经营各种公共的事业，办理各种公益的事务，设立人民的休养和娱乐场所等。这几种事务人人都知道是城市政府所应该办理的；城市政府的良否全看他办理出来的结果如何。如果城市政府的组织是非常之复杂，设立了许多机关，各机关职权又混杂不分，请问那一个机关肯极力为公家做事呢？出了乱子，请问那一个机关肯出来负责？美国向来通行的城市政府完全是这样的，所以在十九世纪的中间，他们的市政弄得一塌糊涂。

还有一层，自从民治主义发展后，人民误认选举官吏为防止政府专制的唯一妙法。在美国这民选官吏的运动也到了城市政府，所有城市的官吏也渐渐变成民选的。人民的意思自然以为民选的官吏容易受人民的节制。并且人民选举官吏是民治主义的一个要素，不是这样，不能叫做民治的国家。所以在城市之中，自市长市议员以下直到最小的录事，没有一个不是人民选举出来的。选举的时候，每一个市民至少须选举好几十个官吏。城市的人民大概个个有职业的，平常的时候一定是非常之忙，那里有工夫去把几十个候补官吏的历史资格，详细调查。选举的时候，无非是糊里糊涂，把政党里提出的人随便举几十个，就算了事。所以城市政府里的各种位置变成政党的酬劳品，极坏的人占住各种位置，好的人民就不愿意加入城市政府的机关，所以市政统一天坏似一天。最重要的原因不过是（一）组织太复杂，各机关易于卸责；（二）选举官吏太多，人民不能详细选举。

所以城市政府组织最重要的原则就是职权必须集中，责任必须确定，民选的官吏万不可过多。美国新近最通行的市长式的，委员会式的，和经理人式的城市中横幅就是根据于这一条原则。我们讨论市政万万不可不注意于这一层。近来有很多的人往往误解民治主义的原则，以为凡一切职权放在普通人民手中，总是不会差的，不晓得人民没有能力，没有机会，去使用职权，最容易被腐败的政客和官僚所利用，借人民的名义去做出种种自私自利的事情，结果人民一方面反而得到种种的害处。如果城市政府的组织是非常简单，所有职权完全在几个负责任的人手里，那末，人民也极容易去监督他们，这种简单的组织万不会变成专制的制度。

我国各处的情形和外国完全不同，当然不能纯粹仿效他们的制度。不过从它们所经过的历史方面，我们很可以得到种种的教训，至少我们可以不再向他们已经失败的那一条路上去走。

我国土地这样的大，各处的情形又这样的不同，划一的市制万万不能适用。但是我们虽则不能规定一种统一的办法，我们很可以把研究市政制度的人所应当注意的几个重点提出，供大家讨论。

第一：我们不当再采用三权分立的城市政府组织。

第二：市议会的议员额数愈少愈好，市议员不当用分区选举法举出。城市政府是以办事为主，不是一个讨论会。市议员的额数太多，市议会势必至于变成一个雄辨会，一些事情也不能做。市议员如果由各区举出，那末，他们的眼光往往只能看到他们区内的事情，不能看到全城的利益。还有一层，各区内所居住的人民各种各样的人多有，他们完全没有一些共同的利害关系，他们怎样就可以举出一个人来代表他们呢？市议员的额数如果只有三个，五个，或七个，那末，由全城市民共同选举也容易做到。

第三：除出市议员之外，城市政府中不当再有别种民选的官吏。市议员是城市政府中最重要的人物，市政方面的种种事务均由他们对于人民负责。人民如果只举几个负责任的重要市议员，他们很可以仔细调查各候选人的历史和资格，能够举出相当的人；如果除市议员之外，还要人民举出其余的官吏，那末，民选的官吏太多，人民就没有能力去尽他们的职务。

第四：市长当由市议会选择，并不必限于本市市民。市长也是一个重要人物，为什么不由市民选举呢？这是因为市长的性质和市议员不大相同。市长是执行市政事务的领首，非有专门智识的人不能胜任。凡是人民所选举出来的人大半均是这一般能演说的或能在报纸上发表意见的出风头人物，这一般人也许能出主意，能计划各种事情，未必见得真能办事的人，选举这类人物充当市议员是很相当的，充当市长未必能相配。

现在将要初办市政的时候，一切的组织总以愈简愈妙。城市政府的性质和中央政府绝对不相同，我们万不可拘束于普通的民治主义观念，去讲哲理原则，而不去注重于事实一方面。不过无论那种制度不是自动的，有了好制度还得要有好人去应用他，才能有好的效果发生出来。如果市民自己还是麻木不仁，对于市政觉得毫没有一些利害关系，自己没有自动的能力，觉悟的心理，一般流氓的政客，腐败的官僚就有把持市政，包办市政的好机会，那末，什么样的制度，什么样的组织都不能发生良好的效果。

（原载《努力周报》1922年7月3日、9日、23日）

欧美城市和国家的关系

（1924）

在历史上各时代，城市和国家的关系是时时变更的。古代的城市是完全独立的，在城市的范围以外，并没有别种权力；城市即国家。罗马城并不是罗马帝国所设立的，罗马城却是罗马帝国的主人翁。在欧洲中世纪政治扰乱时代，城市又得到了他们的地方自治利权。这是叫作自由城市时代。当时的城市虽也得到完全的政治独立权，特别是那意大利半岛和欧洲西北部的城市，但他们的地位并不像古代的城市国家。他们对于城墙范围以外的区域并不像古代巴比伦，雅典，罗马等那样的有管理权力。城市官吏〔管理〕的权力只能达到城市的界线为止。中世纪自由城市的权力是由外界给与的，古代城市国家的权力是内部发生的。但中世纪城市得到了他们的自由权之后，外界势力却不能干涉其内部事务。各城市的自治权实非常完备。欧洲中世纪时代是政治的分权时代，各城市争到了他们自己的特权以后，只知顾虑他们自己的利益，万万想不得其余的城或团体的利益。所谓民族的福利观念是没有人知道的。直到了十六世纪以后，民族主义的精神才发生，国王的权力才增加，而各城市就逐渐的受中央政府的统治了。那时候在欧洲大陆各国，这一种中央集权的势力是非常之大，当时城市的自治权差不多完全消灭。

但在英国，中央政府和地方区域的关系却没有这样的一种变更。这是<因为>英国城市的民治主义根深蒂固，很不容易打破。又因为英国国会发达最早，确能保障人民的公民权利，国王屡次与国会冲突均归失败。所以欧洲大陆各国的城市自治权早已消减，而英国城市独能保存他们古代的自由权。

在表面上看起来，欧洲大陆各国城市失去了他们的自治权，确是一种不幸的事。但从根本上着想，城市受中央政府的统治不一定受中央政府的压制。各国中央政府以后逐渐向民治主义一方面发展，他们对于各城市逐渐采取宽容的态度，并且处处为城市设法，务使各城能自由发展，达到其最大限度的福利。法国革命并没有使各城市脱离中央政府的保护，但从此以后，各城市管理本地方事务的权力，确实增加了，并且又有法律保障了。美国革命使新大陆各城市直接受联邦立法部统治，但从此以后，各地方政府的组织却较之从前良好得多，大部份的市民均有参与市政的权利。在英国，十九世纪初期的那种种改革虽则取消了各城市的特别权利，并使各城市直接受国会的统治，但全国市政却从此统一了，并且各城市政府的组织亦适合于民治主义，并非从前那种陈旧制度所能比得上。

普通人民往往有一种错误的观念，以为城市在中央政府的统治下往往被中央政府所压制，使中央政府发生专权的行动；并以为城市的民治主义只能从城市本身逐渐发展出来，决不能由中央政府鼓励出来。但历史方面的事实却与这种普通观念完全相反。

中世纪下半期的自由城市有了绝对的自治权利，以后就发现一种自私自利的寡头制度；英国城市未受国会的统治之前，差不多变成几个少数贵族的私产；殖民时代的美国城市有很大的自治权利，决非美国现今的城市所能比得上，但当时城市中的一般小百姓却没有参与城市政治的权利。所谓城市的民治主义确实从城市受了中央政府的统治以后才发现的。

十九世纪是城市法典时代。各国对于城市的种种法典均于这时代制定的。当时各国的中央政府均承认一种根本原则：凡一国的城市，不论大小，均须以同样的方法治理的。法国于一七八九年首先实行这种政策，当时法国几千个城市均采用一种统一的城市政府组织。普鲁士于一八〇八年也使全国的城市采用一种统一的城市政府组织。同时意大利和西班牙，受了拿破仑的影响，对于他们的城市，也照样办理。英国于一八三五年制定一种城市法典，使全国城市受同样的待遇。在以后的四十年之内，美国各邦政府也实行一种普通市规约制度，一方面禁止那种特别市规约制度，又一方面扩充城市职权的范围。

照现今各国的制度，中央政府有两种方法，规定城市的职权，并确定城市和中央政府的关系。第一，中央政府能将一切普通职权概括的给与所有的城市。换言之，中央政府把一切关于地方事务的职权，完全给与城市官吏执行。例如法国一八八四年的城市法典规定："市议会执行城市事务。"这是一种范围最广泛的条文。法国和欧洲大陆各国的城市法典均是非常广泛的一种法典适用于全国所有的城市，并且各法典又不规定种种详细条文。但各城市有了各样无限的大权，有时候也易于发生种种弊病，各城市或者只顾自己私利，而不顾别城的利益，或者甚而至于利用其无限制大权，侵犯别城的权利；因此，欧洲大陆各国同时又采用一种防御的方法：就是各城市的大权非预先得到中央政府的监督机关或省长同意后，不得执行。这是欧洲大陆各国所通行的方法。

第二，中央政府能给与城市几种特别职权，列举在普通的城市法典或特别的市规约之内。城市所能执行的职权只限于这个范围之内。城市的行动如出了这个范围之外就作为非法，不能发生效力。有时候就在法律上所列举的范围之内，城市也得预先得到中央政府机关的同意，方能执行某种职权。城市如有不得已的情形，必须执行那法律上所未曾列举的职权，只有呈请立法部，得其同意，并另由法律规定后，方能执行该项职权。英国及其自治殖民地，美国各邦均采用这两种方法。这两种方法的区别是很重要的，我们须将各国城市与中央政府的关系叙述，借以明白这两种方法的来源，及现今的情形。我们先讨论法国城市与中央政府的关系。

从一千八百年起，拿破仑的行政改革大计画实行后，法国中央政府和地方政府的关系永未曾有过根本的变更。在这一百多年之内，法国的政体改了又改，忽而帝国，忽而君主国，忽而共和国，统共改革了六次之多，但拿破仑的中央集权制度的根本原则却保守到了现在。地方行政的方法时有更改的，法律上的字记也有更改，但其根本原则却永未更改。

拿破仑于一八一五年失败后，拿破仑的城市政府制度却继续存在，未曾经过根本上的更改。在一八三十年，因受民治运动的潮流，法国对于各城市亦不得不让一步，当时的改革是把市议员改为民选的，但市长和副市长还是由省长从市议员中选择呈请，由中央政府任命。一八四八革命时候，各城市又得到一些地方自治权利，但不久拿破仑第三做了皇帝以后，其中有几种权利就立即取消。从一八五二年至一八七十年是法国第二次帝国时代，当时中央政府对于城市采用极严格的政策。在每一个法国城市，人民虽有选举各该城市的市议员，但城市行政的实权却在市长和副市长手里，市长和副市长是中央政府任命的，不是民选的官吏。当时市议会的职务只是批准那市长和别种行政官吏所提出的计画而已。直到第二次帝国推翻时候，法国城市的政治生活却是毫无生趣的。

在一八七一年，法国第三次共和政府成立后，就想恢复城市自治的精神。但法国的政局却非常不稳固，中央政府对于各城市实不得不严格的监督；所以第三次共和政府的恢复城市自治的计画亦不能完全实行。只有在那种小城之中，市长和副市长改为由市议会选举，直到了一八八二年，各大城市才得同样的权利。但各省省长还是仝从前一样，代表中央政府，执行监督城市的职权。

现今法国城市和中央政府的关系是由一八八四年的城市法典及其修改案所规定的。法国城市法典是一种普通法律，适用于全国所有的城市，惟巴黎除外。在法文之中，城市是叫做Commune，这是一个极广泛的名词，无论极小的乡村，或极大的城市，除巴黎之外，均笼统叫做Commune，全国共有三万六千个。在法国宪法上并没有明文禁止立法部干涉城市事务，或制定种种城市的特别法律，但法国立法部却没有这样举动，这是因为法国人民的公意总不愿意使各城市受立法部各别的待遇，总想使各城市在法律上立于同等的地位。法国立法部就被这种公意所限制，不致于像从前美国各邦立法部的那样随意制定种种城市的特别法律。法国城市虽没有受立法部的无理干涉，但同时却受中央行政部方面严格的监督。法国城市却没有美国城市所享受的自治市规约权利。

照法国城市法典所规定："地方官吏有管理本地方事务的权力"，但同时却有种种的限制。地方官吏决不能自由执行其权力。并且法国政府的中央集权制度，种种监督地方政府的机关，均非常完备，实非德国，英国，或美国所能比得上。

法国最高的监督机关是中央政府的内务部。内务部部长是内阁中的一个阁员，法国内部虽则时时改组，内务部部长时时更换，但部长的更换却与中央监督地方政府的制度毫不发生关系，因为这项职务完全由那般永久的部员执行，并且大都又是例行公事，决不能因内阁的更动而改变政策。

内务部只执行一部份的监督职权，大部份的职权还是在各省省长手里。法国全国土地分做十九省，每省的行政长官就是省长，由内务总长呈请总统任命，但各省省长并不因为内部的改组而同时更换。省长是一种事务官，由下级行政官升任上来的。关于城市政府方面，省长的职务是非常繁重。市议会开会的日期是由他定的，他又能停止市议会开会，并能呈请总统，罢免市议员。城市预算案上面所列举的条款，每条须得他的同意后，方能发生效力。关于预算案上收入的条款方面，他能增入新条款，惟关于费用的条款方面，他不得增加新条款。市议会如果不能通过预算案，省长能以命令公布他所拟定的预算案。法国法律并未规定城市的负债限度，城市所拟发行之公债计画，每次须预先得省长的同意；如债额太大，并须得内务总长的同意。除此之外，还有关于种种其余事务，市议会的议决案必须得省长的同意后，方能发生效力。

法国各城市虽有选举地方官吏的权力，但有几种城市官吏却由省长或内务部任命的。其中最需要的是市会计，由议会提出三人，呈请省长选择一人任命。警察官吏是由市长任命的，但须得省长的同意。地方行政是由市长和副市长负责；但关于警察，消防，道路等事，他们只是省长的代理人，他们所议决的案件能随时被省长所否决，并且内务部和省长公署均是永久的机关，市长是民选的官吏，有一定的任期，所以城市的官吏，绝不敢不服从内务部和省长公署的命令。这是法国城市和中央政府关系的大概情形，我们再讨论普鲁士的情形。

普鲁士的城市和中央政府的关系是由一八五三年的城市法典所规定的。欧战以后的革命虽改变了城市的组织，但城市和中央政府的关系却未更改。在一八〇八年以前，普鲁士城市没有什么自治权利。市长和市议员大都均是由国王任命的。市民完全没有选举他们官吏的权力。城市中的种种优差美缺均由国王分配给他的宠臣或年老的军官。国王又往往把城市财产看做他个人的私产，派他自己私人去管理，并且那般在城市居住的政府官吏和军人均不受城市政府的统治，同时又可免除一切的市税。市政的腐败总算达到极点，而一般市民亦毫无生趣，不能有所作为。所以在一八〇六年时候，法国拿破仑打进普鲁士，市民绝对不觉得有什么丧权辱国的羞耻。在法国占据时代，普鲁士城市的自治权反而有增无减。有许多城市采用了那法国的地方政府制度。市议会由人民选举，市长由中央任命。当时柏林的市政是在一个间接选举的委员会手里。

在这样状况之下，普鲁士政府亦知非从根本上改革其政治，万难救济当时的危局。市政的改革，也是当时改革计画中的一部份。在一八〇八年十一月十九号，普鲁士政府就公布一种城市法典，适用于全国所有的城市。照这法典所规定，每城市民能委托他们的民选官吏执行城市方面所有的职务，惟警察权和司法权还是由国王保留。普鲁士城市就从此有了很大的自治权。这也是法国革命的结果，人民对于政权的观念就大大的变更了。但当时那般守旧份子总觉这样自由的政策不大妥当，极力想法运动恢复中央政府对地方的权力。这种运动的结果就于一八五三年修改一八〇八年的法律，恢复了许多中央政府的权力。照这新法律所规定的，市民不能像从前那样的有同等的秘密投票权，市民须依照纳税的多寡分成三个阶级，每个阶级的投票权等于全部票额的三分之一。这就叫做三级制的投票方法，当时多数市民对于这新法律非常不满，所以在一八五四年柏林选举的时候，只有百分之二十的选民到选举场上投他们的票。

但我们平心而论，这一八五三年城市法典所规定的自治权范围也非常广泛。城市官吏有自由执行他们城市事务的职权，法律并未严格的规定他们职权的范围，也未明定中央政府的监督权。只有警察和司法两种职权不在城市自治权范围之内。但在德国，警察权这名词的解释却非常广泛，非但包括保护地方的治安，并且还包括禁止一切扰害个人或公共安宁的举动。照这样的解说，警察权差不多是一个没有限制的权力，中央政府能借口于执行这警察权，继续不断的干涉城市事务；因为无论什么事都可以说是有害于个人或安全的安宁。所以从一八五三年起直到一九一八<年>的革命止，中央政府逐渐推广其职权。在十九世纪的下半期，各城的公共卫生，房屋建筑，公共建筑物市场的管理，甚而至消防等事务，均归中央政府执行。普鲁士城市法律虽没有修改，但在十九世纪，普鲁士中央政府对于城市的监督却大大的增加。这是全靠警察权这名词的广义的解释。

一九一八年的革命虽则约略更改了城市政府的组织和行政方法。但各城市却并未因这次革命而脱离了中央政府监督。中央政府还执行城市方面的警察权，警察权的范围还同从前一样的广泛。将来普鲁士的政局平静后，新政府的地位牢固后，中央政府也许能约略放松这种监督权。

法普城市的职权是概括的，英美城市的职权是列举的。英国的情形非常繁杂，举凡城市政府的职权，及城市和中央政府的关系，均不像法普那样的规定在一种法典之中，却分散于种种普通的和特别的法律之中，非常不容易确定。并且英国政府中有很多的机关，均有监督城市的权力，而许多机关无论采用严格的或松泛的政策，他们的行动却万难预先料定，各城市的一举一动势必至于受各方面的监督和指挥。

英国政府监督城市的权力是一步一步，经过好久的时候，才由国会规定了种种的法律而确定的。这种法律又可以分好几类：有几种是普通的法律，把执行一项职务的权力详细规定，各城市须受中央政府的监督而依法执行，例如一八七五年的公共卫生法律和一九一八年的教育法律。还有几种法律不是普通法律，国会将此项法律制定后，各城市还有选择的权，如市议会以三分之二的同意票采择后，该城市才能执行此项法律所列举的职权，惟同时也得受中央政府机关的监督和指挥。这两种法律，和其余一切习惯和先例的势力，使英国政府对于城市行政方面种种事务有极大的和极严格的监督权。

除此之外，还有一种特别事实，更使英国城市时时依靠中央政府。英国城市的职权是列举的，所以凡有新问题发生，城市政府须执行一项新权力，须呈请国会，得其同意，以法律规定。国会往往把城市的请求书交付中央行政机关，如卫生部，商部，或内务部，审查报告。所以各行政机关对于各城市的请求书差不多有一种否决权。并且各行政机关对于各城市另外还有一种命令权，叫做临时命令（Provisional Orders）。这是英国的特别制度，欧美其余各国都没有的。临时命令就是行政机关的命令，与法律有同等的效力。卫生部，商部，交通部，内务部，教育部，和农部均有颁布临时命令的权力。这种制度确是一种补救的方法，英国城市这样多，各城又时须呈请国会增加这项职权，或那项职权，国会的时间有限，那能去详细考查各请求书的利弊。为手续上的便利起见，国会就给与行政机关颁布临时命令的权，使各城市与行政机关直接办理，中央行政机关和城市间的关系也能因之而较为接近。如果一个城市须发行公债或扩充自来水的设备，或创办电灯厂，或设立贫人院，或举办其余各项事务，市议会就可以呈请中央政府中有关系之一部。该项请求经行政机关审查后，或批准，或否决。如经批准，行政机关当即颁布行政命令，城市立即可以举办。临时命令以后还须经国会的追认，但此层只是一种照例文章，国会总是追认的。

所以英国城市在形式方面是受立法部的监督，但在事实上却受到中央行政部的监督。立法部监督城市的权力并未减轻，但在这五十年之内，中央监督权的推广完全在于行政方面，各城市也承认中央权力的推广，中央官吏执行其权力时，差不多没有和城市官吏发生过什么重大的冲突。

在欧洲各国，中央对于城市的监督权，无论是立法的或行政的，严格的或松泛的，总是一致的。全国城市总受一致的待遇。但美国的情形却与欧洲完全不同。美国城市和各邦政府的关系极不一致。美国共有四十八邦，各邦各有各的制度。但美国各邦却也承认一种根本原则：就是个城市的权力都是由邦政府给与的，城市本身绝对没有天生的自治权利，这是美国城市法律上的根本原则。但各邦政府对于各城市也不能为所欲为，使城市绝对的受其节制；美国各邦政府的行动却为三种重大势力所限制：第一，宪法上的限制；第二，习惯的影响；第三，公意的势力。

美国各邦政府对于城市的自由行动须受（一）联邦宪法的限制，（二）各该邦宪法的限制。美国联邦宪法中有人民自由权利保障的规定。例如私有财产权非有适当赔偿不得收为公用，人民财产权非依法不得剥夺，凡在一邦区域而居住的人须受法律的平等保护等类。凡各邦政府所不能执行之权力，决不能委托各城市执行。例如各邦政府不得允准各城市取消其债务，或随意武断的规定各项物价。

各邦宪法中的限制较之联邦宪法更加重要，更加繁多。在最初的邦宪法中，这种限制是很少的，往往关于城市政府方面，邦政府的权力差不多完全没有限制。到了十九世纪中期，邦宪法中限制邦政府干涉城市事务的条文就逐渐加多了。在这五六十年之内，凡邦宪法修改一次，这样的条文总是增加了多少。邦宪法中限制邦政府干涉城市事务的条文种类繁多；有许多是关于市规约的形式及其规定的方法，有几邦禁止特别市规约制度，有几邦规定普通市规约制度，有几邦禁止邦政府武断的修改市规约，还有几邦保障市民自行制定市规约的权利。

除了这种种成文的限制之外，美国还有人民的公意也能限制邦政府对于城市的行动。美国人民的公意向来反对邦政府武断的干涉城市事务。他们的主张是一种不干涉主义。各政党如果抱了自私自利的目的，干涉城市事务，定必受人民的攻击。这种公意的势力确实很大的，所以美国城市也确能保守他们的自治权。

总结以上所述，我们可以说在现今时代，城市是受中央政府节制的。除了德国Hamburg，Bremen，Lübeck之外，从前那种所谓自由城市早已没有了。在欧洲大陆各国，各城市的职权均一致的规定在一种城市法典中，其范围是很广泛的，但行政部却有监督城市的权力。在美国，各城市的职权是列举的并且又不是一致的，中央监督城市的职权是在立法部手里。英国的情形在于欧洲大陆的国和美国之间。各城市的规约是一致的，但其职权却是列举的。中央的监督权在形式上是在国会，在事实上是在行政机关。

这是欧洲各国城市和中央政府的大概情形。

（原载《北京大学社会学季刊》）

二十年来美国城市政府改革

（1924）

在十九世纪的末期，美国政府的腐败达到极点。蒲来士在他的《美国平民政治》中曾经说过："美国城市政府是民治主义的大失败。"这是因为市政问题完全是一种新近发生的问题，美国人的老祖宗并没有晓得什么叫做城市生活。当华盛顿做第一期总统的第一年，纽约只有三万三千人民；除纽约之外，只有四个城市的人口超过八千以上的数目。当时城市生活非常简单，所以城市政府的组织就可以随随便便，无须十分完备。到了十九世纪时候，城市渐渐发达，人民又因有别种较大的和较重要的问题，如开拓西部，黑奴问题，南北战争等，实无余暇去留意于城市问题。以后这种种问题逐渐解决了，人民才起首注意到城市一方面。但当时城市的腐败确已达到极点了。

城市政治是一种极困难的政治，因为工商业的发达，人口的增加，城市的职务就日渐增加，城市的生活愈加复杂。但十九世纪美国城市政府的组织完全是模仿那中央政府和邦政府的制度，在从前城市生活简单的时候，这种制度尚能适用，将就过去；不过一到现今城市情形非常复杂的时候，这种旧式的制度就万难适用了。因此才发生城市政府的改组问题，就是怎样可以使政治的组织适宜于城市的种种情形，应付各种问题。这个改组问题并不是城市的特别问题，就是中央政府和各邦政府也常发生这个问题。在美国，差不多没有一年，这一邦或那一邦的人民不聚集在宪法会议之中，修改他们的根本法律。差不多没有一年，各邦的人民不在秋季选举会中承认或否决宪法上的重要更变。蒲来士也曾说过："美国的情形更变得非常之快，所以过了一二年，必须有新出的书籍描写各种新的情形，叙述各种新发生的问题，及人民新得到的理想和主义。"

这种时时更变的情形，在城市之中，更加显明。美国人民自从对于那城市种种不满意的情形发生觉悟后，就用了各种法子想改良城市的政府，为人民谋幸福。从十九世纪末期起，城市问题变成一个重大问题，所谓城市改良运动就布满全国。市政改良本来不是容易的，进步是非常之慢。不过这种运动，就在最初时期，已经激励了几千人民。他们到处组织"市政改良会"，到处开会讨论怎样可以改组那腐败的城市政府，使全市人民得享受种种利益，使政权不致为几个政客所把持。还有多数学者和政治家极力著书鼓吹，把各处市政腐败情形描写出来，并且提倡种种改良方法。美国所以能在二三十年之内，把从前的腐败情形扫除干净，全靠人民的觉悟心和自动力。

从前美国市政的腐败，有两个大原因：(一)因为城市政体和组织的不良，(二)因为城市的和邦政府的权限分得太不清楚，所以各城市时时受邦议会的和政客的无理干涉。近来美国市政改良运动就从这两方面入手：一方面是城市自治，一方面是改组城市政府。城市自治的宗旨想把城市的职权加大，改组城市政府的宗旨想用一种简便而适用的组织来行使城市的职权。第一种运动是由城市的权力不充足而发生的，第二种运动是因为城市的组织不适用而发生。我们先讨论城市自治的运动。

城市自治是一个极复杂的问题，包含城市和邦政府的关系问题。所谓自治也只是一种有范围的自治，并且自治的范围又不能由各地方或各城市自行决定。地方或城市政府的职务又往往很不容易和各邦政府的职务分别清楚。往往有许多事务在一个时期，完全是地方上的职务，同别的地方没有什么相干，不过到了交通方便，商务发达后，就与别的地方发生了连带的关系。中央政府为保护全国人民的利益起见，万不能听各地方或各城市各自为政。中央政府对于这项事务实非加以干涉不可。照美国的制度，各邦的行政官吏大都是民选的，他们的任期也是宪法规定的，所以各邦邦长没有统治这般行政官吏的权力。从行政一方面看起来，美国的制度是地方分权；但从立法一方面着想，却又非常集权的。因为在一邦之中，邦议会是最高的立法机关，所有关于一邦的立法事务均集中于这一个议会。这样的邦政府制度对于城市的地位，就发三种结果：

（一）城市是邦议会所设立的。

（二）城市只有法律上所列举的职权。

（三）城市早已失去了他们的自治权。

美国各城市均有一种根本法律，叫做市约。举凡城市和邦政府的关系，城市的职权，城市政府的组织等，均详细规定在市约之内。美国城市是邦议会所设立的，因为各城市的根本法律，如无宪法条文的保护，只是一种平常法律，随时可以由邦议会更改。美国各邦行政官吏因无权任免地方上的行政官吏，所以不能监督各地方和各城市的事务。但各城市同时也是邦政府的行政区域，替邦政府做了许多与全邦有关系的事务，邦政府决不能任其自由行动，以致全邦人民受害无穷。但行政官吏既无监督的权力，这项职权就到了邦议会手里了。

城市的职权是在根本法律内规定的，并且又只限于法律内所列举的几条，万不能出此范围。所以在一城市之内，如有新发生的事情为法律所未提及者，城市政府必须呈请邦议会，给予管理该项事务的职权；须承邦议会的许可，城市政府方能执行；如被否决，则无论该项事情是怎样的重要，城市政府不得管理。所以美国的城市是完全在邦议会的权力之下，邦议会要他怎样，就怎样。

我们已经提及，城市有两种作用：一方面为邦政府的代表，在地方上行使那种与全邦有关系的事务；又一方面为地方自治机关，行使那种只与本城市有关的事务。为邦政府代表的时候，城市须受邦政府的监督或节制；为自治机关的时候，城市又大可自由行动，不必受邦政府的干涉。但这两种职务在美国是向来没有分清楚的，所以邦议会往往因干预城市执行第一种的职务而牵涉到第二种的职务上边去。因有此种原因，美国城市完全失去了他们的自治权。

近二三十年来，美国人民渐渐觉悟起来了，他们能明白邦议会无理干涉城市政治的种种弊病，所以在宪法中，限制邦议会的权力的条文，也多起来了。限制邦议会对于城市的权力，有下列几种：

（一）禁止特别法律。在特别法律制度之下，邦议会可以用一种法律来组织甲城的政府，用另外一种法律来组织乙城的政府，并且可以为几个人的利益起见，时时修改这种法律。城市的特别法是时常出于不正当的主动力。邦议会往往为权利所诱，随时随便通过几条关系城市的特别法律，至于城市居民的幸福和利益实不在他们议员的心目中。为扫除这种弊端起见，各邦宪法大半有禁止特别法律的条文。凡邦内各城市的根本法律，必须一律；凡关于各地方的法律也必须通行于邦内所有地方。

（二）在宪法之中规定一个范围，在这个范围之内，城市可以自由行动，邦议会不得干涉，例如：

（甲）所有纯粹地方性质的官吏，邦政府不得任命。

（乙）如无人民的许可，邦议会不得随意把城市街道或别种权利允许给人家使用。

（丙）城市有自行制定其根本法律之权。

美国各邦的市制原来极不一律的，各邦议会可以细察各城市的特别情形，为各城市各制定一种特别法律，规定其政府的组织和职权。这是叫做特别市约制。但这种制度以后就发生了种种的弊病，所以在十九世纪的中期，各邦宪法中有禁止特别市约的条文。各邦议会须制定一种普遍法律，凡邦内各城市的权限和其政府的组织均须依照这普通法律所规定的。但各城大小不一，情形不同，一条划一的普通市约，万难适用于邦内所有的城市。因此，就不得不采用一种变通的办法，一方面可以不犯宪法的禁令，又一方面可以免去划一的普通市约的弊病。这个办法就是把所有城市照人口的多寡分成等级，凡在一个等级内的城市，须照一种普通法律去规定其职权，组织其政府。但这种分类方法，就是特别法律的变相，特别法律的流弊不能完全免去。因为这种种法子——特别法律，普通法律，城市分类——的失败，近来才通行那种新的自治市约制度，就是人民可以照宪法或法律所规定，召集一个市约会议，自行制定城市的自治市约。

自治市约制度确能阻止邦议会干涉政治。城市政府能依照邦宪法所规定的手续，自行制定一种适宜于各该城市的根本法律，不必时时呈请邦议会，请求这项职权，或那项职权。这种制度既无普通法律的硬性，又能免去特别法律的弊端。自治市约制度是发源于密沙立省（Missouri）一八七五年的宪法。到了十九世纪的末叶，美国共有四邦的宪法给予城市制定他们根本法律的权利。但在二十世纪的初期，这制度就推广得非常之快。在这世纪起初的十二年，一共有八个邦加入这种新运动，所以此刻一共有十二邦，占美国联邦中四分之一的邦，实行这自治市约制度。

制定自治市约的手续，不是一定的。各邦的制度未免有大同小异之处。我们只能讨论其大概情形。制定自治市约的手续可以分做五步，就是：

（一）制定自治市约的动议。

（二）市约委员会的选择和组织。

（三）公布委员会所拟定的市约草案。

（四）人民决定该市约草案的去取。

（五）修改市约的手续。

制定自治市约的动议，大概是由城市的立法机关提出的，但也有由人民自行提出的。人民如能得到法定人数的同意后，他们就能请求城市政府的立法机关，召集一个市约会议。第二步就是市约委员会的选择，并由该委员会拟定一种新市约草案。这委员会的委员从十三个到二十一个，除了一二邦之外，大概都是民选的。选举的手续完全依照选举官吏的手续。被选人员也须有一定的资格，如年岁，居住的时期等类。这委员会是一个临时机关，市约草案拟定和公布后，委员会当立即取消。照各邦宪法所规定，市约委员会成立后，在一定期限内，约从三十天到一百二十天，必须把新市约草案拟定。

第三步就是公布那委员会所拟定的市约草案。市约委员会把新市约草案拟定后，当即交付城市政府的立法机关，或城市政府的秘书，再由城市政府公布。公布的法子有好几种：有须宣布在城市的政府公报上，也有登在平常的日报上，就能作为有效；还有一个法子是把拟定的市约草案由邮局寄给城市的市民，每人一份。这种种法子的宗旨就是要使市民明白这自治市约草案的确实性质，在投票表决的时候，他们能发表个人自己的意见，决定该市约草案的去取。各邦的宪法又规定公布该市约草案的日期，大概必须在人民投票日期的三十天以前公布。时期长一些，人民能有余暇细细研究该市约草案的利弊；如果今天公布，明天就须投票表决，人民那能知道该市约草案的详细情形呢？所以关于公布的种种手续，实在非常重要。

第四步就是人民公决那市约委员会所拟定的市约草案，究竟适用与否。市约草案公布后，过一定的时期，大概是从三十天到六十天，市民就须投票表决该草案的去取。如有过半数的市民赞成者这市约草案，该草案过了一定期限后，就变成城市的根本法律，以前的种种法律，都于同时取消。

至于修改自治市约的手续，大概与制定自治市约的手续，大致相同，可不必再述。

自治市约制度的唯一目的，就是要给予城市一种有限制的自治权利。美国从前市政腐败的大原因，在于邦议会的无理干涉城市政治。所以救济的方法就是禁止这类的干涉。自治市约制度并不想设立一种完全独立的城市政府。城市所得的权利只是自行制定其根本法律，组织其政府，包括所有一切关于纯粹地方事务的权利。

自治市约制度只能改革城市政治的一部份，使城市有充足的权力，行使其职权。但城市的组织同时也不得不改革，使之能适合于现代城市的复杂状况，能执行城市的一切职务，并能发生极大的效率。

市政的腐败，并不完全是人的问题，也不完全是权力不充足的问题，同时也是制度的问题。组织不适用，制度不良，城市虽有极大的自治权力，也不能发生良好的结果；虽有很好的人民，也不能运用他们的才能。所以改良腐败的市政，必须先把那种陈旧的政治理想和陈旧的制度推翻，然后再用最简单的最适宜的办法改组城市的政府。现今美国城市政府改组运动发生了两种最简单的最适用的政体，这就叫做委员会式的和经理式的城市政府。这种新式制度的历史只有二十余年，但现今美国城市采用这种制度的已约有七八百个了。这就可以见得这类简单的组织确能适合人民的心理和社会的需要。

委员会式的城市发源于美国南方脱克塞司邦（Texas）的高费司敦（Galveston）。这城旧时的政府组织也是那时候所通行的极复杂的制度。这城是在墨西哥海湾边上，在一九〇〇年的九月，海里起了大风，潮水冲进了城，把城中房屋街道冲没了一大半，溺死人民五六千。在这个危急的时候，那种腐败的复杂的旧式的城市政府，实在无能为力。有几个有责任心的公民就开了一个会议，举出一个干事会，一方面维持市面上的秩序，一方面研究城市政府的改组问题。讨论了两个多月，他们决定采用一种最简单的委员式的组织。以后就依此标准，把市约草案拟定，提出邦议会，当时议会和邦长并不反对，所以就变成法律。到了一九〇一年的四月，这委员式的城市政府就在美国起首实行了。

改组以后的高费司敦城市政府就是一个委员会，会员共计五人，内中有一人仍旧叫做市长，其余四人叫做委员，均是城内合格公民举定的，任期为二年。委员会的权力就是从前城市政府所有的权力，包括从前市长和市议会所有的权力，例如任命各种城市行政官吏的权，制定各种法律和规则的权。城市的行政分做四部份：（一）警察和消防，（二）街道和公共财产，（三）水道工程和沟渠，（四）财政和收入。四个委员各人分管一部，但他们的职务不过是指导与监督罢了，至于关于每部的行政职务是由专任人员管理。该项人员是由委员会任命的，对于委员会负责。

这是高费司敦委员会式的城市政府的大概情形。从前几十人或几百人所有的职权现在完全归并在五个人的手里。这五个人所组织的委员会就是城市政府，他们的职权自然非常之大，但做事却非常敏捷，人民亦易于知道什么人是对于城市事务负责的。如有错误的地方，人民就立即可以去责问那负责的委员；非若在从前的时候，市长可以推到市议员身上，市议员又可以推到别的官吏身上。如果我们要晓得这种制度的优点，我们必须把这制度和那从前所通行的制度约略比较一下。

我们已经说及，美国旧式的城市政府就是抄袭那中央政府和邦政府的组织。美国制定宪法的时候，是在十八世纪末期，当时所通行的政治理想是一种个人主义，人民对于政府观念，并不是要政府有很大的实权，为人民做一些实在的事务。这个时期又是民治主义初发生的时期，人民从专制制度方面得到了许多教训，把强有力的政府看得非常害怕。所以这个时代的政治哲学家极力主张那种钳制和平衡的制度。使这个机关钳制那个机关，又使那个机关钳制这个机关，不让政府中任何那一个机关有专权的机会。所谓三权分立，两院制的议院，均有这种作用在内。美国政府的组织，受这十八世纪政治学说的影响非常之大，所以有两院制的议会，立法行政和司法职权的完全分开，用总统来防止议会滥用职权，用议会来监督总统行使职权。在最初的时候，因为大家不注意城市政府，因为没有人知道城市的实在性质，所以就依照中央政府的组织去组织城市。因此，从前的城市政府就叫做“联邦式”的组织。

在联邦式的城市政府中，有一个市长，等于中央政府的大总统；也有两院制的市议会，大半议员是由城内各区域选举出来的；也有三权分立的制度，市长市议会市法庭的职权完全分开。以后民治主义发展，人民又误认民选官吏为防止政府专制的唯一妙法，所以就把各邦的官吏大半改为民选。城市也是这样，把大半的官吏改为民选。到了十九世纪的末期，美国城市政府的组织就非常复杂，有各种各样的机关，但都不能做什么事，因为各机关的权限不明，责任不分，他们那能出力做事呢？三权分立，代议制度等在中央政府也许有成立的理由，但在城市政府是万万不能适用的。我们要晓得城市政府的性质和中央政府的性质是完全不同的：中央政府有决定政策和执行政策的两种职务，所以必须有两个各别的机关，决定政策的机关是立法部，执行政策的机关是行政部。但城市政府并没有决定政策的职务，凡城市政府所做的事完全是几种实实在在的事务，如保护人民的生命财产，清洁街道，疏浚沟道，验察饮水和各种食物，经营各种公共事业，办理各种公益事务，设立人民的休养和娱乐场所等类。这种事务都是城市政府所应该办理的，城市政府的良否全看他办理这种事务的结果如何。如果城市政府的组织非常复杂，各机关的职权又混杂不分，请问那一个机关肯极力为公家作事呢？出了乱子，请问那一个机关肯出来负责呢？美国向来所通行的城市政府组织就因为太复杂了，所以一切市政就弄得一塌糊涂。委员会式的城市政府的宗旨就想用一种极简单的组织执行城市所应做的事。如果办理城市政府的机关只有一个委员会，那末，人民就容易知道凡关于城市事务，那一个应该负责；如果事务办理得好，人民也知道去赞扬那一个。事务办理得不好，人民也知道去责罚那一个。这就是委员会式的城市政府的第一个目的。

委员会式的城市政府的第二个目的是要用一张极短的选举票代替从前那种极长的选举票。什么叫做“短的选举票”和“长的选举票”呢？照从前城市政府的组织，城市的官吏是非常之多，他们又差不多都是民选的，所以选举时候所用的选举票就非常之长。照委员会式的城市政府组织，城市政府只有一个委员会，人民在选举时候，只须选举几个委员，少则三人，多则九人，所以这选举票就非常之短。

美国在十九世纪初期，民治主义发展后，各邦的官吏大半由任命的改为民选的。城市政府也于同时受到这种运动的影响，大部份的城市官吏也逐渐变成民选的。人民的意志自然以为民选的官吏易于受人民的节制。并且人民选举官吏是民治主义的一个要素，不这样，不能叫做民治的国家。所以在城市之中，自市长市议员以下直到最小的录事，没有一个不是人民选举出来的。在选举时候，每一个公民至少须选举好几十个官吏。但市民大概个个有职业的，平常的时候一定非常之忙，那里有空闲工夫去把几十个候补官吏的历史和资格，详细调查。到了选举时候，选民无非是糊里糊涂，把政党所提出来的人随便举几十个就算了事。所以城市政府里边的各种位置，就变成政党的酬劳品，极坏的人往往占住各种重要位置，好的人民就不愿意加入城市政府机关，而市政却一天坏似一天了。总结市政腐败的重要原因，不外两种：（一）组织太复杂，各机关易于卸责；（二）民选官吏太多，人民不能详细选择。

委员会的城市政府的特点就是：（一）极简单的组织，使人民易于明晰城市政府的详细情形，如有不得当之处，立刻就有人出来负责；（二）只有那极重要的并且有极大责任的官吏是民选的。但在初行的时候，这种新式的制度并不为人民所欢迎。直到如在一九〇七年，美国全国还只有两个城市采用这委员会式的组织。但在这年，这种制度却经过了一种根本的大改革。凡新近发生的一切民治制度，如人民的创制权，复决权，和任免权均于是年变成委员会式的城市组织之重要部份。从此以后，人民就觉得这委员会式的组织一方面确能增进城市政府的效率，一方面又有确实的保障，各委员决不能把持一切市政，而发生专权的行为。委员会式的组织的推广就非常之快了。在近十数年之内，美国城市采用这种制度的约在七百以上。

这委员会式的城市政府胜过于从前的组织，就在于职权集中于几个有责任的委员身上。在从前的时候，城市政府的官吏有几十个或几百个，个个可以把他的职务推却到别人身上，没有一个肯尽心尽力为城市做些有益的事务。在改组的时候，市民就把那一切无用的机关和职员裁撤，把全权集中在几个人身上，所有的责任也全归几个人担任。但从根本上着想，这也并不是一种有百利而无一弊的办法。如果职权在五个人手里比在五十个人手里好，那末，在一个人手里比在五个人手里更好。既然想把职权集中，何不爽爽快快的把职权集中在一个人身上，使人民易于知道城市的事务究竟是那一个干的。做得好他们可以称扬他，做得不好他们也容易责罚他，他是万万不能推却在别人身上的。这是委员式组织的一个缺点。

还有一层，委员会式组织的宗旨，是要得到有经验的有专门技术的人管理城市的各项事务。但这种人才决不能由人民选举出来的。普通人民的智识有限，他们能举出的人，至多是顶好的好人，能够做他们的代表。至于有特别技术能管理城市事务的人，是另外一种人，决不是普通人民所能辨别得出来的。所以在委员会式的组织，各委员本来不是办理行政事务的人，这项人员是由委员会选择任命的。但城市政府的每部份各有一个主事人，行政方面的职权就不能集中，一切事务也不能统一，而许多的流弊，就从此发生。这也是委员会式组织的缺点。

因有这两层的缺点，美国又于这十年之内发现一种最新式的城市政府组织，叫做“经理式的城市政府”。这经理式的政府是由那委员会式的组织改变而成的，其内部有两种重要的机关：（一）委员会，（二）经理。

委员是由人民选举的，他们的职务只是监督城市的行政和制定法律，所以非常简单，每天只须他们办一两个钟头的公事。他们是大概不领薪水的，便领薪也是很少的。

经理是委员会雇用的，他的任期没有一定，无论什么时候可以被委员会罢免。他是一个有经验有特别技能的人，委员会雇他，只因他有管理城市事务的特别技能。凡关于行政方面的职务完全归经理一人负责。

在这经理式的城市政府之中，立法权和行政权重行分开，但这种分权不是从前那“联邦式”政府中的分权制度。在从前的时候，人民因恐怕发生政治上的专制，所以才提倡三权分立学说，把立法权和行政权完全分开，各部各自独立。现在因为从前分权的市政制度发生了种种腐败情形，所以才有城市政府改革运动，所以才把三权分立的迷信打破，其结果就实行委员会式的组织。但把立法权和行政权聚集在一个民选的机关，很不容易得到行政方面最大的效率。城市的立法事务是很简单的，但行政事务却非常复杂，绝不是个个人所能做的，必须有经验和特别技能的人方能办理城市方面的一切行政事务。这委员会式的组织却没有把城市组织的问题根本解决。这经理式的组织才把那委员会制的缺点修改，使这委员会的职务只限于立法和监督。一方面，所有行政方面的事务则完全交给一个雇用的经理去办理，而行政职权也完全集中于经理一个人的手中。

这十几年内美国城市采用那经理式的制度约有三百余个，而这制度推广之速可以从下表证明之：

年代	一九〇八年	一九一二年	一九一三年	一九一四年	一九一五年	一九一六年	一九一七年	一九一八年	一九一九年	一九二十年	一九二一年	一九二二年	一九二三年	总数
采用这经理式组织的城市数	一	三	一一	二一	二〇	二〇	一九	二九	三一	三九	五四	四二	二一	三一一

在一九一三年前，这经理式的城市组织只在几个极小的城市试验而已，并没有为人民所注意。这种组织之所以出名，各城市所以非常踊跃的采用，完全因为阿哈俄邦（Ohio）的但敦城（Dayton）于一九一三年采用了这种组织。但敦是一个大城，有人口十二万以上。这样的大城采用了那经理式的组织后，全国人民才知道有这样一种的城市政府组织，才知道这种组织确是胜过于别种城市政府组织。委员会式的组织是以为高费司敦城被大水冲没后于危急的时候发生的。但敦城采用那经理式的组织，也是因为大水的缘故。两次的水灾竟能把美国城市政府完全更改，竟能发生两种适宜于现今城市生活的组织。在最危急的时候，如水灾火灾等，当时旧有的腐败政府，不适用的政治制度无能为力，完全打破后，其唯一的救济方法就是使几个有能力的有责任心的人民来管理一切事务，人数愈少，管理方法便愈易入手。这样

简单的组织在危急时候用过后，表现出种种优胜之处，人民就能明晰那旧有的政治观念和制度之不能适用，而一切适宜于现今情形的政治观念和新的政治组织就因之而发生了。所以现今政治观念并不注重于那种空泛的民权学说和民治理论，却注重于效率一方面。人民所需要的是好政府，是有效率的政府。政治运动的目的也是好政府，也是有效率的政府。二十年来美国城市政府改革运动的教训就是这一点，而这种运动的结果又确能证明这一层。

（原载《东方杂志》第21卷纪念号）

上海的租界

（1925）

上海的各国租界有一种特别的性质，与别的通商口岸，如天津，汉口，广州等处的各国租界完全不相同的。天津，汉口，广州的租界确是中国政府永久租给外国政府的，所以在各该处的外国租户都有租借国发给他们的地契，此项地契也只能在各该租借国的领事馆内注册。严格的说起来，上海的各国租界并不能算是一种租界，只是外国侨民的居留区域。在此区域之内，外国人能居住，能租借，但不能购买土地，但同时中国人民却能有土地所有权。外国侨民是没有土地所有权的，他们如想租借土地，能与中国地主有直接交易，商议条件，但中国地主不能把该土地卖绝给外国人。我们晓得上海租界内大部份的土地都在外国人手里，但他们当初得到此项土地的时候，原有地主都不给他们卖契的，他们所有的只是中国地方官吏发给他们的一种永久租借契。这就是上海的“道契”。

还有一层，上海公共租界的英文名词与别处各国的英文名词也是不同的。上海公共租界叫做International Settlement，天津等处的租界都叫做Concessions。这两个字的区别是很大的。Concessions包含让弃的意思，中国政府因各国的要求，愿意让步，正式把某处某地方永远租给某国政府。Settlement这个字却是很简单的，就是别国人民居留的地方。Concesson〔Concessions〕是弱国给强国的特别权利；Settlement却是很普通的，就在欧美各国的大城之中也是常有的，美国各大城市之中往往有一部份叫做“中国城”，一部份叫做“意大利城”等，其原来的用意是与上海的各种Settlements相同的。现在我们所要研究的，就是为什么上海各国侨民能够反客为主，把持上海市政方面所有的职权，没有法律上的根据，把中国政府容纳他们居留的特别区变成一种形式上的独立市场。这种变更就是上海自从开关为通商口岸以后的历史。

上海第一次与外国人接触是在前清道光二十一年（一千八百四十一年）中英鸦片战争的时候。当时英国海军大将派克（Admisal Parker）想攻打上海，该处居民就大起恐慌，幸而那时的英国海军人员都以劫掠为目的，以后上海居民给了他们十五万五千英镑，他们的目的已达，也就不再攻打了。英国第一次对待上海居民就是这样一种绑票的行为。

清道光二十二年，《南京条约》成立，中国政府就开辟广州，厦门，福州，宁波，上海五口为通商口岸，准英国人民为经商起见，在各该处居住，并准英国在各该处派一领事官，办理英国商人与中国地方官吏间的一切交涉。在最初时候，英国商人到上海经商的为数甚少。开辟一年以后，上海只共有二十三个外国人及其家属，一个外国领事，与二个教会。又因为那时上海城外都是荒地，这几个少数外国侨民就与中国人杂居在城内各处。当时在广州，因为广东人不准英国人杂居在城内，“外国人进城”的问题就变成了一个极重大的问题。但在上海，人民并不反对外国人进城，所以外国人也不一定要在城内居住。他们就由英国领事出面，与上海道办理交涉，得到在城外租地造屋的权利。英国领事首先在城外租到二十三英亩地基，为领事馆之用。道光二十六年，英国领事又与上海道立约，规定一个区域，北至苏州河，南与〔至〕洋泾浜，西至石路（河南路），东至黄浦江，准英国人民在此范围以内，直接与中国地主交涉，租借土地。这个区域约共有一百八十英亩，以后又向西推广，直到泥城桥那边的滨，其面积增加到四百七十亩。

道光二十九年法国领事又与上海道磋商，拟以洋泾浜以南地方为法租界。当时所订定之界限是北至洋泾浜，东至黄浦江，南至城墙之北，西至关帝庙及周家木桥。以后在洪杨乱事的时候，法国领事又把租界的范围擅行推广，南面直到小东门，西面直到沿泥城桥的河滨。

美国租界差不多可以算是逐渐占据的，连地方官吏的许可都没有得到。在最初的时候，美国商人往往与英国人同进退，并以英国租界为居住地方，但修理及洗刷船只等事，以虹口地方为最适宜，所以一部份的美国人就移居到苏州河以北虹口地方；又加以美国教士为生活上的经济起见，不得已而至虹口的冷静地方居住。咸丰四年美国第一个正式领事到上海的时候，他就在虹口地方居住，并挂起美国国旗。但直到太平天国时候，上海的美国租界是没有市政的组织，也没有警察；并且其范围也直到以后与英国租界合并时候，才有正式的规定。

在咸丰十三年（一千八百六十三年），英美两租界就合并起来，改组为公共租界，其正式的名称是叫做“洋泾浜以北的上海的外国区域”（The Foreign Community of Shanghai，North of the Yangking Pang）。但法国政府不赞成合并的计划，所以法国租界是不在公共租界的范围之内的，另有法国工部局管理界内的一切市政。以后各租界又屡次的自由行动，推广其界线。直到现在，公共租界和法租界所包括的范围都是数倍于当初所规定的。

这是上海各租界起源的约略情形。各租界只是划给外国商人居住的区域，不是中国政府租借给外国政府的土地。更不是外国政府依照条约所割据的。照《南京条约》所规定，上海只是一个通商口岸，中国政府准外国人在此通商，在此居住而已，除此之外，外国人并没有得到任何的别种权利。所以凡关于上海的一切行政权及市政方面的事务都应当在中国地方官吏手里，因为中国政府对于上海地方并未放弃其主权。这一层就是各外国驻京公使也曾屡次声明过，毫无半些疑问。

但在事实一方面，一切情形完全与法律相反。上海各租界的市政权完全在外国人手里，非但中国地方官吏管不到，就是在那边居住的中国人民也没有参与的权。但所有的外国人民，无论是哪一国的，只须在租界以内，无论那一租界，如果有一种相当的纳税资格，就能参与市政，管理租界以内的一百多万人民。这是一种极大的反常的事实。

但我们考察当时的情形，外国人之所以能把持一切市政权，其最大原因是因为中国官吏愿意放弃所有权利和义务。在最初时候，外国人所居住的各区域逐渐发达，人口逐渐增加，一切市政都应举办，道路应当修造，沟渠应当开筑，凡关于市民公共利益的事务都应一一办理。但当时的中国地方官吏把这种事务都置之不闻不理，既不愿化这笔大钱，又不愿负此责任。外国侨民处于此种地位，为自己的利益起见，就自动的自行办理一切应行举办的事务。他们就自行组织一个委员会，自动的征收自己的市税，筹划一切款项，办理各项市政。所以在最初的时候，上海租界上的市政是由外国侨民，没有法律上的根据，自动的自行办理的。

前清咸丰四年（一千八百五十四年），上海的英国法国美国领事方共同拟订一种规则，适用于英法两租界，该项规则俟各该政府批准后，就能对于各国人民发生效力。当时的英法两租界变成公共租界，照该项规则所规定，英美法三国侨民都能享受同样的权利，但同时亦须尽同等的义务。此项规则成立后，中国政府没有提出抗议，同时也没正式承认。所以外国方面也就以为中国已经默认了。凡别国人民到上海居住者也得遵守此项规则。此项规则以后虽然修改了又修改，但其根本原则却至今还保存，并且还是上海租界市政权的唯一的根据。

美国租界成立后，不久就并入于公共租界，也适用此项<规>则。但同时对法国决定退出公共租界，另行制定一种规则，适用于法国租界。法国的市政规则与公共租界的规则颇有不同的地方，其最重大的不同之处就是在法国方面，领事的权是非常之大，法国领事非但有监督市政的普通职权，并且纳税人会议所通过的一切议案和决议，非得到领事的同意，不能发生法律上的效力。

至于公共租界此刻差不多变成一种国际的区域，各条约国的领事都立于同等的地位，并且对于市政事务，与英美领事有同样的发言权。其自治权的范围是非常广泛，不受任何势力的干涉。中国人民有纳税的义务，没有参与市政的权利。工部局里边有三个华顾问，是纳税华人所举的，但没有华董事。工部局的权力较之世界上无论那一个城市的市政府还大，并且又没有监督机关在其上，差不多要做什么，就能做什么。将近二百万中国人民的生命财产都在于极少数外国人所举出来的工部局八个董事手里。但这样的制度却没有正式的法律根据，其唯一的根据只是当初几个外国领事官所规定的几条规则，得到中国政府的默认。这种情形确实可以表示我们中国人“宽宏大量，不与人争”的大国民心理。

（原载《现代评论》第2卷第33期）

市民与市政

（1925）

大凡谈政治的人往往容易误把政治的范围限于中央政府的政治，他们用了全副精力去讨论宪法问题，总统制，内阁制，和委员制，还有一部份的人甚而至于去极力提倡那种空空洞洞的抽象主义，例如马克思主义，基尔特社会主义，布尔塞维克主义等类。但对于那种切身的市政问题和本地方上的政治，这般谈政治的人们反而不十分注意。这其中当然也有一种极显明的原因。所谓市政问题是新近发生的问题。我们的老祖宗并没有晓得什么叫做城市生活和市政问题。他们所过惯的生活是农村的生活，是一种自由的，放任的，散漫的，和消极的生活。近来中国的情形却很像有从农村生活变到城市生活的趋势；上海，广州，汉口，天津，北京等处的人口逐渐增加，各处的商埠也逐渐发达。但多数人民虽住在城市里，至今还脱不了农村生活的习惯，还不能明白城市生活所需要的新习惯是干涉的政治，严肃的纪律，系流〔统〕的组织，和消极的做事。

市政的重要是现今学者所一致承认的，在市民方面着想，城市政府较之中央政府或省政府更加来得有密切的关系。普通人民大概与中央政府或省政府不发生什么多大关系的，每年除了纳税之外，如果不做什么犯法的事或没有特别事故，可以永远不见一个中央官吏。不过市民与城市政府的关系是非常密切的，市民一出了门，就看见警察，市民平常一举一动，如有不正常的地方，就有警察来干涉，市民的生活，市民的财产，全靠几个警察来保护。还有市民子弟的教育，公共卫生，市民权利的保障等类，完全须靠办理市政的人有良善的计画，和适当的方法，才能有良好的结果。城市政府对于市民所担负的职务，不单在于从消极方面保护市民的安宁，防御种种扰乱社会秩序的行为，同时还得要从积极方面为市民做各种各样的事，满足市民物质的和精神的需要。消极保护的职务当然是很重要的，但比较起来，也是容易执行的，如果是一个政府连保护人民或维持秩序的能力都没有，这种政府也不能算是政府了。中国各处的市政办得无论怎样的坏，各城市总还是有几个警察装装场面。可是中国各处所办的市政恐怕也差不多有了一个警察厅就算完事，从积极方面替市民举办各种各样的事务，满足市民的种种需要，那还讲不到咧。

但现今的政治观念却都趋向于这种积极的，叫做“工具主义”的路上跑。人民需要政府，就是要政府替人民做事，这也并不是人民依赖政府的习惯，只因有许多事务，人民或私人团体就是能举办，但决不能像政府的公共机关那样的做得好，那样的事半功倍。所谓工具主义的市政观念就是利用城市政府的组织，想达到个人幸福和社会安宁的目的；例如城市政府为人民设备种种方法，使他们能利用种种机会，得到最高限度的幸福，满足他们物质上的，精神上的，和美术上的需要。最完备的公共卫生设备，最清洁的自来水，最贱的和最完备的交通设备，最美观的公共建筑都变成市民所应得到的权利。换句话说，“社会福利”就是市政的标准。我们再把“社会福利”所包含的意义分析出来，就有下列几种市民应得的权利：

（一）个人和公共卫生的设备；

（二）平衡的市税率；

（三）有目的<的>市教育；

（四）保障市民不为商人，房东和雇主所剥削；

（五）防止人民或财产方面的种种损害；

（六）房屋足够市民居住，房金公道；

（七）清洁的，铺平的，晚上光明的街道；

（八）种种“公共用具”，如电灯电话自来水等的设备完善；

（九）公众娱乐的设备；

（十）防止种种因死亡疾病失业所发生的困苦；

（十一）公开市政方面的一切计画政策和结果。

这种种事务都是二十世纪城市所能做得到的。城市所应当注意的不单是马路的清洁，外面的好看，同时还得要注意于市民的生计和社会问题。现今外国各城市政府大都专诚设立一个机关，管理这类的事务。这是因为市民的种种困苦都可以用相当的方法预先防止的，如果等到困苦发生后，再想法去救济，一部份人民已经受到了种种可以免得了的痛苦。从前美国有一个社会党员，他被选举某城市长后，就有一个宣言，表示他的政策。他所注意的几点就是：

（一）保障公共卫生；

（二）推广教育的范围，增加市民的智识；

（三）研究种种保障经济的稳固的方法；

（四）增加行政的效率；

（五）节省种种费用。

这样的标准确实可算是任何城市政府最低限度的标准，无论是社会党员，或是抱个人主义观念的人民都得要同意的。这社会党的市长当然希望利用政府的政策，去消灭人民的贫穷。但他所用的方法并不是现今共产党所主张的均贫富方法，却是一种很和平的方法，他只想利用公共卫生政策，去达到消灭贫穷的目的。他所预定的公共卫生政策有下列的几种：

（一）把城市政府的公共卫生部作为一种教育机关，利用公开讲演，公开试验，和展览会等，使市民明白一切疾病的根源。

（二）雇用许多有经验的产科妇和婴儿看护妇，随时去查验孕妇，并教导她们生产时期的卫生方法；婴儿的身体也得时时由看护妇查验，随时报告。

（三）学校的小学生也得由合格的医生时时严格的查验，如有疾病或体育方面有不合格的地方，当随时报告，随时诊察。

（四）市民的住房也得随时查验，其目的不单注意于清洁一方面，并且还得要由有经验的社会服务人员教导市民，怎样可以在穷困的境遇中，还能维持一种最低限度的适当的生活。

（五）承认肺痨病是一种社会的疾病，非得要用社会的全副精力去抵抗的。

（六）牛奶和食料的查验。

（七）游戏场和别种娱乐场所的设备。

这样一种公共卫生的政策也不单是社会党的政策，是任何政党当了市政的职权后都应当采用的。可是想实行这种所谓“社会福利”的政策，却还得要有一个先决的条件，就是政府的组织和行政的方法一定要很完备的，效率极高的。假使市政厅各部的浪费浪用，政府毫不想法去限制，假使城市对于造路修路等事，毫不顾虑到公共的利益，那末，这种所谓公共福利的标准是决不能维持的。

现今中国的市政和上述的标准相差还远得很咧，但怎样可以使中国市政变成为市民谋幸福的工具，确是一个很重要的问题。良好的市政至少还要有三种根本的要素：（一）有智识的市民，（二）适用的市公约，（三）有统系的行政组织。这三种要素都有连带的关系，缺了一种就不能发生良好的结果。但比较起来，第一种要算是最重要的。我们在这一篇东西里边，也专讨论市民与市政的关系。假使想把城市政府变做为市民谋幸福的工具，市民自身一定要有相当的智识，有别辨好政策和坏政策的区别，并且还须有一种政治的兴趣，能够继续不断的监督城市政府的行动。一个社会的政治就是人民对于政治所持的态度的反照。因为制度和法律都是死的，没有人去执行，决不能自动的发生什么效果。一群无智识的愚民决不能运用那种最良的民治制度。选民也得要有了意志，才能到选举场上去投票，去表示他们意志。并且选民即使有一种意志可表示，但他们对于市政方面的事实，什么都不明白，他们的意志也不能在市政方面，发生好的影响。假使市民能够明白市政方面的情形，并且能够表示一种真确的公意，他们城市政府的组织和行政的方法也决不能坏到什么地步。反转来说，假使市民是毫没有什么标准，时时刻刻被一般政客所利用，那末，任何的好制度也不能发生什么好结果。平常的种种市民运动也不能发生什么结果出来的，像四年前，北京政府有把北京市政改归市民自办的话。在三个月之内，北京市自治的团体就有了七八十个，大家开会，大家想包办北京的市政，可是一会儿这七八十个团体全都消灭了。只有市民方面继续不断的积极行动，对于种种极平常的极普通的事务，如修造马路，消防的设备，垃圾的处置等类，能够有一种兴趣，市民的心目中才能注意到市政的改革。可是对于这类极细微的事务，市民如果有相当的机会，都想晓得几些的。市政的改革并不靠个人出来唱市自治或别种的高调，只靠普通市民是否能够明白市政方面种种例行的极细微的事务。

我们常听见人家说，法律如果没有公意在背后维持它，是没有用处的，这样一种的政治原则在事实上确已证实了。可是市公约也只是一种法律，仝普通法律一样不能自动的发生效力，一样不能自动的改革市政。市政改革的动主〔主动〕力，是和社会上别种的改革一样，是要从底下发动的。假使没有这样一种从底下人民方面发动的原动力，无论怎样的改革又改革，决不能澈底的，决不能永久的。民治制度的原动力须得从人民内部产生出来的。新近关于各种的运动，我们常听见人家说，只须人民觉悟了，什么事务都容易立刻就改革了。可是这一类的人民觉悟是来得很快，去得也很快。在当时人民激怒的时候，腐败官僚的势力是容易推翻的，一时的改革计画也许容易实行的。但过了极短时期，等到人民的怒气平复后，种种旧时的腐败情形，就立即可以恢复的。

所以我们应当注意的是市民的头脑，不是市民一时的感觉。假使市民能够时时刻刻张开了眼睛，那种所谓公民的知觉是决不能睡着的。无论在那一个国家，去使人民晓得政治的腐败，他们是决不能永远容忍下去的。但是没有人去指导他们，要人民自己去发现政治上的腐败情形，他们是决计做不到的。他们平常到选举场上去投他们选举票的时候，他们好像是都懂得的，他们所依靠的是自信力，不是知识。市民各有各的私事，他们同时决计照顾不了城市的事务。即使有多少市民很想注意于市政方面的事务，但他们的观察决不是澈底的，他们的判断至多是浮面的，只是他们各人和城市政府的这一部或那一部有了接触后连带发生出来的感想。从第一个公民的眼光中看起来，市政的良否全以他门口的垃圾桶每天所倒的次数为定；第二个公民对于市政的意见又是从他的亲戚在警察厅内充当职员得来的；第三个公民的观念是完全从报纸上得来的。这种乱七八糟的观念当然不能算是人民的公意。并且这样的情形对于市政方面办事的人又是很不公平的，例如办理市政的人有了很好的计画，只因市民不明白这种计画的内容和性质，就起来反对，从各方面去攻击，使办事的人心灰意阻，不愿意再办下去。

可是这样一种情形也是很难免去的。有很多人总以为市政事务是很专门的，人民应当把全权委托专家办理。普通市民晓得什么修造马路，什么消防呢？他怎样能够明白这类专门的属于技术方面的事务呢？市民既经不懂，就不应当胡乱发表意见，他们应当听信专家所表示的意见。信任专家好像可以使市民省却种种麻烦的事，不负一些责任，享受种种好市政的利益。可是天下决没有这样便宜的事。把市政交托专家办理，市民就不用注意于市政方面的事务，是一种很危险的态度，其结果一定使城市官吏和市民间的距离愈弄愈远。实行民治主义的条件是人民的智识和思想的能力。那种所谓责任政府是完全发生于人民公意和政府政策的互相接近。市民不能把公民责任完全交托专家，如同教民不能把拯救灵魂的事完全交给教士一样。市政的各方面虽则免不了常有专门的和技术的问题，可是市政的大致情形确是普通市民所都能懂得的。

所以市政方面最重要的问题就是用什么方法可以使普通市民懂得城市的事务。最简单的答案就是公开。但市政公开又包含两层事务，第一，是事实的编辑，第二，是把那已编辑的事实灌入到市民的脑筋中去。把市政事务变成有统系的记载并不是十分困难的事。城市政府的组织稍为像一个样子，每年总有多少出版品，如市政公报之类。可是中国各城市的市政公报差不多可以算是等于废纸。其中是空空洞洞，毫没有什么详细的记载，所以是没有人看的，就是有人看，也得不到什么智识的。将来中国市政的改革，第一步是应当注意于这类的公报。市政方面的种种报告总得要确实，明白，容易懂得，并且还要出版得快。凡在城市居住的市民总是个个人希望市政办得好，所以就现在的中国城市说，各处总有人主张市政改归市民自办，或市政改革等类，但想达到市政改革的目标，决不能专靠理想和市自治的空谈所能成功的，市民一定要晓得了各该城市的种种状况或特别情形以后，才有入手改革的办法。凡关于市政的一切报告就是供给市民改革市政的材料，所以是很重要的。

第二步——把那已经编辑的市政事实灌入到市民的脑筋中去，并使他们根据于这种事实表示一种独立的意见——比较起来，是不大容易做到的。把市政公报分散给市民是没有用处的。选举之前所发出的那种种的宣传页不能有结果。就是各种公开的演讲也不能有多大的成绩。在市政方面的教育，如同在别方面的教育一样，决不是在一天或短时期之内所能造就得成的，一定要经过长期的训练，才能有成效。选民的智识一定要慢慢儿一点一点的灌入，先从最简单的事实入手，然后渐渐儿到较为复杂的事实，并且办理此项事务的人还得要有极大的忍耐性，方能使市民明了市政全部的事务。所采用的方法也不能专靠一种，一定要各种各样的方法同时并用才好。在中国各城市方面，凡关于传播市政智识的设备差不多可以算是一些也没有，不要说那般下级的人民，就是所谓上等人民对于市政事务也完全不懂。假使市民对于市政事务既不懂得，又没有兴趣或机会去研究，这样的市政决不能好到什么地方。

在欧美各国城市，供给市民关于市政智识的机关是很多，有私人的团体，有公家的机关。中国各城市如果能从每年所浪费的金钱之中，分出一半，专诚去办理市政智识的机关，恐怕各处的市政决不至于像现在那样乱七八糟的状况。但公家的机关总有一种限度，专靠法律或由法律设立的机关去教育市民是不够的。此外还有别种私人的机关或团体，其效力更大。凡是能够把一种思想或观念传播到人民方面就是教育市民的一种方法。其中最重要的一种自然是报纸。现在的人民差不多没有一个人不承认报纸就是制造民意的机关。人民都是根据于报纸所发表的事实，表示他们的意见和观念。报纸虽则不是民意的唯一源流，却是一种最重要的源流。报纸上的论文虽则不能领导民意，可是报纸的记载确有很大的影响。不过我们想从中国报纸里边去寻觅关于市政的记载，这真是像从树林里边去捉鱼一样，别处地方的报纸可以不必说，可是北京的几个大报纸很难得登载过关于北京市政的记载。北京报上所有的只是市政督办的任免，警察总监和警察厅行政人员的更换罢了，你要想从北京报纸上去晓得北京的各项市政是怎样办的，修造一条马路要花多少钱，一切的材料是从那里买来的，恐怕你得翻完这几年来北京所有的报纸，你也寻不出一段真正可靠的记载来。这种情形当然也不能完全责备北京的报纸，北京办理市政的机关没有报告出来，报馆里的主笔决不能凭空去乱写乱登的。报纸是制造民意的机关，可是报纸也得要有事实登载后，市民才能根据于事实，表示相当的意见。北京报纸上关于市政的事实一些也没有，市民自然也没有意见可以表示。凡在北京居住的人都晓得北京的市政办得糟，不过市民之中恐怕没有一个人能够明白北京的市政为什么弄得这样糟。北京报纸如果能把关于北京市政的一切事实都登了出来，恐怕北京的市民也未见得还能这样的好说话，不闻不问。

第二种的私人团体是一切商会，工会和别种团体。大凡在一个大城市之中，总有这一类的团体，他们很可以把市政研究作为他们团体的一种事务。虽则我们时常听人说起，商会，工会等是应当脱离政治关系，专诚注意于他们团体内部的事务，但市政问题的研究决不能算参与政治事务，并且市政的良否又与一个社会的工商业直接有关系的。假使工会或商会以为地方上事业的兴盛或衰败和本地方的行政事务是没有关系的，这样的地方团体是决不能有益于社会的。市民对于市政事务的漠不关心，市政才会腐败的。如果地方的团体，如商会或工会，因关切于市政事务，才加入政治的潮流，那末，这样的团体应当永远不脱离政治的。

除了上述的私人团体之外，欧美各国城市的市民，特别是美国，还有几种公家机关，供给他们关于市政方面的事实。这类机关是一种研究市政的机关，其职务是收集各种材料，供给城市官吏和市民参考。这种机关的种类是很多的，我们可以举出两个例来。第一种是美国波斯敦城的财政委员会。这个机关是市公约所设立的，其经费是由城市公款中拨付的，其职务是研究市政方面的财政和行政事务，并将其研究的结果在报纸上公布，使市民知道。波斯敦的财政委员会还能聘用各种专家，帮同调查市政事务。可是这一种方法也有种种的弊端。这委员会是公家的机关，是由公款维持的，所以免不了为官吏的势力所支配；这就是说这样一种机关，是脱不了政治的关系的。假使各委员是由市长任命的，那末，他们总得要赞成市长的政策，无论该项是好是坏，他们都管不了；假使他们是由省长任命的，那末，他们总不免了时常和市长发生种种的冲突。波斯敦财政委员会的会〔委〕员是省长任命的，所以在几年之内，市长和财政委员两方面，总是在报纸上相互攻击。这种情形虽则能使波斯敦市民晓得各项问题都有两方面，不能专听一方面的理由，但各种调查委员却也与市长和市议员一样的能在政治方面捣鬼，一样的能颠倒是非。要想使那般从公款中支领薪水的人物，完全脱离政治的关系，真心诚意的保障市民的公共利益，在事实上是很难办到的。

第二种传播市政智识的机关是市政研究所。这类的机关在美国是非常盛行，其中年代最久的成绩最著的要算纽约的市政研究所。纽约的市政研究所有了十几年的历史，其经费都是私人捐助的，所以能够完全脱离政治的关系。这样的机关不是法律所设立的，也不用依靠立法机关或市议会帮助经费，所以他们可以公公平平的批评市政方面的各种事务，不必顾虑到这一方面或那一方面。他们确实能够把各种事务明明白白的公布出来，使市民个个人能知道能懂得。

只从美国市政方面说，在这几十年之内，这一类传播市政智识的机关，无论是公家或私人设立的，所已经做出来的成绩确实不少。第一，他们已经使市民晓得城市的事务是他们自己的事务，并使市民时时刻刻张开眼睛来看，用他们的脑筋来想。市民对于城市官吏的判断也较从前公平得多了。在一二十年前，美国各城市的市民总以为一切官吏都是腐败的，不能做事的。现在他们才晓得这一种盲目攻击是有害无利的。人民公意如想在政治上占得一种势力，这种公意一定要有意识的，公平的，和建设的。人民公意一定要有了意识，才能算是公意；并且人民一定要对于各种事务有了相当了解后，才能有一种有意识的公意表示。民治主义的最大阻力就是人民的没有智识。

新近美国各城市还有一种方法，能使市民了解市政方面的一切事务，这就是市政展览。这种方法是在城市的中心地点设立一个展览场，把市政方面的事务都做了小模型，陈列其中，还有种种的图表，电影，演讲等类。这是把全部市政具体陈列出来。其目的是要使市民晓得他们所出的市税是用到那地方去了，他们所得到的利益是些什么东西。

这种种方法都是使市民明白市政事务的工具，并使他们对于那般负责人的行政人员能够公公平平的判断他们所做的事。市政方面的各项事务都可以用了一种极简单的方法，使全体市民了解。专家当然也是很重要的，可是我们万不能完全依靠专家，不注意那般普通市民。一个城市政府有了专家执行各项事务，同时缺少有智识的市民，如同一部机器不灵的汽车用了一个很能干的汽车夫，汽车夫的本领无论怎样大，还是开不了一部机器不灵的汽车。专家如果没有相当的有意识的公民帮助，决不能解决种种困难问题。民治制度不能专靠上边几个执政的人员，是全靠底下那般选民维持的。所以市政方面最重要的就是市民的市政智识。

（原载《晨报七周年纪念增刊》）

革命以后的德国市政

（1927）

一、绪　论

德国经过了四年的大战，又经过了八年战后的扰乱状况，国内一切政治与经济生活的基础都受到了根本的摇动。德国在这八年以内所经过的种种痛苦，如《凡尔赛条约》与道斯计画（Dawes Plan），国内的革命与纸币的风潮，都是影响于政治与经济发展的主要原动力。那时候的种种困难问题又是继续不断的发生，人民困苦的情形真是达到极点。可是他们德国人并不因之心灰意阻，他们还能维持一种整齐严肃的气象，努力奋斗下去，近来他们的政治与经济状况已经渐有起色，他们的困苦时期早已成为历史上的故事。德国人那种坚忍的决心，奋斗的精神确实可以使我们醉生梦死的中华民国人民惭死。

这八年以内的德国城市当然也经过同样的困苦时期。我们回想战后几年的德国城市状况，我们再看一看他们最近一二年来的情形，我们实不能不佩服德国人的伟大能力。德国城市已经安安稳稳的渡过这次的大风波。他们早已走过了极危险的路程，他们已经走上了平安的大道，他们将来的希望实在是不可限量的。德国城市能够这样迅速的渡过大风波当然有种种的原因，一半是因为德意志城市自治的观念与制度是根深柢固，差不多已经有了一千来年的历史；一半是因为德意志民族的特性，他们那种整齐严肃的气象，与奋斗的精神。

从一九一八年以后的德国城市发展状况是一个极大的题目，我们很难在这一篇东西之内，把这题目的各方面详细说明，我们所能做到的只把这几年来德国市政的大概情形约略说一说。

二、德国城市在宪法上的地位

第一，我们先讨论德国城市在宪法上所占的地位。德意志共和国，也像美国一样，是一个联邦政府的制度。德意志各邦，如普鲁士，巴威略，萨克逊尼等类，包括中古时代遗留下来的三个自由城市，都是自治的邦。依照联邦宪法，德国联邦政府对于几种问题虽有绝对的立法权，对于别项问题，与各邦有共同的立法权，但各邦却有独立的立法与行政职权的范围。凡关于城市政府方面的职权是属于各邦政府的，不属于联邦政府的。在这几年之内，德国有一部分人民很想划一各城市的政府组织，制定一种联邦的城市法典，并且德国几个较大的城市也都赞成这样一种提议。因此联邦的城市法典草案也早已拟定。可是这样一种计画似乎是太偏向于中央集权一方面，大部分人民都觉得时机还未成熟，所以这联邦的城市法典虽已拟定，却还没有实行。德国各处所实行的城市法典还是普鲁士城市法典，巴威略的城市法典，萨克逊尼的城市法典等类。不过在普通的政治讨论之中，德意志城市自治政府这名词确实是很可以用的，因为德意志各邦的城市法典都是根据于几种共同观念，其内容虽有不相同之处，但其大致的根本原则都是相同的。各邦的城市法典都有一个共同的来源，这就是一八〇八年斯泰因（Stein）所制定的普鲁士城市法典。那时候普鲁士被法国拿破仑打败以后，斯泰因的城市法典是使普鲁士恢复原状的一种主动力。斯泰因的观念使德意志地方自治制度有种种的特点，与英美法意各国地方自治制度完全不同。我们先把德国地方自治制度的重要特点约略说明。

在德国，凡关于地方政府组织与职权的一切法律须适用于全国各地方。这是一种根本原则。欧美各国，除了英国之外，也大都承认这样一种原则。比方像英国那种适用于一个或几个城市的特别法律在德国是没有的。德国只有因特别事故，更改各城市的界限时候，才制定这一类的特别法律，德国各城市也不能得到法律上的特别权利。

德意志各邦的城市法典还有一种根本原则，凡各城市，不必得到立法机关的特别允许，就能执行一切关于地方上的事务。各城市当然有种种法律上所应尽的义务，例如救济贫穷人民，修造街道与马路，城市教育的设备等类，可是除此之外，德国城市因为有自治的权利，还能随意执行种种关于地方上的事务，就是与私人事业发生了冲突，也无关紧要的。这一层是与英国城市的情形完全相反的。

末了，德国城市与各邦的关系也是很明晰的。自从斯泰因的时候起直到现在，德意志法律把城市自治差不多看做城市独立一样。这当然不是中世纪那种城市主权观念，现今的城市是国家的一部分，其权力方面自然有种种必需的限制。可是这样一种原则与法国那种把城市看做国家的被保护者的观念却完全相反的。德国的观念与英美的观念大致相同，把城市看做自由团体，不必得到国家的指导，可以依照自己的意思，执行自己的事务，不必得到高级机关的同意，可以随意选择自己的官吏，包括市长等类的官职。

这是德国城市自治的根本观念，也是一百多年来德国行政法方面的特点。一九一八年的革命并没有更改这种制度。革命时候各邦的城市法典大都是陈旧的，例如普鲁士城市法典中的大部分还是一八五三年制定的城市政府法律。当时德国政府从君主的改为共和的，人民急于把新共和宪法的精神灌入到政府的各部分，他们当然也不得不修改那种陈旧的城市法典。因此，在那几个较大的邦，如巴威略，萨克逊尼，浮登堡，绍伦吉亚，关于城市政府的新法律已经制定了，经过了。但普鲁士的城市法律还是一种临时法律，因为普鲁士的城市新法典虽已制定，虽已由内阁提出国会，但国会至今还未曾通过。在这类新法典制定时代，德国确有一种危险，因为政府官吏对于地方自治向来是不能表示同情的，他们也许会利用这改造时代的机会，增加中央监督城市的权力。但依照现在的情形说起来，凡关于德国城市自治的根本原则确实没有更改。

三、德国市民的选举资格

德国革命虽没有更改城市与各邦的关系，可是地方政府的其他方面却受到了极大的影响，比方革命以前与现在的城市选民资格已经大大的不同了。革命时期的民治潮流既能把德国的君主政体改为共和制度，德国城市的选举制度自然也不能不受其影响，所以德国新宪法所规定的国会选举法同时也是各邦与各城市的选举法。依照新宪法所规定，凡德意志男女，年满二十岁以上者都有选举权，并且各种选举都须依照比例代表制度办理。

从德国城市政府方面着想，这选举资格的改革是一种极大的改革。德国各处，特别是普鲁士从前所通行的三级选举制度是从根本上推翻了。所谓三级选举制度就是依照选民纳税的多寡把他们分做三个等级：纳税最多的人民，纳税次多数的人民，纳税最少的人民，每级选民各自投票，各选市议会中三分之一的议员，三级选举制度使普鲁士的市政由少数有钱的人把持，因为税款中的大部分是由百分之十到二十的人民交纳的，这一部分少数人民，就能举出三分之二的市议员。例如在柏林，全体选民差不多有五十多万，但第一与第二级的选民却不到五万。三级选举制度又使人民的选举票不能有同等的价值，确是违反民治主义的根本原则。从选举一方面着想，民治主义有两种根本原则：（一）一人一票，（二）一票一样的价值。在革命以前的普鲁士，各人虽有一票选举权，但各选民在选举场上所占的地位却是很不平等的，第一级选民所投的票有很大的价值，第三级选民所投的票没有什么价值。

还有一层，在革命以前的普鲁士，当选的市议员中的半数必须在本城市区域范围以内有地产所有权。假使选民完结以后发现当选的市议员中有地产资格的不够半数，那末，凡得到票数最少的同时又没有地产的当选人须辞职，另由选民从有地产资格的候选人中选举补充。这样的规定与第一第二级选民是不发生什么问题的，因为他们大都是有地产的人民。可是在第三级选民之中，有地产的人民是非常至少，他们在选举时候往往不得不选举上两级的人民代表他们。但从革命以后，这种种情形都已改变了，财产的资格与纳税的资格都已从根本上推翻了。每一个成年人民都有一票选举权，并且又是价值相等的选举权。

德国选举改革的结果当然增加了无产阶级人民在市议会中的代表。比例代表制度又提高了各政党的地位，使他们变为法律所承认的正式团体。在革命后的几年，市政方面新发生的困难问题自然是很多，一切情形又非常复杂，可是那时候的种种不易解决的问题却渐渐儿都有了相当的办法，建设进行的顺利实在是出于当时人民的意料之外。反对现今社会制度最激烈的共产党无论怎样总没有方法得到政权，实行他们无产阶级专政的理想。德国各级新政府的职务虽则非常繁多，但执政者的经验与办事能力也一天增加一天，事务愈困难，他们对付的手段与方法也愈高明。因此，德国是从政体改革以后，种种新的计画虽则非常之多，新的制度也采用了不少，新发生的政党又不知其数，但各城市对于这几年来的大问题都是对付得非常高明，办理得非常完善，有时候虽偶而因之发生各种冲突，与议会内的争斗，可是这种种困难状况并未曾阻碍各城市解决他们的各种问题。

四、德国城市政府的组织

在几邦之内，一院制与两院制市议会的组织问题变为一个极大的问题。除了民选的市议会之外，一个城市究竟是否还应当另设立一个行政委员会，享受普通两院制立法机关中第二院的权利？凡关于一切重要的议决案，这两院是否须一致同意？这一类的问题是那时候改革时代各处所讨论的问题。在革命以前，德国各城市有采用一院制的市议会组织，也有采用两院制的。在改革时代的讨论中，人民有赞成一院制的，也有赞成两院制的。所以其结果，这两种制度现在还是继续存在。可是一院制的组织，因为较为简单，议事时候较为容易得到迅速的议决，并且又没有互相钳制的弊病，比之两院制似乎是较为合于人民的心理，所以现今采用一院制市议会的城市也较多于那两院制。

德国市长的地位本来是很重要的，这一种制度又是世界著名的。各国学者所写关于德国市长各方面的著作不晓得有多少。在那种采用一院制市议会的城市中，市长的地位更加重要，差不多变成市政方面的中心点。这问题是与城市行政官吏的地位很有关系的，在地方自治一方面着想，这又是一个很重要的问题。德国的地方自治向来有一个特点，这就是十分注重于那般有专门技术的官吏所执行的职务。这类官吏的数目是很多，他们都把城市行政事务作为终身的事业，其中职位较高的几个官吏往往是大学毕业院内的毕业生，各有好几个博士学位。各城市的市长也大都是那般有博士学位的人充当的。大多数德国市长总是精通法理的学者，各行政机关的官吏，如教育，工程，与卫生等类，总是各有各的专门技术与学问。这般官吏的地位是稳固的，因为他们的任期是十二年，不是与市议员同进退的。市议员的任期只有三年或四年。因此，城市行政官吏尽可以专心做他们所应做的事，只须有了相当的成绩，将来就有极大的希望。至于市议会内各政党势力的消长，他们大可以不问不闻。从各国的经验上看起来，这确是政治上一种极好的根本原则。在常态的政治状况之下，凡专心于一切建设工作的官吏一定能够站得住脚，就是市议会改组，敌党得势后，他们也可以保持地位，不至于因党派的关系而更换的，这也是从各国政治经验上所得到的教训。

依照德国的习惯，凡在一院制市议会的城市中，市长非但是行政方面的长官，同时又是市议会里的主席。这两种职权使市长在城市政策方面有极大的势力。在新近改组市政制度时，德国有一部分人很想减少市长的势力。共产党与一部分社会党员都是赞成一院制市议会的人物，他们主张市议会有表决一切事务的全权，市长的职务只是执行市议会的议决案而已。可是他们的计画只有在一个邦内成为事实，这就是绍伦吉亚（Thuringia）。德国的激烈分子曾在这邦内执行过大权，所以能把他们的主张写入在法律之内。依照这一邦的城市新法典，市长不是市议会的主席，只是市议会的执行官吏，因此，他的任期也减短了，只有三年，与市议员的任期相同。但除了绍伦吉亚邦之外，别处都没有实行这新计画。在其他采用一院制市议会的各邦，如来因河区域的普鲁士，巴威略，浮登堡，巴顿，市长的任期还是很长的，他是市议会的主席，同时又是城市行政长官。这是德国向来的办法，也是与那种有专门技术的官吏制度很配的。

至于什么叫做真真的城市民治主义，各人的意见各不相同，决不能有一种大家同意的答案。在新德意志，有一部分人民总以为直接立法制度是真正民治主义中最重要的一部分，代表制度应当靠人民否决制度的补助。因此，德国有几个城市曾经主张采用人民否决制与行政官吏直接民选制，可是到了现在，这种制度在市政方面还没有实行。但民选的市长德国已经有了几个。

五、德国城市的财政

这几年来德国城市的财政行政确实很有趣味的。我们所应注意的，有两件事实：（一）纸币的暴跌；（二）财政行政的改组。

我们可以先约略说一说从一九二〇年至一九二三年中的事实。那时候纸币的跌价差不多从根本上推翻城市的预算制度。一个金马克到了每天有一个价钱，在第一天值十万纸马克，第二天二十万纸马克，第三天一百万纸马克，再过几天也许值到一万万纸马克，以后还是继续狂涨不已，并且一涨就涨了好几百万。在这样状况之下，一切收支的计画都不能成立了。比方各城市今天规定了各市民的税额，明天再去收款，那末，恐怕收到的钱还不够抵偿写账单的那张纸的价值。各级政府只有继续不断的加印纸币，才能使库里边不至于完全空虚。联邦政府开了一个例，滥发联邦的纸币，增加国家银行的纸币，间接由国家银行方面得到款项。各邦政府就照样去做，各城市政府为境况所迫，也就不得不如此。当时德国各城市所发行的临时纸币，一天增加一天。联邦政府为维持纸马克的价值起见，禁止城市政府发行纸币，可是并未发生什么效果。当时德国联邦政府又允许代替各邦政府开支办事人员与官吏的工资和薪俸，代替城市政府担负百分之六十的这类债务。就是这样一种违反地方行政原则的救急办法也没有什么效果。只有到了一九二三年的十一月，金马克发行后，纸币的祸患才算终止。可是在这几年之内，财产与事业的毁灭数目不晓得有多少，全国人民的经济生活与各级政府的行政受到了无穷无尽的损害。

德国现今的经济状况总算是恢复不少了。各城市在这三年之内因为奋斗的结果，也总算能够恢复了从前的预算制度，可是他们的资本与财产差不多都已毁灭了。从前各城市从私人方面所得到的各种基金都镕化完了。但各城市所有的债务也差不多根本取消了。他们所有的地产却没有跌价，德国城市向来有尽量购置地产的习惯，所以有许多城市虽则经过了那几年的恐慌时代，此刻还有很大的财产。

讲到第二层财政行政的改组，这是从联邦政府的财政新法律所发生的。联邦政府的财政新法律是关于赋税的改革，可是与城市政府确有一种极大的影响。一九一九年的德国新宪法本来是趋向于中央行政与立法方面的集权，对于各邦是很不利的。这种趋势在财政方面是更加利害。凡在联邦制的国家中，把国家收入分配于联邦，各邦，与城市三种政府本来是一个极困难的问题。这三种政府的政费都是依靠赋税的，并且各级政府又都想多争到一些是一些，决没有心满意足的时候。在普鲁士，除了这三级之外，还有两种地方政府，一种是区政府(Kreise)，又一种是省政府，所以一共有五种政府平分国家的赋税收入。在欧战以前，联邦政府所依靠的是关税与间接税，如酒税糖税之类，一切直接税如所得税地产税与营业税都归各邦与城市。欧战以后，联邦政府把这制度根本改变了，这是因为联邦政府财政担负的加重，所以不得不增加其收入。依照新政府的赋税改革法案，从前各邦与城市所靠为大宗收入的所得税现在已改为联邦政府所征收的税，但联邦政府须把其中的百分之几交回各邦与城市政府。

从全国着想，所得税的统一当然是一件好事。但因为德国各级政府组织的复杂，现今那种所得税制度——把所得税的收入分配于三种政府区域——是不能不改革的。这差不多是德国人民一致的意见。这是一个极复杂的问题，我们只能将其大致情形略说一说。其中最重要的一点，就是依照现在的办法，联邦政府把所得税收入的一定数目分给各邦与城市，可是各级政府所得的款项与他们的需要是没有关系的。从地方自治的原则上着想，各城市应当根据于每年的预算案，自行定夺所得税收入的数目。换句话说，所得税可以归联邦政府征收，但各城市应当另行加收一种附加税，其税额由各城市自行定夺。这是德国从前的办法，只有这样的办法，才能适合于自治的根本原则。关于地产税与营业税，德国城市是向来自治的，现在也还有自治的权利。德国联邦政府也晓得这种税款是城市政府所少不了的进款。

恢复所得税自治权的要求确是根据于自治原则而发生的。所谓真真的自治政府就包括自由决定征收赋税的权利。凡由中央政府根据于各区域人民的数目或别种标准，从国库里支配各区域政费的方法都是违反自决的原则。这种办法非但在学理上是说不过去的，就是在事实上也很不对，因为财政方面的一种主要原则是量出为人，根据于各城市的一切需要，再行规定其赋税的收入；中央协助地方政费的办法就违背这一种原则了。城市失去了自行规定赋税收入的权利后，城市的行政也势必至于失去其责任心，并且自治制度的根基也势必至于推翻。从城市的官吏方面着想，假使他们能从中央政府得到大宗款项，他们的责任也减轻了，他们的职务也减少了，他们不必在市议会内用尽心计去争夺一切政费了。可是赞成城市自治的人民总想帮助城市恢复其赋税自治权，至于因赋税自治所发生的弊端与麻烦却是无关紧要的小问题。幸而现今德国多数人民都觉得现行制度不能不更改，并且联邦政府也已正式宣言，将于一九二七年四月一日提出议案，恢复各城市自由增加与征收所得税的附加税。

六、革命以后德国市政的成绩

我们可以约略说一说一九一八年革命以后德国城市物质方面的建设。这几年德国城市大部分的工作还是清理战时与战后的一切损失与负担。

在欧战期内，德国城市行政方面的一切工作都停顿了，所以这几年的德国城市必须赶紧做那时候所没有做的工作。公共建设好几年没有修理了，现在必须修理或改造。公共机关中的一切设备也得重行修理或添置。道路也已年久失修，现在也得要大大的修理。诸如此类的工作是很多。并且又都是很费钱的工作。

此外，各城市又增加了许多从欧战与战后扰乱时期所发生的负担与职务。从战场上回来的兵士须想法替他们恢复职业或行业。所有的伤兵与残疾的人民须设法安置。无数的孤儿寡妇也须设法供养。经济的扰乱又大大的增加了失业的工人；许多年老的男女积蓄了一世的时期，才积了几个钱，在欧战以前，他们很可以无忧无虑，靠几个利钱吃到老死，可是经过战后的纸币风潮，他们都是倾家荡产，变为极穷极贫的人民。他们又都是要面子的人，决不肯在马路上做乞丐的，所以他们都得依靠城市政府的慈善事业。还有被协约国所割据的土地中的人民大部分都回到德国各处，可是各城市中一切建筑的工程早已停止了好几年，各处早已人多屋少，正在没有办法时候，忽然从外省来了无数人民，这房屋问题就变成一个最困难问题，最没有办法的问题。

凡关于这种事务的主要负担都在城市身背上。总结一句话，我们可以说那时候德国市政的费用是大大的增加了，可是同时城市的进款却又大大的减少了。联邦政府与各邦政府也大致相同。在联邦的预算案中，赔款一项的数目已经占了不少。工商业纳税的能力，又因销路的减少与失业工人的增加，大大的减少。这种种情形当然一半是因为战败的关系，一半也因为全世界经济恐慌的关系。只有拼命的努力与奋斗才能使德国逃出这样困难的地位。因此，这几年来德国各级政府行政的目标就是严格的经济。“节俭”变为政治上最重要的一个纲目。联邦政府，各邦政府与城市政府都有“节俭委员”或“节俭委员会”。他们都能用尽心计去干，干出一种办法。预算案内能够免去的费用都被删去，为减少政费到最低限度起见，行政的方法也经过一番极大的改革。各级政府中无用的是官吏，虽都是考试出身，都有法律保障，也都被免除殆尽。

德国的纸币风潮已经过去了三年多，各城市一半因为时势所逼迫，一半因为他们真肯干，真能干，现在总算能够使他们预算案上出入两方面相抵。一切费用当然须大大的减少，就是种种必须的教育与慈善事业也不得不牺牲。办理财政的人都是抱定“没有款项就不化费”的宗旨。

德国城市向来在经济方面所执行的事业是很多的，欧战以后因经费缺乏，这种种事业就不得减少。关于这个问题我们应当约略说几句。从前德国城市办理公共事业的职权是很大的，所以有种种完全营业性质的事业在德国早已由城市办理的。自来水，煤气，屠宰场，市场差不多都是由城市政府经管的，各大城的电车与电灯厂也在市政府手里。各处海港除非是邦政府的财产之外，也往往由市政府经管的。差不多所有的储蓄银行也都是市政府所组织的，此外，各处还有城市的墓地，博物馆与戏园等类。

欧战时期又增加了各城市不少极复杂的事务。协约国的封锁政策使德国缺乏各种需用的物品，无论是战事军用品，或是人民日常所用的物品都不够了。因此，凡各种物品，从战时各项工业所需用的五金起，到人民所吃的五谷牛奶鸡蛋与所穿的衣物鞋袜，都得由政府管理，由政府分配，好像在一个围城以内的情形一样。这一类的事务都是由城市政府办理的。所以那时候德国城市行政的困难情形确是异常的，各城市能够办理得有条不紊，实在不能不使人佩服。欧战以后，凡办理这类事务的官吏与人员都没有得到别种工作的希望，同时城市政府也不能继续保留这班人员。这确是一个难解决的问题。但在战后的几年之内，德国各城市的开支逐渐减少，“战时社会主义”的全部组织也完全消灭了。只有一些的遗迹还遗留到现在，这就是政府管理人民的房屋事务。按照现今德国与欧洲各处的状况，人多屋少，关于房屋事务，政府在事实上确有不得不管理的形势。只有到了将来房租增加以后，资本家愿意投资于房屋事业，政府才能放弃这类管理权。现今德国各城市的房租只恢复了战前的地位，可是普通的物价却增加了百分之五十，并且几种重要建筑原料的价格已经增加了一倍。因此，私人的资本决不愿意建造房屋，并且在事实上，私人也只有得到了政府的帮助，方能建造房屋。为帮助私人建筑起见，政府对于一九〇八年以前所盖造的房屋，征收一种附加税。这种房屋所有抵押借款都在纸币风潮时期取消了，房主确实得到了一种意外的财，从公道方面着想，公家应当分润一部分。这就是征收这类附加税的用意，现今所收到的税款差不多有战前房租总数的百分之四十，这是一笔极大的进款，其中的半数是津贴各项建筑事业的。这一种战时遗留下来的职务也大都是由城市执行的。近几年来房屋的建筑或者是由城市承办的，或者是由建筑公司得到城市的帮助才盖造的。城市政府参与建筑事务确有一个很好的影响，这就是提高新盖房屋的质地。所有战后的建筑都十分注意于方便与美观两方面。

可是城市建筑与城市补助建筑公司或私人建筑都不是解决房屋问题的办法。这个问题实在是太复杂了，决不是政府行政机关所能解决得了的。现今德国所缺少的房屋至少有一百万所，这就可以见得这问题的大了。可惜现今私人资本还不能推行这种事业，解决这问题，将来房屋问题的解决还得要靠私人的资本，但现在还没有到这解决的时候。

七、德国城市社会主义的发展

这几年来德国城市社会主义的发展也是一个很有趣味的题目。在革命时代，除了民治主义之外，人民所最注意的要算是社会主义的理想，但在以后纸币风潮发生时期，人民就觉悟了一切事业的社会化是极危险的。纸币的时价是早晚不同的，所以关于一切事业不得不有一种迅速的决定，可是城市政府机关既有种种委员会，又有各种极复杂的法律手续，对于各种事务万难立即决定的。那般主张经济的个人主义者向来是反对城市社会主义的，到了这个时期，他们的议论就有人听了。他们说，在当时的困难状况之下，一切事业如煤气，电气等项决不是政府所能办得了的，即使能办，其效率也是一定甚低的。在欧战发生后的一二年，人民要求把一切事业改归城市政府办理，现在就有反动，人民反过来要求市有事业改归私人办理。其结果就是把城市从前旧有的事业照旧归城市政府办理，换句话说，凡与人民日常生活有关系的事业，特别是自来水，煤气与电气，还是归城市所有，由城市办理。管理手续方面也有多少的改良。比方市有的各厂都归并起来，变成一种公司性质的组织，但其全部的股份都是城市政府所有的。这样改革后，管理方面就能有私人公司那种柔软性质，不必死板板的依照政府机关办事手续或法定的程序。此外，还有一种方法，也能使市有事业得到一种柔软的办事性质，这就是由市议会把较大的职能委托于办事董事与委员会，他们就可以不必提出市议会，自行决定一切事务。大概的说起来，凡与人民日常生活有关系的事业在表面上还保持一种市有的性质，可是其管理的方法与形式却更改了。关有私有与市有这问题，现在德国各城市已经承认一种原则：凡私人能办理较为完善的事业由私人办理，但人民的利益如因市有而能得到较为完备的保障，这类事业都归市有市办。

城市事业的纳税问题是这几年来城市政府与私人事业所争执的一个问题。依照最近的规定，凡一切营业性质的事业都得要纳税，但在市税一方面，这只是账本上记一笔账而已。

八、德国的市公债

欧战时期与战后几年的德国城市是没有方法可以借债的，到了战后的建设时代，城市借款变为一种少不了的需要，也是一种极重要的问题。“节俭”当然是必须的，限制一切费用也是必须的。可是一个城市，特别是一个大城，决不能停顿了十来年时期的建设工作，还能维持其地位。市政方面种种设备如煤气，自来水，电气厂，电车，阴沟之类都得要重行改造，一半是因为好几年没有修理，旧有的设备大都是不能再用了，一半是因为这几年来技术方面的进步是甚大，德国城市也不能不改用新的方法与新的设备。并且还有种种地方，因市民需要的增加，一切设备也不得不扩充。这就是那几个最偏向于减政主义的人民也得要明白一切大势，明白城市是应当供结〔给〕市民的需要，如汽车路的设备，航空的设备，运动场与体育室的设备等类。

这种种的设备都是化钱的事务。城市政府并不是一个生产机关，其大部分的经费是借得来的，或是内债，或是外债，或是长期的，或是短期的，笼统的叫做市公债。可是那时候的德国内部是穷得不<得>了，内债是绝对无望的。从世界的金融市场看起来，前几年也只有美国市场有余力供给别国的长期借款。不过德国城市举行外债还有种种困难问题不得不预先注意。第一，德国政府恐怕城市借了外债，假使数目太大了，德国其他工业与农业所需要之款项反而无处可借了。还有一种危险是将来德国的汇兑也许因外债太多而发生不稳固的状况，并且德国人民的经济生活依靠了外国资本，根本上也是很危险的。因此，那时候德国联邦与各邦政府都极力的劝戒各城市，想了种种方法阻止一切城市的外债。依照联邦与各邦政府的意思，城市应当举办的各种事务尽可以延期到金融较为宽裕的时候，不必在这极贫穷的时代急于举行。但同时却有几种极紧急的事务，不能不立即举办的，凡关于这一类万不能延期的城市外债，联邦政府有一种极严格的监督权。德国各处向来都有一种关于城市公债的规则，凡一切市公债的计画须由邦政府的监督机关审查，如未得其正式同意，市公债是不能发行的。假使这类市公债是在外国发行的，那末，还得要经过联邦政府的监督机关审查，得其同意。这样严格的审查，严格的监督，当然有很好的影响。城市的外债计画经过这两次的严格审查后，得到联邦与各邦政府的批准，就可以算有了双重的保障：第一，这类外债是必需的，第二，这是在举债的城市的能力之内的。

在一个时期，德国城市的借款手续变成非常复杂。因为那时候有一班投机的美国人，冒充了美国资本家的代表，到德国接洽各项借款，其实他们都是没有责任的，他们的目的只在于几个回扣。同时德国各城又恐怕不能借到美国资本，所以各城市各派了代表亲自到美国接洽。这两班人物，在德国的美国投机家，在美国的德国城市代表，把借款的事弄得糟不可言，种种招谣〔摇〕撞骗的事都发生了。近几年来，这一般人却不常有了，借债的手续也已回复了常态。美国银行家曾替德国城市办了好几笔靠得住的借款，也有替城市单独办理的，也有替几个城市以团体的名义办理的。各城市如柏林，哥仑，德勒斯登，门占，都曾单独借过美国外债。在团体的借款之中，最重要的要算是德国储蓄银行联合会的借款，德国各城市都是这联合会的会员。

美国借款的特别担保品当初也是一个极重要的问题。但德国城市是反对特别担保的，因为城市的财产与赋税是一切债权者的担保，假使美国债权者有了特别担保，其他债权者就没有担保了，这是未免不公道。幸而以后美国债权者也没有要求到底，这特别担保问题总算是消灭了。并且近一二年来德国国内的金融也流动得多，所以有许多城市也能在国内金融市场发行长期的公债。

九、柏林市政府的组织

革命以后德国市政的大概情形已经约略说了一些，德国最大的城市自然是柏林，假使我们不把柏林政府最近的改组叙述一下，这一篇东西是不能算完备的。并且革命以后的柏林已经改为大柏林，其政府的组织也已改为一种小规模的联邦组织，所以我们更不能不附带的说几句。

在一九一一年时候，柏林及其四周围的小城因经济上的密切关系，早已由一种联合的计画，其目的是要筹画大规模的城市设计，并保存周围的森林。以后因欧战的发生，这计画是停顿了。直到了一九二〇年的四月二十七日，普鲁士的议会通过一种法律，组织了大柏林的城市政府。现今大柏林所包括的土地共有二十一万五千英亩区域，人口四百万。其地位是与美国纽约和英国伦敦相等的。

大柏林有一个中央的城市政府组织，其各区域还有各区域的城市政府组织。中央与各区域的关系似同联邦制中联邦与各邦的关系。大柏林中央城市政府有一个高等市长，一个普通市长，一个行政委员会，有会员三十人，与一个市议会，有会员二百二十五人。两个市长与三十个行政委员是市议会所选派的。行政委员中有十八个是支薪的，十二个不是支薪的。支薪的委员任期十二年，不支薪的四年。市议员是由普通选举制度选出的，选举时候的选举票是秘密的，各党的代表是根据于比例代表制度分配的。一九二〇年的法律把大柏林分为二十个区域。各区域各有一个区议会，凡由各该区域所举出的市议员同时又是区议会内的当然会员，但区议会还有另外的区议员。各区又有一个行政委员会，是区议会所选派的，但没有市长。

大柏林中央政府与各区政府的关系是很复杂的。大概说起来中央城市政府的职务是限于公共建筑，交通，教育与卫生。警察权是在邦政府手里。各区域的职务是限于那几种纯粹的区域以内的事务，但同时也代理中央城市政府执行该区域内的一切事务。中央城市政府与各区政府各有各的预算案，但中央城市政府的费用往往超过二十个区域政府费用的总数。

十、结　论

这几年来德国城市所经过的苦痛确实是最利害的。欧战的损失，赔款，与世界金融的恐慌都使德国城市受到无穷无尽的苦痛。但德国城市却并不因之心灰意阻，还是继续奋斗，渡过这个难关。经过了这十二年的风波，斯泰因改革计画中主要部分还没有受到影响，城市自治的原则也没有打破。现今德国城市经过了这番试验以后，其胆量比之从前更大了，将来的成绩实在是无可限量的。

（原载《东方杂志》第24卷第5号）

欧美诸国的市长

（1928）

欧美诸国城市政府都有一个行政首领，普通叫做市长。但各国文字中均各有一个各别的名称。例如在德国叫做Germeistre，在意大利叫做Syndie，在西班牙叫做Alcade，在法国叫做Maire，在英国叫做Mayor。美国各城市的行政权，或在市长手里，或在一个委员会，或由一个雇用的经理人执行。各国城市的行政首领非但在名称方面这样的不一致，并且各城市行政首领的任用方法、任期、职权和势力，均是各不相同的。

在欧洲各国，城市的行政首领或由中央政府机关任命，或由市议会选举。市议会选举的方法较中央政府任命的方法更为通行，欧洲各国城市一概没有民选的市长。在普鲁士市长是由市议会选派的，大概是由市议员范围以外的人民中选择一个充任的。市长的任期差不多都在十二年以上。在德国革命以前，市长的任期大都是终身的，各大城市的市长不是一个普通公民，却是一个很有经验的专门人才。他的薪俸是很大的，并且将来退职以后，还能得到一种养老金。他的职位完全是一种职业，并不是政府中的一种差使。他是市议会上院的议长，又是该院中的主要人物，但他没有否决两院议案的职权，也没有重要的任命权，也不直接执行城市政府中各行政部的事务。他是一个普通的监督，督查各行政部的事务，并使各部和衷共济，分任城市行政方面的各项职务。德国市长在法律上的职权并不甚大，惟多年的习惯，早已把市长的地位抬得甚高，所以他能有一种指导的能力。

法国市长也是由市议会选举的，大概总是从市议员之中选举一人充任的，他的任期是四年。他是不支薪俸的，但市议会每年照例拨付一笔款项，作为市长的公费。他是市议会的主席，也和其余各议员同样的有投票权，但对于市议会的议决案没有否决权。城市政府中重要的职位，都是由他任命的，但各项官吏法定的资格却规定得很严格，他决不能随意派委。并且城市官吏又没有一定的任期，凡任命以后，不能无故免职，所以各项官吏职位的缺额，除非现任官吏死了以后，平时决不出缺的。城市每年的预算案由市长编制以后，再提出市议会。城市的一切政费也都归市长经营。至于各项行政机关，如街道、给水、卫生等类，也在市长的监督权之下，但市长却有一个或一个以上的副市长帮助办理。副市长也由市议会从市议员之中选择充任的。

法国市长有双重的地位，他不但是城市的行政首领，同时又是中央政府的代表。以中央政府代表的资格，市长公布那内务总长或省长的一切命令。他又负责编制选民册。关于编辑户口册和其余一切涉及全国的事务。他也有重要种种的职务。但各类的事务大都均由市政厅中那般永久官吏所承办的。他并不是一个市政的专门人才，也不是以行政为职业的人物，但他在未曾充当市长之前，总已充当过好几年的市议员或副市长，所以他对于市政事务大概总有多少的经验和阅历，并且法国的习惯又往往继续选举那前任的市长连任，所以他对于市政事务决不是一个门外汉。

在英国，市长的势力没有像德国或法国那样大。英国市长也是由市议会选举的，他的任期只有一年，他是市议会的主席，但不能选派市议会的委员会，也不能任命城市官吏，也不能管理行政方面的各项事务。市议会的议决案不得他的同意，也能同样的发生效力。他是没有薪俸的，但市议会往往拨付他多少经费，作为他的公费。英国市长每年的费用是非常之大，凡从国外或国内来游历的名人，须用他招待，一般捐款簿须由他列首名，提倡捐助。所有一切慈善的，或社交的事务亦须由他首先发起。他的地位是很高的，但没有什么权力。关于政策方面的事务，是市议会多数议员议决的，关于行政方面的事务，是由他的属员执行的。依照法律，他的职务是很轻的，不必费多大时间。但依照习惯，市民方面无论发生什么事故，或对于市政有什么不满意地方，或要求什么样的利益，个个人都要请市长代为求达目的。市议会选举市长时候所采取的标准，并不是要选举一个真能办事的人，只因为某人是某地方上的著名人物，人民应当尊重他，所以把他举为市长。但近几年来，英国劳工党占了势力以后，他们在许多城市内，就从劳工界之中，举出市议员和市长。将来劳工党如能逐渐发达，并能维持他们的政治势力，市长的地位也许更变，但现在我们尚不能预料。英国市长并不是中央政府的代表，但伦敦市政府如与城市政府发生什么交涉，市长就要做双方的中间人。

照以上所述德法英三国市长的大概情形。我们就可以看出他们有一个共同的特点，就是他们都是由市议会举出的，并对于市议会负责。从这方面着想，市长和市议会间的关系差不多像国务总理和国会的关系，但市长选定以后，市议会却不能指挥他怎样执行他的职务。从事实上着想，市议会实无指挥市长的必要。市议会定必明白某人的态度和性质后，才把他举为市长。市议会决不致于举那种倔强的，与多数市议员宗旨相反的人充当市长。一个守旧的市议会所举出来的市长，一定是一个著名守旧人物，一个趋向于激烈派方面的市议会，一定举一个志同道合的人充当市长。从欧洲各城市的大概情形而论，凡举为市长的人物大都均做过多年的市议员，或副市长，或市行政官。市议员对于他的态度和性质，都已非常明白。市议会决不会举出一个反对派的人物，等到他接任以后，次第与市议会为难，发生种种的困难问题。并且英法两国市议会在市政方面的至尊地位，早已为人民所承认，现在已无疑问。在欧战以前，德国市议会是否是市政方面最高的机关，尚有问题，但从一九一八年革命以后，市议会的地位亦已抬高，不能再发生什么问题。总而言之，欧洲无论那一国没有那种独立市长的观念，也没有这样的习惯。

世界上只有美国和坎拿大把市长的职位作为城市政府中的独立机关，坎拿大当然是受美国的影响。美国市长职权的逐渐发展，从最初没有什么势力的市议会主席地位，变成现在的独立地位，是城市政府历史上最显著的特点。这就可以证明一种政治制度能因环境的更变而逐渐改变其性质。到了后来，就与原来的制度没有一些相像的地方。美国现今的市长与一百年前的美国市长绝对没有相像的地方，并与其余各国的市长，也很少有类似之处。美国市长都是民选的，他的任期是从一年到四年，大概在大城之中，四年任期最普通，小城的市长往往任期二年。只有极少数城市每年选举一次市长，但各城都有延长市长任期的趋向。

美国市长的权力很难以简单几句话说明，因为各城的情形是各不相同的。照美国人民的普通观念，市长是城市的行政官吏，没有参与城市立法事务的职权。但这句话实不能描摹美国市长的地位。美国市长确实不是市议会的议员，但他对于市议会的行动，却有很大的势力。第一他能随时在市议会中提出议案，他能出席市议会，把他的意见提出，或以公文叙述他的提案，送交市议会。在表面看起来，这种提议议案的权没有什么多大关系，市议会不必一定依照他的提议办理，市议会尽可对这类的提议置之不理。但在市议会中，市长一定有他的党羽，他未提出议案以前，往往预先与他的同党议员商议过了，所以他的心中早已预先明白了大部份市议员的态度。市议会对于市长的提议所采取的态度，并不专靠该种提议的内容何如，还得要看市长在市议会方面的政治势力如何，然后方能定夺。市议员如果得罪了市长，他自己本人，或他所代表的区域决不能得到什么益处。他如果能提出种种交换条件，要求市长承认，作为他对于市长的提议所投的同意票的代价，他又何乐而不为呢？所以市长对于那种纯粹的立法事也有很大势力。这一层是我们所不可不注意的。

市长提议案的权势从积极方面使市议会依照他的意志制定种种条

例或规则。他同时还能从消极方面阻止市议会制定那种他所反对的条例或规则，这就是他的否决权。凡市议会所通过的一切议案，须由市长签字承认后，方能发生效力。市长如果不赞成某项议决案，他能于一定期限以内，把原案送回市议会，并声明他不赞成的理由。如果过了法期，市长没有把原案送回市议会，他就是不赞成。未曾签字，该案却也能发生效力。市长如把原案送回，市议会可以覆议该案，如得到法定数目的市议员同意，普通是三分之二，该案也能成立。但在平常时候，三分之二的同意票很难得到，所以市长的否决权实在有很大的势力。在市长的行政职权中，最重要的就是任命城市官吏权。大多数城市的行政部长和各委员会委员都是民选的，但现今民选官吏的数目已较从前减少得多了，有许多财政方面的官吏，如审计和库藏等官职，也是民选的。因为这类重要官职应当是独立的，不应当由市长任命，致使随时受其节制。还有许多城市教育委员会也是民选的，因为决定城市教育政策应当使各级人民都有代表参与其事。除此之外，其余各项城市行政官吏大都是市长任命的。并且这几年来，市长的任命权又大有增加的趋势，但在许多城市，市长所任命的人员须经市议会批准承认后，方能发生效力。

市长第三种职权是编制预算案，提交市议会，但只有少数城市的市长有这样的职权。在从前的时候，美国各城市都把编制预算案作为立法方面的职务，是由市议会委托委员会执行的。英国各城市此刻还是这样的。美国有许多城市此刻也还是这样的。直到最近的几年，美国联邦国会和各邦议会中的各委员会也有提议支付各种款项的职权，但在美国各级政府，预算制度最为不满人意，尤以那种分区选举的市议会的状况为更甚。在这类的市议会中，编制预算差不多变成各区域相互抢掠公款的行动。就是在那全区选举议会，预算制度方面的弊端也非常之多。最显著的即浪费浪用的。市议会又相互推却一切责任。因此之故，近来美国各城市才把预算事务作为行政职务，并使市长担负编制预算案的责任。有少数城市另外设立一种预算委员会，市长是该委员会的委员长。

各国市长还有许多各种零星的职务，其中有许多是属于社会方面的。在美国市长有监督城市行政的职权，但市长如果没有任命和罢免官吏的权，没有规定预算的权，这种普通的监督行政权势不能执行的。此外种种社交方面的职务是非常繁杂，例如欢迎一切著名人物，接待人民或团体的代表，出席一切公共集会并发表意见。此种事务均须费去极多的时间。他差不多没有多少时间执行他的例行公务。市长又是城市政党的首领，所以有许多党务又须他照料。欧美市长确是一个极忙的人。

在这五十年以来，美国市长的职权确已大大的增加，世界各国的市长没有一个能与他相比。纽约市长是世界上最有势力的市长，在他的职权范围以内，他差不多能同别国皇帝那样的专制。他的权力比各邦邦长更大，很可以同欧洲的立宪君主相比。

后　记

《市政制度》是由安徽师范大学法学院李宗楼教授、郭敬东副教授，依据张慰慈1928年10月上海亚东图书馆再版的《市政制度》（1925年9月第1版）重新编排出版。本书在整理过程中，为真实反映作者思想发展的轨迹和学术主张，未对原著作任何改动，保留其原貌。本书出版得到安徽师范大学法学院、安徽师范大学法治中国建设研究院经费资助，安徽师范大学出版社给予了大力支持，在此一并致谢！

编　者

2017年11月